MANCHMAL SCHAUEN SIE SO AGGRO

Was willst Du mal werden?
Hauptsache kein Lehrer!

Hildegard Monheim

MANCHMAL SCHAUEN SIE SO AGGRO

Geschichten aus dem Schulalltag
Eine Lehrerin erzählt

SCHWARZKOPF & SCHWARZKOPF

Inhalt

We don't need
no education

Ich mag Mathe!
(Kleiner Scherz)

VORWORT

Zwischen Drama und Comedy

Warum bin ausgerechnet *ich* Lehrerin geworden? Mit dieser Frage stehe ich vermutlich so einsam da wie die Fichte im Nadelwald. Ich kann mir nicht vorstellen, dass sich auch nur einer meiner ehemaligen, gegenwärtigen oder künftigen Kollegen ohne ernsthafte Sinnkrise durchs Lehrerleben manövriert. Ich selbst stelle mir die Frage immer dann, wenn mich Verzagens- oder Versagensgefühle beuteln.

Nun aber konfrontierte mich mein jüngster Sohn damit – knallhart.

»Warum bist du denn nur Lehrerin geworden?«

Die Betonung lag auf dem »nur«!

»Du warst doch so gut in der Schule. Du hättest Anwältin werden können. Oder Ärztin. Oder Betriebswirtin.«

Ja, hätte ich. Wollte ich aber nicht. Eine gute Lehrerin werden – das war es, was mich um- und antrieb. Eine, die nicht autoritär forderte und selbstherrlich agierte wie so viele meiner eigenen Lehrer. Ich war eine von denen, die A. S. Neills *Theorie und Praxis der antiautoritären Erziehung: Das Beispiel Summerhill* in sich aufsaugten und darauf hofften, einen Hauch von Summerhill in bundesdeutsche Klassenzimmer wehen zu lassen.

Wie oft ich in der Folgezeit an meinem hehren Entschluss (ver-)zweifelte, möchte ich hier nicht ausbreiten. Nur so viel: Der Schock traf mich zum ersten Mal während des Studiums. Ich fand mich einfallslos und unsicher. Es fiel mir schwer, Unterrichtsabläufe so zu konzipieren, dass man mit mir zufrieden war. Wenn ich ab und zu selbst unterrichtete, war ich viel zu nett zu den Schülern.

Die Tiefschläge setzten sich fort, als ich endlich Junglehrerin war. Noch immer war ich beseelt von dem Gedanken, eine »gute« Lehrerin zu sein, das heißt eine nette. Es war die Zeit, in der ich bei völliger Ahnungslosigkeit Dinge unterrichten musste, von denen ich nichts verstand, Technisches Werken zum Beispiel!

Niemals vergessen werde ich das klägliche Gefühl des Versagens, wenn Lernziele nicht erreicht, Korrekturen nicht bewältigt,

Schüler nicht diszipliniert wurden. Unterrichtsvorbereitungen türmten sich zu bedrohlichen Monstern auf. Irgendwann wandte ich mich an meinen Seminarleiter, um ihm mitzuteilen, dass ich das Handtuch werfen wollte. Erleichtert würde er sein, dass sich die Niete selbst aus dem Verkehr zog, da war ich mir sicher. Doch er wies mich auf meine Stärken hin, konstatierte einen sehr hohen Anspruch an mich selbst. Schließlich versicherte er mir, dass ich eine gute Lehrerin werden würde. Also blieb ich dabei.

Ich lernte, den Unterricht so vorzubereiten, dass er der Kritik einigermaßen standhielt und mich nicht dauerhaft zu Nacht- und Wochenendsonderschichten zwang. Ich lernte, mich mit dem zu begnügen, was ich konnte, und nicht immer nach denen zu schielen, denen das perfekte Unterrichten offenbar leichtfiel. Ich lernte, auch mal hart zu sein und Missfallensbekundungen seitens der Schüler nicht tragisch zu nehmen. Ich lernte das alles und bemühte mich gleichzeitig, nicht aus den Augen zu verlieren, warum ich Lehrerin geworden war.

An meiner ersten Schwangerschaft nahm meine damalige neunte Klasse regen Anteil und ich trennte mich schweren Herzens – von Schülern wie Kollegen. Ich versprach, nach ein paar Monaten Erziehungsurlaub zurückzukehren. Tja, so weit der Plan.

Aus einem Kind wurden drei. Aus ein paar Monaten wurden Jahre – 16 lange Jahre, in denen ich versuchte, den Anschluss an die Schule nicht zu verlieren: Nachhilfe, Hausaufgabenbetreuung, Fortbildungen, Austausch mit »aktiven« Kollegen, Austausch mit anderen Eltern, Studium von Fachzeitschriften und -büchern.

Trotzdem hatte ich eine Wahnsinnsangst vor dem Wiedereinstieg! Ich wusste nicht, ob ich die »Schüler von heute«, über die ich so viel Negatives zu hören bekam, würde disziplinieren und unterrichten können. Ich hatte große Angst zu scheitern! Und fing dennoch wieder an.

Mein Wiedereinstieg ist jetzt zehn Jahre her – eine Zeit, die mir viele Erfahrungen und Erkenntnisse brachte. Zehn Jahre aber auch, in denen ich am eigenen Leib erfahren durfte, wie anstrengend Schule noch immer und mehr denn je ist. Selbst dann, wenn man – wie ich – in Teilzeit arbeitet. Selbst dann, wenn man nicht mehr alles so schrecklich ernst nimmt wie ich am Anfang.

Vom ersten Schultag an stellte ich fest, dass die lange Abstinenz mir eine gewisse Distanz zum Lehrerberuf gebracht hatte. Ich war Lehrerin, betrachtete aber gleichzeitig das Gebaren der Lehrer um mich herum – und auch mein eigenes – von außen. Ich stellte mir vor, wie meine Freundinnen, die keine Lehrerinnen waren, dieses oder jenes Lehrerzimmergespräch beurteilen würden. Oder mein Mann. Oder meine Kinder!

Wie oft hatten wir in den vergangenen Jahren über Lehrerverhalten gesprochen! Ganz unbeschwert hatte ich in diverse Diskussionen einfließen lassen, dass ich selbst mal Lehrerin gewesen war. Und dann war ich plötzlich wieder ein Teil des Ganzen, das man Schule nennt. Ich wollte weder die Außenseiterin sein, noch mich vom Schulalltag auffressen lassen. Also versuchte ich mich in einer Zwitterrolle: leidenschaftlich Lehrerin sein und gleichzeitig diese leidenschaftliche Lehrerin kritisch beäugen. Das geriet und gerät oft genug zur Herausforderung.

Ich strample mich ganz schön ab. Stecke manchmal bis zum Hals in Lehrerkram, oft auch bis über beide Ohren. Und manchmal, da fühle ich mich wie die Hauptfigur in einer Comedyshow, na ja, ehrlicherweise reicht es meist nur zur Statistenrolle.

Weil ich wissen will, wie es den anderen geht, die strampeln und in Lehrerkram stecken, pflege ich geradezu leidenschaftlich den Austausch mit Lehrkräften. Ich lechze danach, zu erfahren, ob meine Probleme nur meine sind und wie es bei anderen zugeht. Im Laufe der Jahre habe ich mir viele Notizen gemacht. Aus denen ist dieses Buch entstanden.

Selbstverständlich habe ich keine realen Namen verwendet und Ereignisse nicht eins zu eins niedergeschrieben. Ich habe Personen verfremdet, Handlungsorte verlegt und Situationen und Umstände verändert. Auch war es meist mehr als eine Person, die mich zu einer Figur inspiriert hat. Den Kollegen Z., meinen Schüler Jeremy und meine Schülerin Belma zum Beispiel gibt es in dieser Form nicht. Sie sind die pointierte Mischung aus verschiedenen Kollegen und Schülern, die mir in meinem bisherigen Lehrerleben begegnet sind – und die nun folgenden 33 Episoden die Essenz aus den mannigfaltigen Erfahrungen, die ich im Schulalltag gemacht habe.

Im Kollegenkreis waren wir uns neulich einig: »Wer das alles nicht am eigenen Leib erlebt, der kann es sich nicht vorstellen.« Ich hoffe sehr, dass Sie, die Leser dieses Buches, sich nach der Lektüre »das alles« ein bisschen besser vorstellen können, und lade Sie hiermit ein, mir zuzuschauen – beim Strampeln und bei der Comedy.

Hildegard Monheim

You Gotta Fight for Your Right To Party!

1

DER ZAUBER DES ANFANGS

Über den Beginn der Lehrerlaufbahn und den
ständigen Druck des Junglehreralltags

Und jedem Anfang wohnt ein Zauber inne«, heißt es so schön in Hermann Hesses *Stufen*. Mein ganz persönlicher Berufsanfang ging so: Ich bewarb mich als frischgebackene Studentin um mein allererstes Praktikum. Dazu musste ich in einem Schulamt vorsprechen.

Der Schulrat sah sich den Antrag an, den ich aufgeregt ausgefüllt hatte. Dann musterte er mich kalt und sagte: »Für eine Lehrerin ist Ihre Handschrift viel zu flüchtig.«

Mir fuhr der Schreck in die Glieder. Ich fühlte Druck.

Nach dem ersten Staatsexamen versetzte man mich – weit weg von Studentenwohnung und Freund. Ich litt. Dann zog ich mit einer jungen Kollegin zusammen, die es genau wie mich erwischt hatte. Unsere Mädels-WG hätte prima sein können, wenn uns der Junglehreralltag nicht so entsetzlich unter Druck gesetzt hätte.

Nach einem halben Jahr durfte ich die Schule erneut wechseln. Wenn ich bereit war, eine Stunde täglich mit dem Auto zu fahren, konnte ich wieder zurück in meine alte Wohnung ziehen. Ich war bereit!

Am ersten Tag an der neuen Schule schärfte man mir ein: »Schnee oder Eis, Stau oder Unfall – Ihr Problem! Entscheidend ist, dass Sie Ihrer Unterrichtspflicht pünktlich nachkommen.«

Der Druck, den ich fühlte, war so groß, dass ich Tag für Tag zu nachtschlafender Zeit ins Auto stieg. Wenn ich am frühen Nachmittag in meine Wohnung zurückkehrte, erwartete mich Arbeit bis zum Abend, oft bis in die Nacht. Der Druck wurde zum täglichen Begleiter und steigerte sich kontinuierlich, denn man prognostizierte uns miserable Einstellungschancen.

»Nur ein erstklassiges Prüfungsergebnis ermöglicht den Eintritt ins Lehrerleben.«

Meinem Anfang wohnte kein Zauber inne!

Wenn ich heute blutjunge Kolleginnen und Kollegen sehe, spüre ich wieder Druck. Manche machen kein Aufheben davon, andere sprechen darüber, wieder anderen sieht man an, dass sie leiden. Ich leide dann auch – unter Unverständnis. Aus meiner jetzigen Sicht finde ich, gerade die erste Zeit sollte schön sein. Und ich kann nicht einsehen, dass ein Lehrer nur dann ein guter wird, wenn er zu Beginn seiner Laufbahn so richtig schön geschunden wird. Der Beruf ist so anstrengend, dass man jeden, der ihn freiwillig *und* gut ausüben will, herzen und küssen müsste.

Natürlich muss man ihm auch etwas beibringen. Das ist man den Schülern schuldig. Ich plädiere nicht für Dilettantismus in der Schule, aber dafür, den Schwerpunkt aufs Helfen und nicht aufs Schinden zu legen!

Bei mir selbst fühlte es sich damals oft wie Schinden an. Man ließ mich Dinge unterrichten, von denen ich keinen blassen Schimmer hatte. Ich wurde so panisch, dass mein Freund mit mir ein ganzes wertvolles Wochenende lang eine Sieben-Segment-Anzeige bastelte. Die sollte ich nämlich laut Lehrplan im Fach Technisches Werken mit den männlichen Schülern bauen – mit Schülern in der Blüte der Pubertät, die ihre junge neue Lehrerin so richtig schön austesten wollten. Unsicherheit aufgrund von mangelnder Erfahrung *und* mangelnder Sachkompetenz ist eine wunderbare Basis für ein Scheitern nach allen Regeln des Berufsanfangs.

Natürlich reichte es nicht, dass ich die Sieben-Segment-Anzeige irgendwie mit den Schülern baute – das Ganze musste auch noch schriftlich in Hochform aufbereitet werden. Alles musste schriftlich in Hochform aufbereitet werden. Keine Stunde durfte man »einfach so« halten. Das Schriftwesen von damals füllte viele Ordner.

Wie ich das mit der Sieben-Segment-Anzeige im Unterricht hinbekam, muss der Verdrängung zum Opfer gefallen sein. Ich kann mich jedenfalls nicht an das kleinste Detail erinnern.

Wenigstens ein paar kleine Episoden aus den allerersten Stunden, denen ich hospitierend und noch gänzlich druckfrei beiwohnen durfte, hat mein Hirn gespeichert: Da war beispielsweise der

Achtklässler, der beim Lesen von Droste-Hülshoffs Ballade *Der Knabe im Moor* laut und genervt aufschrie: »Scho wieder oaner g'freckt!« (für alle des derb Bayerischen Unkundigen: »Schon wieder einer gestorben!«). Außerdem gab es die erste Klasse, in der die Kleinen ihre Namen sangen und durch ein »Loben kann ich …« aus Lehrerinnenmund in Sekundenschnelle von einer disziplinlos herumtobenden Schar zu einem um Anerkennung heischenden Heer von Angepassten wurden.

Schließlich blieb auch die Erinnerung an ein einzelnes Kind aus dieser Schar: Wenn man diesen Jungen aufrief, starrte er einem stumm ins Gesicht. Eines Tages verweigerte der Kleine wie so oft die Antwort. Da wandte sich seine sechsjährige Banknachbarin an ihn und munterte ihn auf: »Sag halt was!«

Den liebevoll flehenden Blick des Mädchens werde ich nie vergessen. Was mag wohl aus den beiden geworden sein? Fleht sie noch immer: »Sag halt was!«, wenn er ihr stumm und starr in die Augen blickt? Übrigens habe ich mal eben nachgerechnet: Die beiden müssen heute um die vierzig sein. Ich wünsche ihnen, dass wenigstens ihrem Anfang ein Zauber innewohnte.

Ein drolliges Kuriosum möchte ich Ihnen nicht vorenthalten: Bis heute bin ich vor dem Unterricht aufgeregt. Lampenfieber, könnte man sagen. Dies trifft ganz besonders auf die Zeit zu Hause zu. Irgendwie scheint mein Körper konditioniert zu sein: Dir steht Unterricht bevor, also muss dein Herz laut klopfen.

Diese Konditionierung kann nur auf diese ganz bestimmte Zeit zurückgehen, die Zeit des Junglehrerinnendaseins. Genau die nämlich schlug mir extrem aufs Nervenkostüm. Sie war Adrenalin pur! Jeden Morgen litt ich, jeden Morgen war ich in Sorge, jeden Morgen hatte ich Angst vor den Dingen, die da kommen würden. Auch wenn sie meist nicht halb so schlimm kamen, wie ich befürchtet hatte.

Heute habe ich keine Angst mehr, aber ich bin noch immer aufgeregt. Ich spüre das am Herzschlag und an den leicht fahrigen

Bewegungen. Wenn mein Blick zufällig in den Spiegel fällt, sehe ich es auch. Entspannt sieht anders aus.

Kaum sitze ich im Auto, lässt die Aufregung nach. Ich lege meine aktuelle Lieblings-CD in den Player und merke, wie ich ruhiger werde. Oh nein, ich möchte auf keinen Fall neben der Schule wohnen!

Wenn ich dann endlich in den Lehrerparkplatz einbiege, erfordert der nächste Vorgang so viel Konzentration, dass ich keinerlei Ressourcen für Nervenflattern übrig habe: das Einparken zwischen zwei Bäumen. Unser Parkplatz ist schön gelegen, schön unter Bäumen. Die Bäume stehen so, dass jeweils zwei Autos dazwischen passen. Seit meinem Wiedereinstieg sind entweder die Baumstämme erheblich dicker oder die Autos erheblich größer geworden. Auf jeden Fall muss man inzwischen richtig gut zielen.

Anfänger – äh, ich meine natürlich: neue Kollegen – wissen zunächst oft nicht, nach welchen Regeln bei uns geparkt wird. Sie stellen schon mal nur *ein* Auto zwischen *zwei* Bäume – ein höchst unsozialer Akt, der ihnen so schnell nicht wieder passiert. Das ganze System bricht doch zusammen, wenn jeder parkt, wie er will!

Der Vorgang des Manövrierens zwischen Kollegenauto und Baum erfordert also meine volle Aufmerksamkeit. Wer will schon einen abgetrennten Außenspiegel als Trophäe ins Lehrerzimmer tragen?!

Neulich wäre die Sache für mich beinahe schiefgegangen. Ich war gerade dabei, mich Millimeter um Millimeter in eine winzige Lücke zu manövrieren, als mir urplötzlich meine Musik so laut in die Gehörgänge krachte, dass das Adrenalin mit dem Ausschütten fast nicht hinterherkam. Ganz offensichtlich hatte ich den Lautstärkeregler am Lenkrad touchiert. Ich erschrak so sehr, dass ich erst zusammen- und dann um ein Haar gegen den Baum fuhr.

Ein paar Schreckminuten lang blieb ich ganz ruhig im Auto sitzen. Man kann sich in einem solchen Zustand ja keinem Schüler zumuten! Es reicht schon, dass sie immer lachen, wenn die Lautsprecherdurchsage mich kalt von hinten erwischt und ich mit schöner Regelmäßigkeit zusammenzucke oder »Uuuaaa!« schreie.

Übrigens klappt auch etwas anderes nach Jahrzehnten noch immer: Wenn jemand seinen Fuß in meinen Unterricht setzt, um mich zu bewerten, steht mein Adrenalin Gewehr bei Fuß. Ich stelle mir vor, dass sich ein Schauspielanfänger beim Vorsprechen so fühlt. Souveränität ist es nicht, was ich dann zur Schau stelle.

Geradezu lächerlich aufgeregt präsentierte ich mich bei meinen ersten Visitationen nach dem Wiedereinstieg. Ich hatte zu dieser Zeit schon Veranstaltungen vor mehr als hundert Leuten erfolgreich durchgestanden, aber dieser eine Mensch, der ein Schulrat war, brachte mich derart aus dem Konzept, dass ich es – rückblickend betrachtet – kaum glauben kann. Ich versprach und verhedderte mich und verteilte als Krönung den Inhalt einer vollen Schachtel mit Reißnägeln auf dem Fußboden. Gott sei Dank gab es hilfsbereite Schüler!

Leider gibt es nicht nur die, sondern auch Geheimrezepte, wie man mich nach wie vor so richtig aus der Ruhe bringen kann. Aber die behalte ich für mich. Mit seinem Adrenalin sollte der Mensch ja schon ein bisschen haushalten.

In der besagten Anfangszeit dachte ich, wer sich Mühe gebe, sei ein guter Lehrer. Ich wollte unbedingt eine gute Lehrerin sein und gab mir dementsprechend Mühe. An der Uni brachten sie uns bei, dass es keine Rezepte dafür gebe, ein guter Lehrer zu sein. Aber dieses und jenes gehöre sehr wohl dazu. Vor allen Dingen gelte es, das Ganze wissenschaftlich anzugehen und nicht mit einer Art Hausfrauenpsychologie. Von den erfahrenen Lehrkräften, die man uns in der Praxis beratend zur Seite stellte, lernte ich,

* ich müsse die Schüler mögen,
* ich müsse konsequent sein,
* ich müsse manchmal einen vor der Klasse fertigmachen,
* ich müsse auch mal nachsichtig sein,
* ich müsse fachlich fundiert argumentieren,
* ich müsse die Schüler bei ihrem Ehrgeiz packen,
* ich solle mir gar nichts denken,
* ich müsse methodisch brillieren,
* ich müsse mich einfach hinstellen und Dinge als wichtig vertreten,
* ich könne machen, was ich wolle, bei diesen Schülern komme eh nichts raus.

In meinem eigenen Unterricht erlebte und erlitt ich, dass
* es nicht genügte, die Schüler zu mögen,
* es schwierig sein konnte, konsequent zu sein,
* ich vor der Klasse keinen fertigmachen konnte, weil ich eigentlich keinen fertigmachen wollte,
* ich dazu neigte, eher zu nachsichtig als zu streng zu sein,
* ich fachlich manchmal erbärmlich unfundiert argumentierte,
* ich den Ehrgeiz, bei dem ich sie packen sollte, nicht finden konnte,
* ich mir ständig etwas dachte,
* ich methodisch gern brilliert hätte, es aber oft nicht schaffte,
* ich mich kein bisschen hinstellen konnte, um Dinge als wichtig zu vertreten, die ich nicht wichtig fand,
* ich alles tun wollte, damit bei den Schülern etwas herauskam, ich aber oft sehr wenig erreichte.

Am Ende war ich staatlich examiniert und immer noch beseelt von dem Gedanken, eine gute Lehrerin zu sein. Dabei fand ich mich manchmal so mies, dass ich Mühe hatte, mir die Riesenenttäuschung über mich selbst zu verzeihen. Vor allem lernte ich eines:

Es war verdammt schwer, eine gute Lehrerin zu sein. Viel leichter war es, eine ungerechte, langweilige, inkonsequente, unbeherrschte, launische, zynische … Lehrerin zu sein. Das Einzige, was mich tröstete und bis heute tröstet, ist die Tatsache, dass ich mich wirklich immer *bemühe*, eine gute Lehrerin zu sein.

Trost erhielt ich zudem von den Gehirnforschern Hüther und Spitzer, die ganz klar sagen, dass ein guter Lehrer vor allem eine emotional positive Atmosphäre schaffen, immer echt, glaubhaft, authentisch sein und die Schüler im Inneren erreichen müsse. Inzwischen bin ich zu dem Schluss gekommen, dass genau dies das Wichtigste ist: die Schüler zu erreichen. Dass jede Lehrkraft dies auf ihre eigene Art tut, liegt in der Natur der Sache. Es ist eigentlich auch völlig egal, wie sie vorgeht, solange sie es nur wirklich will. Der Funke muss überspringen! Die Methode scheint mir inzwischen eher nachrangig. Zum Erfolg führen unterschiedliche Wege.

Geholfen hat mir jüngst auch die Lehrerin und Buchautorin Rita E. Kaufmann, die sagt: »Der Lehrer ist mehr als die Summe seiner Rollen – er ist Mensch.« Sie spricht von der benötigten Persönlichkeit, der Offenheit, der Lern- und Beziehungsfähigkeit, die einen Lehrer zum kompetenten Begleiter und Förderer des Kindes machen. Und sie ist der Meinung, dass jedes Kind vor allem das lernt, wofür es sich interessiert. Den Lehrer sieht sie als Motivator, Begleiter und Förderer der Schüler. Glaubwürdig soll er sein und die Kinder ermutigen, ihr Potenzial auszuschöpfen und in ihren Lernbemühungen nicht nachzulassen. An den Fähigkeiten und nicht an den Defiziten seiner Schüler soll er sich orientieren, also fehlerfreundlich sein. Sie sagt noch vieles, was mir guttut und das Gefühl vermittelt, ich könne es vielleicht doch schaffen, eine gute Lehrerin zu sein.

Ehrlich gestanden hätten mir Frau Kaufmanns Erkenntnisse aber viel mehr genützt, wenn ich sie bereits zu Beginn meiner Lehrerlaufbahn gekannt hätte. Wenn da einer gesagt hätte: »Sei vor allem mal du selbst, reflektiere dein eigenes Verhalten, stärke deine Schüler und versuche, es so gut wie möglich zu machen!«, hätte mich das enorm entspannt. Und vermutlich wäre dann auch alles andere leichter gewesen.

Inzwischen weiß ich rein theoretisch, wie ein guter Lehrer sein sollte, und rein praktisch, was einen gutwilligen Menschen daran hindert, einer zu sein. Letzteres vor allem deshalb, weil ich mir das selbst immer wieder schmerzhaft vor Augen führe.

Hier also eine Liste von menschlichen Eigenschaften und -arten, die man als Feinde des guten Lehrers bezeichnen kann – garantiert im Eigenversuch getestet:

* Es ist nicht gut, als Lehrer vergesslich zu sein. Begründung: Wenn die Lehrkraft am Ende der Woche noch weiß, was sie am Anfang derselben angekündigt, versprochen oder zugesagt hat, erspart sie sich die Beschämung des Versagens und die enttäuschten bis aufgebrachten Mienen ihrer Schüler. Wenn sie die angefangenen Kunstwerke ihrer Schüler nach einer Woche wiederfindet, erspart sie sich hektisches Suchen und Gesichtsverlust. Wenn sie am Ende der Stunde noch weiß, was sie am Anfang derselben dringend verkünden wollte, erspart sie sich deprimierendes Hirnzermartern vor Publikum.

* Es ist nicht gut, als Lehrer hektisch und nervös zu sein. Begründung: Wenn die Lehrkraft alle Verrichtungen in Ruhe ausführt, erspart sie sich das Aufsammeln von Reißnagelhundertschaften, das Stolpern über Schülerrucksäcke und das Neusortieren von sorgsam vorsortierten Stößen von Arbeitsblättern.

* Es ist nicht gut, als Lehrer zu emsig zu sein. Begründung: Wenn die Lehrkraft selbst nicht bereitwillig gefühlte hundert Mal pro Unterrichtseinheit auf Zuruf durchs Zimmer dackelt und zu Hilfe eilt, erspart sie sich bequeme Schüler, die relaxt chillen, während die Lehrkraft sich aufarbeitet.

* Es ist nicht gut, als Lehrer mit einer Sauklaue an die Tafel zu schmieren. Begründung: Wenn die Lehrkraft ordentlich an die

Tafel schreibt, erspart sie sich die Schmach, selbst verfertigte Hässlichkeiten ansehen zu müssen – und Nachahmungstäter.

* Es ist nicht gut, als Lehrer viel zu reden. Begründung: Wenn die Lehrkraft mit ihren Worten haushält, erspart sie sich das Wegdämmern ihrer Schüler und einen trockenen Hals.

* Es ist nicht gut, als Lehrer Schülern ins Wort zu fallen und deren Sätze zu vervollständigen. Begründung: Wenn die Lehrkraft ihre Schüler ausreden lässt, erspart sie sich, dass diese sich die Mühe des Sätze-Formulierens ersparen.

* Es ist nicht gut, als Lehrer ständig Sätze zu beginnen und sie unvollendet im Raum stehen zu lassen. Begründung: Wenn die Lehrkraft sich nicht ablenken lässt und Sätze zu Ende bringt, erspart sie sich ratlose Gesichter, das genervte Aufstöhnen von Schülern und deren knallharte Ansage: »Sie haben jetzt drei Mal etwas angefangen und nicht zu Ende gesprochen. Ich kenne mich überhaupt nicht mehr aus.«

* Es ist nicht gut, als Lehrer zu spontan und/oder unbeherrscht zu sein. Begründung: Wenn die Lehrkraft nicht alles über ihre Lippen lässt, was gerade aus ihr herausdrängt, erspart sie sich demütigende Entschuldigungen und nächtliche Grübelattacken – Letztere sowohl über eigene Entgleisungen wie auch über die Einhaltung von angedrohten Strafmaßnahmen, mit denen sie in erster Linie sich selbst straft.

Tja, was tun? Wir Lehrer sind eben auch nur Menschen und tragen – so schön es anders wäre – schwer an dem, was das Leben aus uns gemacht hat. Nach vielen Jahren des Haderns plädiere ich nicht nur für kritische Selbstreflexion, sondern auch für Nachsicht. Es ist erfreulich, wenn ein Mensch an sich arbeitet, und es ist deprimierend, wenn das Arbeiten nur mäßigen Erfolg zeitigt.

»Nimm dich an, wie du bist!«, möchte ich den Lehrern aller Länder zurufen. »Versöhne dich mit deinen Unarten! Schleiche auf keinen Fall schuldbewusst ins Klassenzimmer! Erspar dir die

Selbstzerfleischung, du bist ein Mensch! Schüler brauchen Menschen, keine Synthetik-Wesen!«

Nehmen wir zum Beispiel meinen alten Kollegen A. Er war ein großartiger Lehrer, aber auch ein Mensch, ein bekennender Schussel. Er merkte sich wenig, vergaß viel, brachte Dinge durcheinander, wusste nicht mehr, wann der Filmtag war, wurde immer wieder aufs Neue von lange angekündigten Ereignissen überrascht. Dieser Mann hatte Schüler, die auf Zack waren. Sie wussten: Wenn sie sich nicht kümmerten, würde alles den Bach runtergehen. Erziehung zum eigenverantwortlichen Handeln auf höchster Ebene war es, was A. da leistete. Rückblickend habe ich ihn in Verdacht, dass seine Schusselei Methode war. Und diese Methode funktionierte, weil die Schüler spürten, dass der Mann ihnen wohlgesinnt war, dass er es gut mit ihnen meinte. Genau das muss ein guter Lehrer spüren lassen!

Zum Schluss dieses Kapitels ein paar Feinde des guten Lehrers jenseits der Toleranzschwelle. »Gut gemeint, aber schlecht gekonnt« hat hier ausgedient. Die wirklich schlimmen Feinde des guten Lehrers also sind:

* bei Kritik die beleidigte Leberwurst spielen,
* Schüler in »Die mag ich« und »Die mag ich nicht« einteilen,
* Schüler demütigen und ihnen die Würde nehmen.

Diese Feinde können wirklich Unheil anrichten. Und da hört der Spaß auf!

Es gibt nur einen Gott:
BelaFarinRod

2

UND IMMER, IMMER WIEDER FÄNGT DAS SCHULJAHR AN

Über das alljährliche Gefühlswechselbad,
wenn die Schule wieder beginnt
und ich nach den Ferien zurückkehre

Die Schule wäre so schön«, pflegte einer meiner Rektoren immer zu sagen, »wenn die Schüler nicht wären.« An jedem ersten Schultag stimme ich ihm bedingungslos zu. Jedes Jahr wieder versetzt es mir einen Schlag in die Magengrube: Anfangskonferenz der Lehrkräfte, the day before ... Alte Kollegen wiedersehen, neue Kollegen kritisch abscannen – und das Gefühl, dass einen Tag später alles Schöne vorbei sein wird. Diese Mauern, die sich gerade noch ruhig und friedlich geben, werden am nächsten Tag erneut von einer fremden Macht übernommen werden. »Die Schüler« werden das Schulgebäude stürmen, es dominieren, ihm ihren unverwechselbaren Stempel aus Lärm und Wuseligkeit aufdrücken. Daran führt kein Weg vorbei – auch nicht mit Stoßseufzern.

Ja, noch sind wir unter uns, wir Lehrer. Wir, die wir nur aus einem einzigen Grund miteinander zu tun haben, scheuen ebendiesen wie der Teufel das Weihwasser. Wir sind uns nah, wir sind solidarisch. Sechs Wochen lang haben wir keinen Gedanken aneinander verschwendet. Nun fallen wir uns schon vor dem Lehrerzimmer gegenseitig um den Hals. Dabei hatten sich mir auf der Fahrt zur Schule noch die Nackenhaare aufgestellt: Muss ich da wirklich wieder hin? Muss ich *zu denen* wirklich wieder hin?

Im Lehrerzimmer dann viele mehr und einige weniger gut erholte Gesichter. Daneben solche, die ich noch nie zuvor gesehen habe. Kurzes Taxieren: die Unsichere, der eine neue Mann, die Schöne, die Verkrampfte.

Es folgen in Kurzform Berichte über den Ferienverlauf. Manche schweigen beharrlich. Kein Privatleben in der Schule! Ihre strenge Miene gemahnt zu eiligem Beginn und noch eiligerer Abwicklung der ersten von vielen Konferenzen des noch jungfräulichen Schuljahrs.

Ich selbst fühle mich plötzlich pudelwohl. Ach, ist doch wieder nett mit all denen! Ja, die Erholung hat wirklich gutgetan! Und all die klugen Sachen, die ich während der Ferien gelesen habe – ich werde eine wunderbare Lehrerin sein in diesem neuen Schuljahr!

Ehe der Schulleiter beginnen kann, vergehen Minuten. Das Kollegium schwatzt, was das Zeug hält. Und das nicht eben leise. Wer innehält, nimmt einen Höllenlärm im Lehrerzimmer wahr – ganz ohne Schüler. Vermutlich sind wir wirklich alle schon ein bisschen schwerhörig von all dem Geschrei und Selbstschreien.

Am nächsten Morgen schieben sich Hundertschaften von mehr oder weniger kleinen Wesen ins Schulgebäude. Sie verteilen sich in die Flure und Klassenzimmer.

Bereits das erste »Guten Morgen, Frau Monheim!« versöhnt mich mit der Anwesenheit der feindlichen Macht. So feindlich kommt sie mir gar nicht mehr vor. Sind doch eigentlich alle ganz nett. Waren doch letztes Jahr auch nicht so schlimm – eigentlich.

Und gleich werde ich wieder ihre Patschhändchen drücken. Irgendwann bin ich nämlich auf die Idee gekommen, Schüler bei der Erstbegegnung im neuen Schuljahr per Handschlag und mit guten Wünschen zu begrüßen. Ein wenig Hinführung zu den Erwachsenengepflogenheiten, ein wenig persönliche Zuwendung für jeden Einzelnen – das finde ich klasse. Meist ernte ich nicht halb so viel Begeisterung und Innigkeit wie erträumt. Eher ein »Häh, was ist jetzt los?«. Aber inzwischen bin ich abgebrüht. Ich drücke weiter, was die Muskeln hergeben, und registriere nüchtern, dass die Palette jedes Jahr wieder von schlaff bis Schraubstock reicht.

Die unvermeidlichen Neuen sehen mich besonders argwöhnisch an: der Klassenwiederholer, dem es peinlich ist, die neu Zugezogene, die sich unsichtbar machen will, ein paar, die ihre Anwesenheit Klassenneubildungen zu verdanken haben. Bei Letzteren herrscht immer große Empörung. Auf keinen Fall werden sie in dieser Klasse bleiben!

Im Stuhlkreis, um den »die Alten« häufig bitten, erzählen einige Schüler episch breit von ihren Ferien – so ausführlich und langsam, dass ich ihnen einen Turbobeschleuniger verpassen möchte. Andere ziehen es vor zu schweigen. Wieder andere haben laut eigener Aussage die ganzen sechs Wochen über »mit Freunden gechillt und gezockt« – das war's.

Während ein Schüler nach dem anderen sein Statement abgibt, ist plötzlich wieder etwas da, was ich über die Ferien komplett vergessen habe – die Unruhe! Nicht das große Stören, dafür sind sie am ersten Tag noch zu brav. Nein, die eher leise Schüler-Unruhe, die augenblicklich einkehrt, wenn man anderen zuhören soll. Und warten muss, bis man drankommt. Und nicht endlos reden darf. Und nicht so laut reden darf, wie man möchte. Und nicht über alles reden darf, was man gern loswerden möchte. Und nicht alle Worte benutzen darf, die man verwenden möchte.

Jedes Jahr wieder spüre ich, wie Unwillen und Ungeduld in mir aufsteigen. Dabei wollte ich doch diesmal so ruhig und abgeklärt sein, milde lächeln, freundlich, aber konsequent in die Schranken verweisen, auf keinen Fall laut und ungehalten werden. Jetzt weiß ich wieder, wie sehr es meine Nerven strapaziert, das Getratsche und Geraschel, das Rücken und Wippen der Stühle, das Kichern, Stupsen, Piksen, Rangeln …

Am liebsten würde ich schreien: »Halt! Schluss! So haben wir nicht gewettet! Ihr könnt wieder heimgehen. Ich bin falsch hier. Ihr seid falsch hier. Ich will einen anderen Beruf!«

Dabei haben wir gerade mal eben den ersten Schultag!

Natürlich bleibe ich pädagogisch korrekt. Lächle milde, verweise freundlich in die Schranken und auf Gesprächsregeln, spreche leise. Verstehen kann ich die Unruhestifter sehr gut. Ich selbst wende mich auch mal gern dem Vöglein am Fenstersims, der Utensiliensammlung in meiner Hosentasche oder dem Ohr meines Nachbarn zu, wenn ich endlos anderen lauschen soll.

Aber hier bin ich der Chef. Ich will, dass es ruhig ist, verflixt noch mal! Ist das eigentlich noch normal? Oder eine von vielen Lehrerkrankheiten? Würde jemand, der nicht Lehrer ist, diese aufkeimende Unruhe gar nicht so schrecklich finden? Oder ist es genau umgekehrt? Geht mir die Unruhe so auf den Zeiger, weil ich eben sechs Wochen lang keine Lehrerin war?

Ich weiß es nicht. Ich weiß nur, dass sich in meinem Körper ein extremes Unwohlsein zusammenbraut, wenn sie keimt, die Unruhe, am allerersten Schultag.

Vermutlich hat meine starke Abwehrreaktion etwas mit »Wehret den Anfängen!« zu tun. Damit, dass ich aufgrund von jahrelangem Leiden weiß, wie schnell die leise in die laute Unruhe umschlägt, in das, was man mangelnde Unterrichtsdisziplin nennt. Prinzipiell – und ganz besonders am Anfang des neuen Schuljahrs! Die unsichere neue Schülerin wird auftauen und feurig Kontakte knüpfen. Der Klassenwiederholer wird aus seiner Schüchternheitsstarre erwachen und massiv Altersrespekt einfordern. Die Zugeteilten werden ihren Widerstand fallen lassen und netzwerken, was das Zeug hält. Eines ist also klar: So ruhig wie an diesem allerersten Tag wird es nie wieder sein.

Zu Beginn meiner Lehrerinnenlaufbahn bin ich mit meinem ganzen Lebendgewicht in die Falle des ersten Schultags getreten: Oh, sind die nett! Da kann man doch auch so richtig nett sein. Im Nu waren »die« nicht mehr nett. Aber ich immer noch. Und dann ratlos. Und dann wütend. Und schließlich hilflos. Einer Klasse zu verklickern, dass die gutmütige Frau der ersten Stunden kein Trottel ist – das ist hart und schmerzhaft! So schmerzhaft, dass ich vor dem nächsten Start den Rat meiner Kollegen erflehte.

»Zeig's ihnen gleich zu Anfang!«, riet mir einer zackig. »Kauf ihnen den Schneid ab!«

Das wollte ich gern tun. Die Frage war nur, wie – bei meiner eher unterdurchschnittlichen Schauspielbegabung. Ich wappnete mich also mit einem schweren Diktat, begrüßte die neue Klasse knapp und ohne Lächeln. Dann sprach ich die Worte: »Blatt und Stifte raus!«

Ungläubiges Erstaunen, ja Entsetzen: »Am ersten Schultag?«

Ich kratzte alles zusammen, was mir an Härte und Durchhaltevermögen zur Verfügung stand, und zog es durch, das Diktat. Die Schockstarre wirkte weit über das Schreiben und Einsammeln hinaus, kein Schüler wagte einen Mucks. Die Stimmung gefiel mir dennoch nicht. Das Korrigieren gleich am ersten Nachmittag ebenso wenig. Und das Aushändigen der katastrophalen Ergebnisse schon gar nicht. Am liebsten hätte ich sie alle gestreichelt und getröstet.

»Ist doch klar, dass du über die Ferien vergessen hast, dass man ›Schuhle‹ nicht mit Dehnungs-h schreibt! Macht doch nichts, dass du ›urlaup‹ klein und mit p geschrieben hast! Denk dir nichts, nur weil dir kein einziges Fremdwort fehlerfrei gelungen ist! *Wir wiederholen das doch alles!*«

Doch ich blieb hart – und die Klasse ruhig, aber eisig.

Um es abzukürzen: Wir rauften uns zusammen, kamen irgendwann gut miteinander klar. Eines rieben sie mir aber noch oft unter die Nase: »Als Sie damals am allerersten Schultag mit diesem grässlichen Diktat anrückten, dachten wir alle: Die junge Lehrerin muss furchtbar sein!«

Danach habe ich nie wieder die Schockmethode versucht – und die sanfte Tour auch nicht mehr. Was dann? Souveräner Mittelweg, würde ich sagen. Ich bin aber immer noch gefährdet, wenn ich gänzlich »neue« Schüler bekomme: »Die sind diesmal aber nett! Die tun ja alles, was man ihnen sagt. Und sie schauen so lieb.«

Eigentlich müsste jemand wie ich dankbar sein für die allererste Unruhe des ersten Tages. Das ist eine Steilvorlage! Ich muss die Chance nutzen! Ein Exempel statuieren! Den Schneid abkaufen!

3

EINEN WUNDER-BAREN GUTEN MORGEN WÜNSCHE ICH EUCH!

Über den Unterrichtsbeginn und den täglichen Kampf gegen die Müdigkeit der Schüler

Manchmal könnte ich bereits vor dem ersten »Einen wunderbaren guten Morgen wünsche ich euch!« alles hinschmeißen. So müde, so abgekämpft erwartet mich meine Schar in der Früh: käseweiß, mit Ringen unter den Augen, gähnend, verzweifelt gähnend geradezu. Der miserable Gesamtzustand setzt mir so zu, dass ich mich selbst als Zumutung empfinde: Man kann doch Menschen, denen es so schlecht geht, keinen Unterricht aufbrummen. Das tut man einfach nicht. Manchmal macht mich das Dauergähnen um mich herum müde und mürbe, bis mir die Sinne schwinden. Ich sehne mich so sehr nach einem Bett, dass ich am liebsten ein Nachtlager für alle aufschlagen würde: »Meine lieben Freunde, wir legen uns jetzt erst mal eine Runde hin!«

Weil es nicht das ist, wofür ich bezahlt werde, teste ich immer wieder Neues aus, um Leben in die Bude und in die jungen Menschen zu bringen:

1. Methode: Sauerstoff
Lehrkraft: »Ihr Lieben, wir lüften heute mal besonders gründlich!«
Reaktion: schlotterndes Entsetzen

2. Methode: Lärm
Lehrkraft: klatscht bewusst laut in die Hände
Reaktion: kurzzeitiges Erschrecken

3. Methode: Humor
Lehrkraft: versucht, eine witzige Bemerkung zu machen
Reaktion: mattes Lächeln mit leichtem Schnarch-Nebengeräusch

4. Methode: Freude
Lehrkraft: erzählt gleich am Morgen freudig von einem gewonnenen Preis, einer bevorstehenden Unternehmung …

Reaktion: müde Aufmerksamkeit

5. Methode: übergroße Freude
Lehrkraft: kündigt Unterrichtsausfall noch am selben Vormit-
              tag an
Reaktion: Erwachen

Da die ersten vier Methoden wirkungslos bleiben und die fünfte
nur sehr selten zur Verfügung steht, greife ich meist zur Methode
»Unterricht«, beginne mit dem geplanten Einstieg und hoffe, dass
das Schulmobiliar unbequem genug ist, um ein Weiterschlafen der
Schüler zu verhindern.

Einen kapitalen Bock schoss ich neulich. Der war eigentlich
unter meinem Niveau. Ich hatte einen Spielfilm für den Unterricht aufbereitet und weil es vom Stundenplan her so schön passte,
zeigte ich ihn gleich in den ersten beiden Stunden. Als ich die
Beobachtungsaufträge bekannt gab, nickten alle lieb. Wer in der
Früh schon Filme gucken darf, ist erst mal willig. Doch dann begann der Film. Es war kein Action-Film. Es zog sich, bis die Hand-
lung in Gang kam. Tja, ich sah es an ihren Augen. Sie konnten sie
einfach nicht offen halten. Ein paar dämmerten weg, eine schlief
richtig tief ein. Mein Versuch, sie diskret zu wecken, schlug fehl,
also ließ ich sie in Ruhe. Beim Abspann wurde sie wach, schaute
mich mit entzückenden Schlafbäckchen an und war fortan richtig
gut drauf. Na ja, sie hatte einfach mal ausgeschlafen.

Immer wieder treibt mich die Frage um, was der Grund für die
kollektive Müdigkeit ist. Ab und zu so sehr, dass ich neugierig
und indiskret nachbohre – à la Kreuzverhör: »Wann bist du denn
ins Bett gegangen?«, »Was machst du in der Nacht so? Guckst
du Fernsehen?«, »Wachst du nachts auf und kannst nicht mehr
einschlafen?«, »Kommst du nicht vom Zocken los?«.

Ich kann mir vorstellen, wie ich ihnen damit auf die Nerven
gehe, aber ich tue es trotzdem – mit äußerst mäßigem Erfolg. Sie

sind eigentlich recht früh ins Bett gegangen. Sie konnten dann einfach nicht so gut schlafen. Sie wissen auch nicht, warum sie so müde sind.

Eine Frage lag mir mehrmals auf der Zunge, aber gestellt habe ich sie noch nie: »Warst du alleine im Bett?« Mir hätten sich damals die Nackenhaare aufgestellt, wenn ein Lehrer sich derartig in mein Privatleben eingemischt hätte. Dabei saß ich vermutlich auch öfter mal von Gähnkrämpfen geschüttelt im Klassenzimmer und hatte nur einen Wunsch: in Ruhe gelassen zu werden.

Es gibt ja diese Untersuchung über das Schlafverhalten Pubertierender: Gerade ab der Vorpubertät, die eine sehr anstrengende Lebensphase einläutet, brauchen die jungen Menschen wieder mehr Schlaf. Kaum ein Pubertierender aber kommt auf sein ganz persönliches Schlafpensum. Erwachsene sind da schnell einer Meinung: Selbst schuld! Sollen halt früher ins Bett gehen, die jungen Leute! Die aktuelle Schlafforschung aber hat ergeben, dass das mit dem Schlafdefizit ganz anders ist. Weil es nämlich etwas mit der biologischen Entwicklung zu tun hat. Demnach tickt die innere Uhr der Pubertierenden plötzlich anders, sie werden schlichtweg später müde. Und genau dann, wenn sie endlich so richtig schön schlafen könnten, piept der Wecker oder das Handy: Jetzt aber raus und ab in die Schule! Irgendwann muss man den Schlaf ja nachholen. Und wenn es in der Nacht immer erst so spät klappt mit dem Müdewerden, dann …

Nach der Schule, das verraten sie schon mal, müssen sie sich erst mal ausruhen. Und dabei schlafen sie meistens ein. Das geht dann so ein paar Stunden lang. Danach sind sie endlich ausgeruht, aber noch lange nicht fit für die Hausaufgaben. Die machen sie lieber in der Nacht – wo sie doch ohnehin nicht müde sind.

Und die Lösung? Schlafforscher empfehlen schlichtweg einen späteren Unterrichtsbeginn. Das aber steht nicht in meiner Macht. Wohl aber habe ich die Möglichkeit, das leidige Thema anzusprechen.

»Was war für dich das Schlimmste am Ende der Sommer-
ferien?«, ließ ich sie anonym nach den großen Ferien beantworten.

Die Befragung war so anonym, dass sie auch gut »Das
Schlimmste war Frau Monheim!« hätten schreiben können. Aber
nein, die Spitzenreiter-Antwort lautete: »Dass ich nicht mehr aus-
schlafen konnte«, dicht gefolgt von: »Dass ich jetzt wieder so früh
aufstehen muss« und »Dass ich jetzt nachts nicht mehr bis in die
Puppen aufbleiben darf«.

Na gut, dachte ich, mit diesem Thema kann man sie aus der
Lethargie reißen. Ich staubte bei einem Kollegen einen aktuellen
Zeitungsartikel zum Thema »späterer Schulbeginn« ab, bereitete
ihn pädagogisch wertvoll auf und stieg dann in die Arbeit ein.
Wir wälzten das Thema von vorn nach hinten und ich erwartete
Euphorie und Tatkraft. Insgeheim befürchtete ich sogar, eine
kleine Revolution an unserer Schule angezettelt zu haben. Nach
der großen Abschlussdiskussion stellte ich die Gewissensfrage:
»Wer ist nun dafür, dass die Schule später beginnt?«

Das Ergebnis war der Hammer: Bis auf ein Mädchen, das sich
mutig, leidenschaftlich und allein auf weiter Flur für einen späteren Beginn aussprach, weil das in ihrer Heimat auch so gewesen
war, stimmte die ganze Klasse für: Wir lassen es so, wie es ist.

Diese Entscheidung hat mir sehr geholfen. Sie mindert zwar
die Morgenmüdigkeit kein bisschen, wohl aber mein Mitleid mit
all den wankenden und gähnenden Gestalten. Wenn sie es nicht
anders haben wollen, dann sind sie selbst schuld, wenn es um
7:55 Uhr wieder laut und fröhlich heißt: »Einen wunderbaren
guten Morgen wünsche ich euch!«

Justin Bieber ist doof!
Du bist selber doof!

4

VOLL LANGWEILIG!

Leidenschaft sieht anders aus –
über die Tatsache, dass heutige Schüler
sich für immer weniger interessieren
oder begeistern können

Neulich waren wir beim Bowling. Selbstverständlich war die Klasse in die Entscheidung mit einbezogen gewesen. Fast alle hatten sich dafür ausgesprochen. Sie hatten die Schnauze voll von Außenaktionen gehabt. Der letzte Klassenausflug war zum Pfützentreten in der Großstadt geworden, der vorletzte hatte im Synchronschnattern wegen Unterkühlung geendet.

Nun also Indoor-Vergnügen. Die Betreiber des Bowlingcenters gaben sich alle Mühe. Der Höhepunkt war Disco-Bowling – laut, grell, nah an der Jugend. Während die einzelnen Gruppen bowlten, was das Zeug hielt, sah ich mich um. Fast alle schienen zufrieden zu sein.

Manche hatten sichtlich einen Riesenspaß, andere freuten sich mehr im Stillen. Jeder hatte mindestens einen, mit dem er den Kopf zusammenstecken konnte, keiner schien ausgegrenzt. »Gemeinschaftserlebnis mit individueller Prägung« würde ich so etwas nennen.

Doch plötzlich – nach einer guten Stunde – sah ich die ersten langen Gesichter. Und dann hörte ich gehäuft: »Das ist voll langweilig.«

So schnell kann man als Lehrer gar nicht schauen, wie denen langweilig wird!

Einmal konnte ich selbst nicht mitkommen und ließ mir hinterher von der Klasse berichten, wie der Wandertag gewesen war.

»Voll langweilig!«, lautete genervt die Antwort.

Sie waren nicht im Seniorenheim gewesen, auch nicht auf dem Kinderspielplatz. Eine riesige Unterwasserwelt war das Ziel gewesen. Ja, voll langweilig war es da. Und der Spaziergang war auch voll langweilig. Die Busfahrt ebenso.

Mit einer Klasse fuhren wir deshalb mal in die Berge. Einige Schüler kannten noch keinen Sessellift und hatten voll Angst.

Auch die anschließende Wanderung war voll anstrengend. Aber so richtig toll war wenig.

Überhaupt: So richtig toll ist selten etwas. Selbst nach den Ferien berichten viele, dass diese in erster Linie langweilig waren. Und auf Facebook posten sie alle naselang: »Langweilig.«

Für mich als Lehrerin ist es schwer auszuhalten, dass man sich oft ziemlich ins Zeug legt und dann so gelangweilte Mienen sieht. Ich würde inzwischen am liebsten den großen Voll-nicht-langwei-lig-Preis ausloben. Einfach deshalb, weil ich mal wissen möchte, ob es noch etwas gibt, was nicht nach ein paar Minuten anödet.

Um dem Phänomen ein wenig mehr auf die Spur zu kommen, hatte ich mich dafür stark gemacht, mit der Klasse in einen Hoch-seilgarten zu gehen. Würde es auch in »gefühlter Gefahr« lang-weilig sein?

Ich führte etliche Telefonate, ließ mögliche Termine vormerken, holte Auskünfte über angemessene Kleidung und Ausrüstung ein. Dann trat ich strahlend vor die Klasse.

Vehemente Reaktion der einen: »Hochseilgarten? Oh nein, da war ich schon!«

Vehemente Reaktion der anderen: »Hochseilgarten? Oh nein, da will ich nicht hin!«

Tja, das Experiment hat fürs Erste noch nicht stattgefunden. Aber selbst wenn – ich befürchte, auch in luftiger Höhe würden es ein paar voll langweilig finden.

Locken könnte ich sie alle nur mit einem gigantischen Erlebnis-bad.

»Nein, da ist es nicht voll langweilig! Da gibt es voll gute Wasserrutschen und so. Da wollen wir hin!«

Ich bin kein Freund von Hallenbädern und schon gar keiner von Erlebnisbädern, erst recht nicht, wenn es gilt, ein Rudel Halb-wüchsiger zu beaufsichtigen. Aber die Vorstellung, etwas nicht Langweiliges bieten zu können, ließ meinen Widerstand schwin-den. Genau genommen, versetzte sie mich in eine Art Taumel. Ich würde mit diesen Schülern etwas unternehmen, was alle – auch im Nachhinein – als voll schön bezeichnen würden! Der Taumel musste einen Teil meines Gehirns außer Kraft gesetzt haben. Ich begann allen Ernstes, in die Planung einzusteigen.

Doch der Himmel hatte ein Einsehen. Er schickte mir eine junge, sportliche Physiotherapeutin. Während sie meine kaputte Schulter in der Mangel hatte, erzählte ich ihr so ganz nebenbei und nicht ohne Stolz von der geplanten Unternehmung.

»Nein!«, schrie sie entsetzt auf und ließ von meiner Schulter ab. »Das würde ich ja nie wagen! Ich war da schon ein paarmal mit Freunden. Dort geht der Notarzt ein und aus.«

Ich schwieg bedröppelt und begrub augenblicklich meine Idee vom nicht langweiligen Ausflug. Auch um den Preis, dass ich nun nie erfahren werde, ob es voll schön gewesen wäre.

5

DER WAHNSINNIGE VERLAUF DES UNTERRICHTS

Über den Umstand, dass Lehrer es schrecklich finden, wenn ihr Unterricht gestört wird

Wir Lehrer nehmen unseren Unterricht sehr ernst. Wir beklagen uns zwar ständig, dass nichts von dem hängen bleibt, was wir den Schülern an den Kopf oder zum geistigen Fraß vorwerfen, aber wehe, einer stört unseren Unterricht!

Gerade hatte man die Aufmerksamkeit der Racker gebündelt! Gerade hatte man die Kerle endlich zur Ruhe gebracht! Gerade jetzt wäre es so wichtig geworden! Und da … Da stört jemand. Das darf nicht sein! Das ist eine Todsünde! Für alle Nicht-Insider hier die Hitliste der Störungen:

Der Klassiker – Störung durch die eigenen Schüler

Irgendeiner aus der Klasse ist sich der Wichtigkeit der Sekunde nicht bewusst. Es reicht ihm nicht, dass er mit den Gedanken woanders ist, nein, er hat die Frechheit, genau in dem Moment zu schwatzen, abzutauchen oder gar zu lachen, in dem die Lehrkraft den *einen* wichtigen Satz von sich geben möchte.

Rein theoretisch weiß ich zwar, dass es zum Wesen des Schülers gehört, nicht aufzupassen. Dass die Unaufmerksamkeit üblicher ist als das An-den-Lippen-der-Lehrkraft-Hängen. Rein theoretisch. In der Praxis könnte ich austicken, wenn ich mich gerade so wunderbar in Hochform unterrichtet habe und dann einer das mit Füßen tritt: schwatzt laut und dauerhaft, muss plötzlich lachen, obwohl es nichts zu lachen gibt, fällt unter dem Gejohle seiner Mitschüler vom Stuhl, wirft zum vierten Mal sein Lineal zu Boden.

Einen meiner eigenen Lehrer brachte ich einst auf die Palme, als ich mehrmals hintereinander einen Stift fallen ließ – in *seinem* Unterricht!

»Du lernst das gleich zweimal auswendig!«, tobte er und zeigte wütend auf ein Gedicht.

Ich kann den Mann heute verstehen. Auch ich spüre, wie sich etwas in mir verändert, wie mir die Gelassenheit aus dem Körper flutscht, wie ich den Sündenbock in Gedanken knieble, fessle und arretiere. Innerhalb von Sekundenbruchteilen mutiere ich von der gütigen, alles verstehenden Pädagogin zur Furie. Einmal habe ich in derartiger Verfassung einen meiner Ohrclips durchs Klassenzimmer gefeuert, der zum Dank für den Missbrauch vor den Augen der Schülerschaft zersprang. Das Aufsammeln der Einzelteile zählte nicht zu den großen Momenten meiner Lehrerkarriere.

Neben all dem Kleinkram sind da natürlich noch die stets gut funktionierenden Dauerbrenner der Unterrichtsstörung: »Ich muss aufs Klo!«, »Kann man mal das Fenster aufmachen?!« und »Kann man mal das Fenster zumachen?!«.

Pädagogisch wertvolle Störungen – Schüler in Mission

Wer öfter mal eine Schule von innen sieht, könnte auf den Gedanken kommen, dass manche Schülerinnen und Schüler sich vor dem Unterricht drücken, indem sie Exkursionen durchs Schulhaus unternehmen. Das tun sie auch – die zumindest, die ständig aufs Klo rennen oder Abfalleimer schon zum Container schleppen, ehe der Boden bedeckt ist. Insider erkennen diese Spezies an der zur Schau gestellten Coolness. Schließlich soll keiner auf die Idee kommen, ihnen unlautere Beweggründe zu unterstellen.

Die andern aber, die Unschuldigen, zeigen durch ihr Mienenspiel und ihre Körpersprache, dass sie in hochwichtiger Mission unterwegs sind. Man hat sie geschickt. Eine Lehrkraft hat sie geschickt. Sie haben das Recht auf ihrer Seite. Sie sind im Glückstaumel. Eine Lehrkraft hat ihnen die Legitimation gegeben, dem Unterricht fernzubleiben. Dem eigenen wohlgemerkt! Weil sie den der anderen stören sollen – und das aus gutem Grund. Wegen der Mission eben. Und der Missionen gibt es viele ...

»Geh bitte mal zu Kollege X. und frag ihn, ob er heute in den Computerraum muss!«

»Schau, ob Frau Z. in ihrem Klassenzimmer ist, und bitte sie um folgende Liste ...!«

»Such bitte ganz schnell den Hausmeister, ehe uns die Schranktür erschlägt!«

Die knackigen Missionen aber, die mit dem echten Störfaktor, sehen so aus: Ein oder mehrere Schüler werden gezielt von ihrer Lehrkraft in Klassen geschickt, um irgendetwas kundzutun, zu erfragen oder vorzustellen. Aus der Wahrnehmung der unterrichtenden Lehrkraft stellt sich das so dar: Es klopft. Die Klopf-Palette reicht dabei vom kaum wahrnehmbaren Fingertupfen bis zum unüberhörbaren Versuch, die Tür mit der Faust einzuschlagen. Beide Extremvarianten nehmen erst einmal die Anspannung aus der soeben noch konzentriert lauschenden Klasse. Es darf befreit aufgelacht werden. Hach, ist das lustig, dass da jemand so leise klopft! Hach, ist das lustig, dass da jemand wie ein Rasender auf die eigene Klassenzimmertür eindrischt!

Egal, wie Klopf- und Klassenverhalten ausfallen – irgendwann stehen die Besucher vor der Klasse und winden sich vor Verlegenheit. Oder sie brechen unter Lachkrämpfen zusammen. Oder sie reden alle gleichzeitig. Oder sie beschimpfen sich gegenseitig. Oder sie sehen sich hilflos um. Oder sie machen es einfach großartig, zumindest aber gut – das, was sie eigentlich tun sollen, nämlich: vor einer fremden Klasse etwas vortragen.

Ich habe da schon alles Mögliche erlebt. Einmal traten sich bei mir im Klassenzimmer sieben fremde Schüler auf den Füßen herum, um eine Nichtigkeit kundzutun. Sie fanden sich so cool dabei, dass ihre Mission bis zuletzt nicht rüberkam. Einmal traten winzig kleine Grundschulkinder so souverän vor einer Horde Pubertäts-Lackel auf, dass diese nichts anderes mehr als »Süß!!!« über die gepiercten Lippen brachten. Und einmal übertrafen zwei schüchterne Mädchen sich selbst. Sie brachten ihr Anliegen so treffend auf den Punkt, dass die anwesende Klasse spurte.

Weil ich selbst überzeugte Anhängerin der Methode »Wachsen an Herausforderungen« bin, denke ich mir ziemlich oft Missionen aus. Ab und zu frage ich später nach, wie mein Auftrag erfüllt wurde. Oft ist die Auskunft wenig spektakulär: »Die haben es ganz gut gemacht.« Ab und zu gibt es Reklamationen: »Die sind aber richtig frech aufgetreten.« Und einmal gab es ganz, ganz großes Theater, weil gleichzeitig mit mir noch ein paar Kollegen auf die Idee gekommen waren, Schülerdelegationen durchs gesamte Schulhaus zu schicken. Vermutlich waren an diesem unglückseligen Vormittag mehr Schüler unterwegs als in ihren Klassenzimmern. Die Störungen schienen kein Ende zu nehmen und das Kollegium beschwerte sich entnervt.

Störungen auf Augenhöhe – Kollegen vor der Klassenzimmertür

Variante 1: Wir Lehrer sind vergesslich. Und weil wir solche Angst haben, etwas ganz Wichtiges zu vergessen, wenn es nicht sofort an den Mann oder die Frau gebracht wird, versuchen wir, alles auf der Stelle zu erledigen. Ich zumindest tue das. Wenn mir während der Freistunde einfällt, dass ich Kollegin D. wegen des anstehenden Schulfests dringend etwas fragen muss, dann warte ich nicht, bis ich irgendwann mit ihr zusammentreffe. Nein, ich eile frohgemut zu ihrem Klassenzimmer, klopfe und störe hemmungslos. Natürlich bitte ich um Entschuldigung für die Störung, natürlich entschuldigt die Kollegin – aber ihren Unterricht habe ich, na ja, gestört eben.

Variante 2: Kollege Z., der gerade eben noch in einem Klassenzimmer unterrichtete, stellt fest, dass er dort etwas vergessen hat – genau in der Sekunde, als er mit seinem Unterricht im nächsten Klassenraum beginnen will. Weil er nur eine vage Ahnung hat, wo der vergessene Gegenstand liegen könnte, eilt er selbst wieder zurück. Im Ziel-Klassenraum hat inzwischen ebenfalls der Unterricht begonnen. Der wird nun gleich zu Beginn ein wenig aufgemischt, und zwar so:

Kollege Z. klopft laut und drängend an die Tür und betritt gleichzeitig das Klassenzimmer, nicht ohne dem dort unterrichtenden Kollegen gegenüber zu betonen: »Mach weiter mit deinem Unterricht, lass dich nicht stören!«

Die anwesenden Schüler verstehen die Aussage dieses Satzes nicht und wollen exakt in dem Moment beweisen, dass die Höflichkeitserziehung gefruchtet hat. Geschlossen intonieren sie kraftvoll: »Guten Morgen, Herr Z.!«

Z. winkt zerstreut ab, verursacht mit seiner Suchaktion ein Riesenkuddelmuddel, das von der gesamten Schülerschaft freudig beobachtet und kommentiert wird, und will nach dem Auffinden des gesuchten Gegenstandes unauffällig die Biege machen. Doch ohne ein »Auf Wiedersehen, Herr Z.!« kommt er nicht davon. Z. weiß, dass er dem Kollegen den Stundeneinstieg versaut hat, und hetzt beschämt zurück.

Variante 3: Der ganzen Klasse muss etwas von einem nicht in der Klasse unterrichtenden Kollegen mitgeteilt werden, und zwar dringend. In solchen Fällen heiße ich den Kollegen herzlich willkommen, schreibe meinen Stundenverlauf in den Wind und lasse mich entspannt auf den Lehrerstuhl sinken. Dann ist erst einmal ein anderer dran.

Da ich weiß, dass nicht jeder das so sieht, bin ich selbst vorsichtig. Erst vor Kurzem tourte ich durch das gesamte Schulgebäude und begann jeden meiner Auftritte fast demütig mit den Worten: »Wie sehr störe ich?«

Die Reaktionen waren herzerfrischend bunt:

* »Pssssssssssssssst, wir schreiben gerade einen Test!« (begleitet von einer wedelnden Handbewegung)
* »Na ja, ich wollte gerade mit … anfangen. Aber komm kurz rein!« (begleitet von einem gequälten Gesichtsausdruck)
* »Hier herrscht momentan eh das Chaos. Da kannst du gar nicht mehr stören.« (begleitet von einem freundlichen Lächeln)

»Ich brauch Wohnungsschlüssel von Schwester.« Wenn mir dies ein kleiner, knopfäugiger oder großer, unsicherer Bruder nach zaghaftem Anklopfen verschämt entgegenhaucht, bin ich entwaffnet. Ich manage eine diskrete Familienzusammenführung und nehme gütig die Unterbrechung meines Unterrichts in Kauf.

Auch für den Vater, der mit wichtiger Miene vor der Klassenzimmertür steht, um das Geld für den Wandertag höchstpersönlich abzuliefern, unterbreche ich gern meinen Unterricht. Nur die Mutter, die mir ausführlich von dem höchst ansteckenden Magen-Darm-Virus ihrer Tochter berichtete, der leider auch auf sie selbst übergesprungen sei, und die mir dabei immer näher auf die Pelle rückte – die habe ich ziemlich schnell wieder hinauskomplimentiert.

Störungen rein akustischer Natur

Um gut laufenden Unterricht so richtig schön zu stören, ist es nicht einmal nötig, dass ein Mensch auf der Bildfläche erscheint. Es funktioniert auch so.

Variante 1: Immer wieder ein Erlebnis – die Lautsprecherdurchsage. Ich bin so richtig schön dabei, die Schüler sensibel auf ein heikles Thema vorzubereiten, da knistert und knackt es von rechts oben. Im nächsten Moment erschrecke ich zu Tode. Wenn man mich von hinten anspricht, ist das zu viel für meine Nerven. Für meine Schüler nicht. Die genießen meine Reaktion jedes Mal aufs Neue – und ignorieren die Durchsage. Bis mein »Wo waren wir stehen geblieben?« sie aus ihren schadenfreudigen Gedanken reißt.

Variante 2: Vom Schulflur dringt der Lärm tobender Schüler ins Klassenzimmer. Dass Schüler nicht mucksmäuschenstill auf Schulhausgängen warten, bis Lehrkräfte sie einlassen oder abholen, ist klar. Dass Schüler auch mal deutlich akustisch über die Stränge schlagen, ebenso. Wenn ihr Lärm von draußen jedoch lauter als das Unterrichtsgespräch drinnen ist, muss ich eingreifen. Und das tue ich dann auch. »Geht's noch?!«, brülle ich empört aus dem Klassenzimmer, weil »Seid doch bitte mal ruhiger!« erfahrungsgemäß rein gar nichts bringt. Meist wird mein Brüllen erhört, der Unterricht aber bleibt gestört.

Variante 3: Nervenzermürbender Baustellenlärm ertönt. »Macht doch mal das Fenster zu!«, rufe ich. Spätestens nach der Erkenntnis, dass sämtliche Fenster längst geschlossen sind, der Lärm aber nach wie vor unerträglich laut ist, weiß ich, dass die Baustelle neben der Schule mein Feind ist. Tatsächlich hätte ich nie gedacht, dass es einem Akt der Verzweiflung gleichkommt, gegen kreischende Bohr- und tobende Motorengeräusche Unterricht zu halten.

Störungen rein visueller Natur

Ja, auch sie kommen vor! Nein, nicht in Form von Gespenstern, die durchs Klassenzimmer schweben, sondern ein kleines Fenster zum angrenzenden Gruppenraum macht's möglich. Das Nette ist, dass es stets gleich abläuft und dennoch immer wieder ein Burner ist.

Die Schülerschaft lauscht aufmerksam. Ich fühle mich gut. Plötzlich eine Veränderung. Eine gewisse Unruhe, die ich nicht sofort einordnen kann. In Sekundenbruchteilen gibt es die ersten feixenden Gesichter, die nicht mehr zu mir schauen, sondern an mir vorbei. Dann immer mehr Schüler, die kichern, glucksen, glotzen, als sei hinter mir Charlie Sheen aufgetaucht und versprühe seinen Charme.

Obwohl ich es besser wissen müsste, schaue ich mich erstaunt um und entdecke in der Fensteröffnung das Gesicht eines Schülers, das nun blitzschnell abtaucht. Da das Unterrichten mit dem Rücken zur Klasse nicht zu meinen Stärken zählt, drehe ich mich wieder um – und weiß, dass das Spiel weitergeht. Hinter mir findet eine Darbietung statt, die eigentlich nicht der Rede wert ist, aber enorme Wirkung zeigt: Haha, der andere Schüler schaut! Haha, der lacht! Haha, der zieht Grimassen! Haha, ist das witzig!

Das setzt sich so fort, bis der Kollege im Nebenraum für Ordnung sorgt – wenn er es tut. Oder bis ich selbst vor Wut fast die Glasscheibe durchschlage und dann in Furienart den Nebenraum stürme. Oder – wenn ich gut drauf bin – den aktiven Part übernehme: antäuschen, zur Klasse drehen, den Übeltäter in Sicherheit wiegen und dann blitzschnell zuschlagen. Was nichts anderes heißt, als den Körper zu wenden und mit einem Sprung auf das Fenster loszuschießen. Das kommt gut an bei den eigenen Schülern. Besonders, weil sie das Erschrecken des Übeltäters live miterleben. Es verschafft mir kurzfristig die Aura von Heldenhaftigkeit. Nur das Umschalten auf Unterricht will nicht mehr so recht klappen. Comedians bekommen ihren Applaus nun mal nicht für das Dröge, Ernsthafte.

Ach ja, die Unterrichtsstörungen! »Sie stören heute den wahnsinnigen Verlauf meines Unterrichts!«, brach es aus einem meiner eigenen Lehrer einst völlig entnervt hervor. Der Gute konnte einfach nicht mehr. Er konnte noch nicht einmal mehr sagen, was er eigentlich meinte: »Sie stören heute wahnsinnig den Verlauf meines Unterrichts!«

Damals fand ich Lehrerverhalten wie dieses so was von witzig. Heute verstehe ich es so was von gut. Denn der wahnsinnige Verlauf des Unterrichts – der ist für uns Lehrer einfach ... wahnsinnig wichtig!

Herr Schmidt ist echt super!

Und Du bist in ihn verknallt, Carla!

6

IN WÜRDE SCHEITERN

Darüber, dass die To-do-Liste immer
länger wird und ich als Lehrerin das Gefühl habe,
immer weniger zu schaffen

Zu Beginn der Deutschstunde teilt mir Schülerin Ela mit, sie müsse mit mir reden. Sie sei von einer Person aus dieser Klasse am Vortag gemobbt worden. Ich habe viel vor in der Deutschstunde und bitte sie, das Gespräch auf die Pause zu verschieben. Sie willigt leicht verstimmt ein.

Neben dem normalen Deutschunterricht informiere ich die Klasse über eine Berufs-Info-Börse. Obwohl es sich um eine Abschlussklasse handelt, zeigt kein einziger Schüler Interesse.

Als die Pause endlich beginnt, steht Ela sofort vor mir und beginnt noch einmal mit ihrer Geschichte: Dass sie sich mit allen gut verstehe, aber dass es einfach die Höhe sei, wenn man ihr einen Zettel mit Beleidigungen in die Tasche steckt.

Gerade will ich mit ihr systematisch analysieren, wie der Zettel genau in ihre Tasche gelangt sein könne – da steht Kollegin T. in meinem Klassenzimmer. Sie müsse dringend mit mir reden, und zwar sofort. Inzwischen redet Schülerin Pinar ohnehin auf Ela ein, sie solle das Mobbing auf keinen Fall vor der Klasse thematisieren, denn wenn der Täter überführt werde, sei er doch geliefert. Also ermuntere ich Ela und Pinar, das weitere Vorgehen in der Pause zu besprechen und mir nachher das Ergebnis ihres Gesprächs mitzuteilen. Dann wende ich mich Kollegin T. zu und erfahre detailliert, was sich tags zuvor im Werkunterricht abgespielt haben soll: Eine meiner Schülerinnen, Belma, mit der ich sehr gut auskomme, habe sich Kollegin T. gegenüber unmöglich benommen. Wenn sie sich nicht spätestens am nächsten Tag entschuldige, erhalte sie eine Schulstrafe. Ich höre mir alles an und stelle in Aussicht, mich um die Sache zu kümmern.

Während ich mit der Kollegin rede, taucht Kollegin D. in meinem Klassenzimmer auf. Sie wolle mir nur schnell die nächste Ethiksequenz erklären. Ich bitte sie, sich zu gedulden und nach der Pause noch einmal vorbeizukommen.

Kollegin D. ist noch nicht draußen, Kollegin T. noch immer sichtlich empört, da erscheinen die Schüler Dennis und Anton bei mir, mit denen ich – wie mir in diesem Moment einfällt – genau zu dem Zeitpunkt verabredet bin. Sie wollen mir das gewünschte Bild für den Schülerzeitungsartikel auf den Laptop überspielen. Auf der Speicherkarte finden sie viele Bilder, die sie nicht suchen. Das Bild, das sie suchen, finden sie nicht.

Während ich – immer bemüht, Kollegin T. nicht zu vernachlässigen – den beiden Jungen beim Scheitern zusehe, schießt mir in den Kopf, dass auch Kollege V. in dieser Pause Text- und Bildmaterial für einen Schülerzeitungsartikel an mich übergeben wollte – auf einem USB-Stick. Ich darf ihn nicht vergessen, er ist da empfindlich. Deshalb dränge ich Kollegin T. zum Abschluss ihrer Schilderung und jage ins Lehrerzimmer, wo Kollege V. weder Text noch Bild für mich hat. Während ich – so feinfühlig, wie es mir möglich ist – mit Kollege V. kommuniziere, fragt mich Kollegin C., ob sie nach der Pause kurz zu mir in den Unterricht kommen dürfe. Sie müsse der Klasse etwas Wichtiges sagen. Ich nicke. Derweil erinnert mich Kollegin J. daran, ihr meinen USB-Stick am Nachmittag nach der Schülerzeitungssitzung ins Fach zu legen.

Beim Hinauseilen treffe ich auf den erfahrenen Kollegen H., der schon viele Konflikte gelöst hat. Ich frage ihn wegen der Ela-Sache um Rat. Wie verhindert er bei Mobbingdelikten, dass der Täter weder unerkannt bleibt noch vor der Klasse fertiggemacht wird?

Er gibt zu, in solchen Fällen den Täter eher selten dingfest zu machen, und schließt lächelnd mit dem Geständnis: »Meist scheitere ich.«

Ich antworte: »Okay, ich versuche, in Würde zu scheitern.«

Dann eile ich zurück ins Klassenzimmer, wo inzwischen – die Pause ist vorbei – Ela, Pinar und fünf weitere Schülerinnen stehen und von mir die Lösung des Problems und die Überführung des Täters erwarten. Eine der Schülerinnen gibt zu bedenken, dass der Zettel auch am Vortag im Werkunterricht in Elas Tasche gesteckt worden sein könne. Der Täter müsse also durchaus nicht aus den Reihen der eigenen Klasse kommen.

»Nein«, sagt Ela, »die Garderobe war immer abgeschlossen.«

»Nein«, sagen die anderen Mädchen, »das war sie nicht.«

Ich bin nicht ihre Werklehrerin, das ist Kollegin T., aber die ist längst über alle Berge. Während sich die Mädchen heiße Diskussionen liefern, ob die Tür zu oder nicht zu war, erscheint Kollegin D. ein zweites Mal und erklärt mir die Ethiksequenz. Ich kann ihr schlecht folgen, gebe aber mein Bestes. Ehe sie wieder geht, informiere ich sie kurz über den Mobbing-Vorfall, da ihre Schüler gemeinsam mit meinen am Vortag in der fraglichen Zeit Werkunterricht hatten. Sie seufzt. Mein Blick fällt auf die Liste mit den Ethiknoten. Ach ja, die wollte ich in der Pause eigentlich in die Klassenlisten eintragen – es ist ja Notenschluss! Zu spät! Mache ich es eben in der Mittagspause.

Dann kommt Kollegin C., um der Klasse das Wichtige mitzuteilen, und irgendwann fange ich endlich mit meinem Kunstunterricht an. Während die Schüler zeichnen, lese ich den Dankbrief einer Nonne vor, für deren brasilianische Schützlinge unsere Schule jährlich spendet. Die Reaktion ist höfliches Desinteresse.

Nach dem Unterricht bitte ich Belma, mir zur Klärung des Vorfalls mit Kollegin T. zur Verfügung zu stehen. Sie sinkt nieder und erzählt mir ihre Version der Geschichte. Natürlich unterscheidet sie sich von der der Kollegin T. Ich kenne Belma, ich kenne Kollegin T., ich kann mir alles sehr gut vorstellen. Dann versuche ich, Verständnis für die andere Perspektive zu schaffen, versuche, Belma davon zu überzeugen, dass sie sich die Strafe auch dadurch ersparen könne, dass sie T. eine Entschuldigung schreibe.

»Kommt gar nicht infrage«, sagt Belma. »Es gibt nichts, wofür ich mich entschuldigen muss. Heucheln will ich nicht!«

Genau diese Geisteshaltung ist es, die ich an Belma so mag. In dem Moment ist sie jedoch wenig hilfreich. Belma erzählt mir noch viel aus ihrem Leben, das bisher alles andere als einfach verlaufen ist. Und ich denke wieder einmal, wie sensibel und reif dieses Mädchen schon ist und wie oft sie es schafft, sich bei Lehrkräften unbeliebt zu machen. Unser Gespräch ist gut und wird immer besser. Belma weint viel, aber befreit. Sie bedankt sich fürs Zuhören, sie bedankt sich für alles.

Dann erscheint Kollegin D. völlig aufgelöst im Klassenzimmer. Sie finde ihren Schlüsselbund nicht mehr, ob sie ihn wohl vorhin liegen gelassen habe. Ich zucke hilflos mit den Schultern, ich weiß von nichts. Kollegin D. findet den Schlüsselbund auf meinem Lehrerpult – er lag die ganze Zeit da, unter meinem Handtäschchen. Nur der Himmel weiß, wie er dorthin gekommen ist. Ich stammle, dass es mir leidtut, ihr die Sucherei nicht erspart zu haben. Dann geht D. und auch Belma. Meine Mittagspause ist um. Die Ethiknoten sind noch immer nicht eingetragen. Ach ja, mache ich es eben nach dem Nachmittagsunterricht.

Gegen 16:15 Uhr schnüre ich mein Bündel. Es besteht aus fünf Teilen: Handtäschchen, Schultasche, Kunst-Material, Schüler-Kunstwerken, Laptop. Schüchtern frage ich den letzten Schüler, einen sehr höflichen und hilfsbereiten jungen Mann, ob er mir die Sachen bis zum Auto tragen könne. Nein, sagt er lieb, könne er nicht, er müsse ganz schnell heim.

Also schleppe ich mich und meine Sachen die Treppe runter. Da fällt mir ein: Der USB-Stick muss ja noch ins Fach von Kollegin J. Ich stelle alles vor dem Lehrerzimmer ab, um aufzusperren, deponiere den Stick im Fach der Kollegin und bin stolz, es nicht vergessen zu haben.

Dann schultere ich erneut meine Sachen, die mir immer schwerer vorkommen. Ich stelle sie ab, um das Auto aufzuschließen, hieve ein Teil nach dem anderen in den Kofferraum und fahre nach Hause. Ich bin müde.

In der Nacht schrecke ich hoch: Ich habe vergessen, die Ethiknoten einzutragen. Und weil ich Belma nicht umstimmen konnte, wird sie wieder Ärger bekommen. Und das mit dem Mobbing habe ich auch nicht geklärt.

In Würde scheitern eben ...

Wir wollen hitzefrei!
School's out for summer!!!

7

WENN DER UNTERRICHT NICHT WÄRE ...

Über das Phänomen, dass ich mich
mit den Schülern,
bei denen ich nicht unterrichte,
meist besser verstehe

Mir stand eine Stunde bevor, vor der mir graute. Alle Versuche, diese Klasse zu einem kreativen, konstruktiven und freudigen Schaffen zu motivieren, waren gescheitert. Es war immer ähnlich abgelaufen: Ein paar sehr ruhige Schüler hatten nach Themenbekanntgabe unverzüglich begonnen, introvertiert vor sich hin zu malen. Viele sehr unruhige Schüler hatten auch lange nach Themenbekanntgabe keinen Finger gerührt. Und einige Schüler taten alles, um mich aus der Reserve zu locken. Da fiel mir die Ausschreibung eines Wettbewerbs in die Finger. Schüler waren dazu aufgerufen, ein Logo zu entwerfen. Das Logo sollte die hiesige Region für die Jugend repräsentieren. Die Ausschreibung schlug bei mir ein wie eine Bombe. Endlich ein jugendgemäßes Thema! Endlich etwas, womit ich genau diese Klasse würde locken können.

Ich bereitete mich gut vor. Ich stellte einen Stapel Unterlagen über die Region zusammen und begann, mich zu freuen. Am fraglichen Tag trug ich schwer an dem Papier, dafür aber leicht an der Vorfreude. In der Klasse stellte ich das Projekt vor und betonte, dass es um eine originelle Umsetzung ging.

»Haha«, sagte einer, »wir machen einfach gar nichts drauf!«

»Wieso das denn?«, fragte ich.

»Weil hier nichts los ist. Es ist total langweilig.«

Er sagte das mit einem arroganten Lächeln, was mich reizte. Zwischen uns entbrannte – völlig am Stundenthema vorbei – eine hitzige Diskussion über das Verhältnis von Anspruch und Anstrengung. Ich redete mich in Rage, als wolle ich meinen eigenen Sohn auf die richtige Spur bringen. Irgendwann kriegte ich erschöpft die Kurve zurück zum Thema.

»Ich habe euch jede Menge Unterlagen mitgebracht«, sagte ich, »da könnt ihr euch Anregungen holen.«

Die Schüler überlegten. Ihnen fiel nichts ein, womit man die Region präsentieren könnte – weder ein Wort noch ein Bild. Schließlich holten sich ein paar von ihnen Bücher. Eine Schülerin strahlte plötzlich und winkte mich zu sich an den Tisch nach ganz hinten. Freudig gehorchte ich.

»Hier hat meine Mutter gearbeitet«, sagte sie und deutete mit dem Finger auf eine ältere Fotografie vom Stadtrand.

»Wo denn?«

Sie zeigte auf ein kleines Lebensmittelgeschäft, das es nicht mehr gab.

»Oh«, sagte ich. Dann fragte ich, völlig am Stundenthema vorbei: »Und jetzt?«

»Sie hat die Arbeit verloren!«

Das Mädchen strahlte nicht mehr.

Ich steuerte erneut das Stundenthema an und sah, wie einer der braven Jungen aus einem der Bücher minutiös ein altes Stadttor abzeichnete.

»Was wird denn das?«, fragte ich interessiert.

»Das ist ein altes Stadttor.«

»Aber für ein Logo ...«, sagte ich matt.

Ein anderer Junge, der sich auch ein Buch geholt hatte, zeichnete ein blaues Gebilde, das gar nicht schlecht aussah.

»Oh«, frohlockte ich, »das ist das Erlebnisbad. Das ist gut. Das ist wirklich ein Wahrzeichen der Region.«

»Nein«, sagte der Junge, »das ist das Einkaufscenter.«

Ich schwieg. Plötzlich kam Unruhe auf. Der Schnösel vom Anfang hatte etwas zu Papier gebracht. Er zeigte es stolz den anderen. Auch ich durfte einen Blick darauf werfen: Eine Frau streckte mir ihren gigantischen Hintern entgegen.

»Und wo ist der Bezug zur Region?«, fragte ich.

»Ach so«, sagte der Schnösel und verkrümelte sich an seinen Platz.

Ich ging durchs Klassenzimmer, gab Tipps, ermunterte und spürte, dass es nichts half. Dann sah ich, wie der Einkaufscenter-Junge das Einkaufscenter zur Seite schob und eine Frau mit Riesenhintern zeichnete.

Kurz darauf spazierte der Schnösel arrogant durchs Klassenzimmer, spähte auf das Blatt des Einkaufscenter-Jungen und schrie: »Das hat er von mir!«

Ich verwies ihn auf seinen Platz. Der andere Junge zuckte erschrocken zusammen und machte sich erneut an das Einkaufscenter. Der Schnösel setzte sich wieder und begann zu zeichnen. Dann hörte ich ihn etwas zischen.

»Diesmal hab ich was mit Bezug zur Region«, grinste er überlegen, »aber das kann ich Ihnen nicht zeigen.«

Es folgte eine kleine Diskussion zum Thema »Dürfen Lehrkräfte Unterrichtsergebnisse sichten?«, die ich gewann. Ich durfte sein Werk sehen: zwei Frauen in leidenschaftlicher Umarmung.

»Das passt doch«, sagte der junge Mann, »es gibt doch Lesben hier.«

»Aber ob zwei lesbische Frauen als Logo für die Region so geeignet sind?«, gab ich zu bedenken.

»Das Logo wird voll gut«, tönte der Schnösel. »Männer finden es geil, wenn Frauen was miteinander haben.« Dann fiel er erschöpft in sich zusammen. Für den Tag hatte er genug gearbeitet.

Ich hätte es ihm gern gleichgetan, aber die Stunde war noch nicht zu Ende. Ich sah meinen Schülern zu, wie sie sich mit Wahrzeichen der Region abmühten, wie das Stadttor immer detaillierter und damit ungeeigneter als Logo wurde, wie das Mädchen von ganz hinten noch immer fasziniert alte Bilder des Stadtrands betrachtete. Ich sah ein erlebnisbadähnliches Einkaufscenter und noch ein paar andere Dinge, die allesamt gänzlich ungeeignet für die Teilnahme am Wettbewerb waren, aber kein einziges Logo.

Als es endlich läutete, war ich froh und dachte wieder einmal: Der blöde Unterricht! Denn gerade mit dem Schnösel hatte ich mich eigentlich immer sehr gut verstanden – bis er Unterricht bei mir hatte.

Ja, mich grüßen so viele auf dem Flur, die noch nie ganz normalen Unterricht bei mir hatten. Sie verbrachten ein Jahr in einer freiwilligen Nachmittags-AG bei mir, sie hatten auf dem Pausenhof mit mir zu tun oder von Freunden über mich gehört. All diese Schüler grüßen mich freundlich, fast freundschaftlich und fast immer respektvoll. Manchmal aber kommt ein Wurm in unsere Beziehung: der Wurm des ganz normalen Unterrichts.

Wenn Schüler, die schon mal in meiner AG waren, plötzlich ganz normalen Unterricht bei mir haben, ist mir das fast peinlich. Wie wird sich unser wunderbar entspanntes Verhältnis entwickeln? Die Stunde der Wahrheit wird kommen – spätestens dann, wenn sie von mir mit Notendruck und Disziplinierungsmaßnahmen gequält werden.

Neben meinem Klassenzimmer hatte mich eine Gruppe von Schülern der Nachbarklasse immer besonders herzlich begrüßt. Wir hatten gescherzt und ein unbeschwertes Verhältnis gepflegt. Dabei dachte ich nicht nur einmal: Ihr kennt mich nicht. Und wenn es gut geht, werdet ihr mich auch nicht kennenlernen. Es ging nicht gut: Irgendwann erfuhr ich, dass vier aus der Gruppe die Klasse freiwillig wiederholen würden. Mit leichter Verzögerung schraubte sich die Erkenntnis in mein Hirn: Die werden deine Schüler werden! Ich verspürte ein Gefühl großen Bedauerns. Etwas Wunderschönes würde unwiederbringlich verloren sein. Nie wieder würden wir so unbefangen miteinander umgehen.

Einmal fuhr ich kurz vor den großen Ferien mit dem Bus in die Stadt. Ich las ein Buch. Plötzlich hörte ich neben mir eine freundliche Stimme. Ich blickte auf und sah einem unserer Schüler in die Augen. Er unterhielt sich mit mir – nett und respektvoll. Nach den Ferien war er plötzlich mein Schüler. Er mochte nicht unterrichtet werden! Er machte es mir schwer. Voller Wehmut dachte ich immer wieder an unser Bus-Gespräch.

Johnny kannte ich von einer Schulfeier. Er hatte Schlagzeug gespielt. Ich war so begeistert gewesen, dass ich ihn für eine weitere Feier anheuerte. Er machte seine Sache wunderbar. Ich lobte ihn, ich dankte ihm, wir grüßten uns bei jedem Zusammentreffen voller Herzlichkeit. Dann wurde er mein Schüler. Eines Tages stritt er sich heftig mit seinem Banknachbarn um einen Radiergummi. Er warf mit blöden Sprüchen um sich, bis ich »Halt die Klappe!« sagte. Da belehrte er mich, dass ich so etwas zu einem Schüler nicht sagen dürfe.

Wer bis hier gelesen hat, könnte zu dem Schluss kommen, ich sei wohl einfach eine miserable Lehrerin – eine freundliche Frau vielleicht, aber eben ein Totalausfall als Lehrkraft. Sabrinas Beispiel nährt meine Hoffnung, dass dem nicht so ist.

Ich lernte sie nicht kennen, bevor sie meine Schülerin wurde, sie war einfach plötzlich meine Schülerin. Und sie splittete ihr Verhalten: Wenn sie mit mir alleine sprach – vor oder nach dem Unterricht –, war sie die Freundlichkeit in Person. Sie suchte regelrecht den Kontakt zu mir, strahlte mich an, übernahm Dienste. War sie im Klassenverband, mutierte sie von einer Minute zur anderen. Sie war nicht länger ein sympathischer junger Mensch, sondern ein Kotzbrocken, der mich provozierte, wo es nur ging. Sie stand mitten im Unterricht auf, um das Radiogerät einzuschalten, fing an, eine saubere Tafel zu putzen, schob den Vorhang von rechts nach links und von links nach rechts. Als wir in Ethik über Lebensziele sprachen, tönte sie, ihr Ziel sei es, sich einen reichen Mann zu angeln und ihn so richtig auszunehmen. Nicht nur einmal dachte ich an Dr. Jekyll und Mr. Hyde, wenn ich mit ihr zu tun hatte.

»Dr. Jekyll« ist mir vor ein paar Tagen wiederbegegnet – im Kino, mit ihrem Freund. Sie war sehr nett, sehr höflich. Wir waren uns gleich wieder recht nah. Und ich war froh, dass es ihr so gut ging, dass ihr Freund mich so nett begrüßte – und dass ich sie nie wieder im Unterricht haben werde.

8

WER IST
BEI EUCH DER
TECHNIKDIENST?

Kneifen gilt nicht – über die Dinge,
mit denen ich mich als Lehrerin schwertue

Mir geht's nicht gut. Ich mag mich selbst nicht leiden. Ich möchte im Bett liegen bleiben. Ich möchte weinen. Ich möchte mich von der Welt zurückziehen.

Stattdessen gehe ich zur Arbeit. Ich will ja kein Weichei sein. Oft genug habe ich meinen Söhnen und meinen Schülern gepredigt, dass man sich selbst gegenüber durchaus auch mal hart sein muss.

Ich gehe also zur Arbeit, was heißt: Ich gehe in die Schule. Ich gehe zum Unterricht und werde vor einer Klasse stehen. Eine fatale Entscheidung! Eine Lehrkraft, die schwächelt, ist zum Abschuss freigegeben.

Zu Beginn meiner Laufbahn habe ich selbst den kapitalen Bock geschossen, auf das Verständnis der Schüler zu setzen: »Mir geht's heute nicht gut. Könntet ihr bitte Rücksicht nehmen?!«

Das Ergebnis: Die Schüler waren zuerst erstaunt. Wie bitte, eine Lehrerin ist ein ganz normaler Mensch? Als Nächstes gaben sie sich bemüht, allerdings nur sehr kurz. Dann zeigten sie, was sie draufhatten. Sie nutzten meine Schwäche derart aus, dass ich beschloss, nie wieder zuzugeben, wenn es mir schlecht ging. Doch das funktionierte auch nicht.

Tatsächlich bin ich immer wieder überwältigt, wie sich meine aktuelle Tagesform auf einen Unterrichtsvormittag auswirkt. Fühle ich mich gut, bin mit mir im Reinen, dann meistere ich die größten Schwierigkeiten mit Grandezza, habe das Gefühl, dass mir die Schüler zu Füßen liegen, schwebe fast durchs Klassenzimmer, kontere Frechheiten so gekonnt, dass keiner mehr einen Mucks macht. Schleppe ich mich aber ins Klassenzimmer, weil mir etwas an Körper oder Seele wehtut, eskalieren oft total banale Dinge. Ich überreagiere, mir fällt keine witzige Entgegnung ein, ich fühle mich als lächerliche Figur und kraftlos. Am Ende habe ich das Gefühl, ein Totalausfall zu sein. Ich denke, diese extreme Auswirkung der Tagesform ist im Lehrerberuf wirklich ein ganz besonderes Phänomen.

Vor ein paar Jahren hatte ich eine schlechte Phase von mehreren Wochen. Ich fühlte mich mies – auf der ganzen Linie. Ich schlich in die Schule und rettete mich mit größter Selbstbeherrschung über die Vormittage. Ich biss die Zähne zusammen und fand, dass ich mich ganz gut verstellte.

Bis die Schüler mir irgendwann – es ging mir längst wieder besser – sagten: »In dieser Zeit waren Sie furchtbar: immer so böse, gar nicht mehr nett. Wir hätten beinahe die Nase voll von Ihnen gehabt.«

Na prima, mir war es sauschlecht gegangen, ich hatte die Heldin gespielt – und für die Schüler hatte ich mich in eine gereizte, übellaunige Xanthippe verwandelt, deren Verhalten sie als gegen sich gerichtet interpretiert hatten. Vielleicht hätte ich doch lieber ehrlich sein sollen.

Neulich las ich auf Facebook in aller Früh das Posting eines Schülers der Parallelklasse: »Scheiß-Schule, ich will da nicht hin.« Mir war an diesem Morgen auch nicht wohl. Um ein Haar hätte ich »Gefällt mir« gedrückt.

Ja, ich bin auf Facebook und mag überhaupt moderne Medien. Die Vorbehalte vieler Menschen meines Alters teile ich nicht. Ich möchte das neumodische Zeug am liebsten immer gleich ausprobieren. Deshalb besuche ich Fortbildungen wie: »Effektiv unterrichten mit dem interaktiven Whiteboard«, und den »Handyclip-Workshop für Lehrkräfte« habe ich auch schon vorgebucht. Mir kommen die Worte »Beamer«, »Layoutprogramm InDesign« und »Multifunktionsdrucker« so locker über die Lippen, dass ich mich selbst ganz jung und wichtig fühle.

Im Klassenzimmer aber, da scheitere ich bereits an Steckern und Schaltern. Immer erwische ich zu kurze Kabel, Lichtschalter für die falsche Reihe und Schlüssel, die Schranktüren nicht öffnen können. Die kleine Stereoanlage, die ich höchstpersönlich der Schule vermacht habe, gehorcht mir dort kein bisschen. Wenn der CD-Player gefragt ist, damit wir *Erst entspannen, dann ler-*

nen hören können, ertönt stattdessen lautstark der Marktschreier unseres lokalen Rundfunksenders. Wenn ich die pädagogisch wertvolle Schulfunksendung endlich gefunden habe, erwische ich beim Regulieren der Lautstärke garantiert den falschen Knopf und der Sender ist futsch!

Der gute alte Overheadprojektor, den ich geschätzte 1.352 Mal zwischen den Fingern hatte, wird von mir mit Vorliebe so aufgestellt, dass die Schrift zu klein, der Bildausschnitt zu groß oder alles unscharf ist. Lange entschuldigte ich dies mit meiner Sehstärke: »Liebe Schüler, ich glaube, ich brauche eine Brille«, »Ist das so verschwommen oder liegt es an meinen Augen?« oder »Könnt ihr mir da mal bitte helfen? Ich sehe das nicht gut«. Inzwischen trete ich längst mit hochwertiger Gleitsichtbrille gegen das Gerät an – mit durchschlagendem Erfolg, nämlich keinem.

Ja, im Unterricht sind technische Geräte für mich fast eine Bedrohung. Der Auftritt vor 25 Halbwüchsigen scheint das Hirnareal, das bei mir für Technik zuständig ist, völlig außer Kraft zu setzen. Das hat dazu geführt, dass Schüler, die mir Technik-Blamagen ersparen, meine Freunde sind. Sie haben Narrenfreiheit, dürfen fast alles – solange sie nur gut funktionieren und die Geräte zum Funktionieren bringen.

Mit diesen Schülern will ich es mir auf gar keinen Fall verscherzen. Egal in welcher Klasse ich vertreten muss, zum Technikdienst baue ich innerhalb kürzester Zeit innige Bindungen auf.

»Wer ist bei euch der Technikdienst?« – das ist mein Satz!

In neuen Klassen ist eine meiner allererstern Amtshandlungen das Rekrutieren des Technikdienstes. Man kann nie wissen, wann die erste große Herausforderung auf einen zukommt. Ich will gewappnet sein. Vor allem will ich nie wieder schwitzend und zitternd vor einem DVD-Player knien und flehen: »Öffne dein süßes kleines Schublädchen!«

Der Technikdienst, das sind die wahren Helden! Was soll ich mit dem Streber, der die Kommaregeln auswendig kann? Was bringt mir die zuverlässige Verwalterin der Klassenkasse? Was hilft mir der Streitschlichter, der eine Schlägerei gerade noch verhindern kann? Ich brauche eine Techniktruppe, die sich gewaschen hat. Wehe, die werden krank! Dann muss die Zweitbesetzung her. Und wenn auch die nicht verfügbar ist, schlägt die große Stunde der unentdeckten Talente.

Einmal musste ich Ahmet aus der ersten Reihe an den Ohren aus seiner Bank zerren. Er hatte sich gerade ducken wollen.

»Du wirst doch wohl diesen Kassettenrekorder zum Laufen kriegen«, begann ich, ihn aufzubauen. »Das traue ich dir zu.«

Ahmet stümperte, was das Zeug hielt, und ich genoss es, endlich mal einem anderen beim Scheitern zuzusehen. Von allen Seiten trafen den Jungen die Beifallsbekundungen seiner Kumpel.

»Hey, du Spast, mach doch mal richtig!«

»Mann ey, du bist ja echt blöd!«

»So doch nicht, du Mädchen!«

Ich sah, wie Ahmet der Schweiß auf die Stirn trat und sich sein Gesicht gefährlich rot verfärbte. Doch irgendwann lief die olle Kassette. Na, klappt doch!

Ahmet geht mir seither aus dem Weg, aber ich bin sicher, dass er im Innersten stolz ist auf seine neu entdeckten Fähigkeiten.

Manchmal aber ist auch der versierteste Technikdienst gegen das Scheitern machtlos: Schon mehrmals hatten wir geplant, den Film zu unserem neuen Sozialprojekt anzusehen. Nie hatte die Zeit gereicht. Dann war klar: Es wird geguckt! Das übliche Prozedere begann. Die grobmotorischen Techniker rollten den Medienschrank polternd ins Klassenzimmer. Die Klasse rückte erwartungsvoll und vorfreudig zusammen. Drei Feinmotoriker mühten sich mit den Anschlüssen für Fernseher und DVD-Player sowie den diversen Fernbedienungen ab.

Es dauerte. Die Klasse wurde unruhig. Nach einer Ewigkeit lief der Film – auf Englisch. Natürlich gab es Proteste übler Art. Das Ganze also von vorn. Ich hielt zu den Technikern, versicherte sie meines Wohlwollens. Endlich – der Film auf Deutsch! Na also, man muss den Leuten nur etwas zutrauen. Entspannung allüberall – gefühlte eineinhalb Minuten lang.

Dann spuckte der Player die DVD angewidert aus. Man fütterte ihn erneut. Die DVD lief wieder von Anfang an. Gefühlte 45 Sekunden lang. Der DVD-Player kannte keine Gnade. Er spuckte wieder. Irgendwann behielt er das Ding überhaupt nicht mehr. Der Technikdienst und ich schwitzten synchron. Die Klasse wandte sich anderen Dingen zu.

»Ach ja!«, kam es plötzlich von zwei Schülern aus der Nachmittags-AG. »Das hat der Player neulich bei Herrn B. auch gemacht. Der ist total kaputt!«

Stolz war ich kürzlich auf meine Klasse. Wir hatten uns in einem der Computerräume wegen eines virtuellen Fotoprojekts eingefunden. Ich hatte alles generalstabsmäßig vorbereitet und kam spielend mit dem PC zurecht. Doch die geplante Aktion drohte daran zu scheitern, dass ich das, was die Schüler machen sollten, nicht zeigen konnte. Der Beamer verweigerte seinen Dienst. Mir brach der Schweiß aus, die Klasse begann hörbar zu entspannen. Ich schrie nach dem Technikdienst. Die beiden Jungs bekamen den Beamer ebenso wenig zum Laufen wie ich, aber sie schauten sich ganz genau an, was ich ihnen zeigte. Im Nu hatten sie es ein paar Mitschülern erklärt, die es wiederum anderen Mitschülern erklärten, die wiederum … Schon arbeiteten alle zielgerichtet und diszipliniert. Pah, pfeif auf die Technik! Vertrau auf Menschen!

Sorgen macht mir etwas anderes: Zu einer Hochburg der Technik ist Schülern der Zutritt verwehrt. Unseren Kopierraum dürfen sie

nicht betreten. Dabei könnte ich dort kundigen Beistand gut ge-
brauchen – obwohl ich nicht vor einer Horde feixender Pubertierender agieren muss. Schlange stehende Kollegen sind auch nicht
das, was man »beruhigend« nennen könnte.

Als ich ganz neu an meiner jetzigen Schule war, steckte ich geis-
tesabwesend die Kopierkarte in den dafür vorgesehenen Schlitz,
während ich mit der anderen Hand hastig in meinen Papieren
wühlte. Ich wunderte mich zwar über den Widerstand, den die
Karte leistete, aber ich blieb beharrlich. Bis ich bemerkte, dass es
meine EC-Karte war, die nun im Schlitz festklemmte. Sympathien
bei meinen wartenden Kollegen habe ich mir mit der Aktion nicht
erworben. Mein inniges Verhältnis zum Hausmeisterehepaar
allerdings resultiert aus diesem ersten Debakel. Beherzt eilten sie
mit einem Arsenal an Werkzeug herbei – von der Pinzette bis zur
Kneifzange – und überschütteten mich auch nur mit ganz wenig
Spott.

Da ich im Kopierraum also ohne Schülerbeistand auskommen
muss, bleibt mir nichts anderes übrig, als mich zu bescheiden.
Rand zu groß? Schrift abgeschnitten? Papierstau provoziert? Na
ja, kann doch mal vorkommen.

Geradezu Labsal für meine Seele war es, als eine Kollegin am
nagelneuen Kopierer einen ganzen Satz Probearbeiten im putzigen
Kleinformat produzierte. Ich munterte die Tobende auf und riet
ihr, ein paar Lupen bereitzustellen und darauf zu vertrauen, dass
die meisten Schüler ohnehin nicht mehr wüssten, als in die winzigen Antwortfelder passte. Ich glaube, sie hielt sich an meinen Rat.

Alle doof,
außer Mutti.

9

DIE RICHTIGEN WORTE

Darüber, wie schwer der korrekte Umgang
mit den Schülern ist

Neulich betrat ich die Klasse, die ich nur einmal die Woche unterrichte. Es waren die letzten beiden Stunden des Vormittags und ein Fach, das sie nur mäßig interessierte. Ich sprach: »Guten Morgen!«, weil man »Guten Mittag!« eben nicht sagt, und wurde leidenschaftslos zurückgegrüßt.

Mein Blick fiel auf Gustav, dessen Blick nicht auf mich, sondern auf seine Oberschenkel fiel. Ich bewegte mich unauffällig in seine Richtung und linste ebenso unauffällig. Aha! Der Junge spielte mit seinem Handy, was streng verboten war. Ich musste es konfiszieren. Genau genommen, musste ich … Ich wusste es nicht mehr. Ich hatte vergessen, was in Fällen wie diesen üblich war. Im Rektorat abliefern? Beim Klassenleiter abgeben? Irgendwo wegsperren? Zusätzlich eine Strafe aussprechen?

Nun macht es sich nicht besonders gut, wenn man als Lehrer in kritischen Situationen um eine kleine Auszeit bittet: »Moment, liebe Schüler, ich muss mal eben im Rektorat nachfragen, wie ich den Gustav bestrafen muss!«

Nicht souverän! Dann schon lieber aus der Hüfte schießen. Blitzschnell und unüberlegt irgendetwas sagen und später die Suppe auslöffeln. Mit Schnellschüssen wie diesen habe ich mich schon hübsch in die Bredouille gebracht:

* »Ich rufe noch heute deine Mutter an.« Nur leider habe ich die Gute auch beim siebten Versuch noch immer nicht an der Strippe und wähle mir die Finger wund, um meine Drohung wahr zu machen.

* »Du kehrst nach dem Unterricht das Klassenzimmer – und zwar picobello!« Nur leider braucht Emre so lange zum Kehren und so viele mentale Tritte in den Hintern, dass die Überstunden auch für mich höchst unangenehm sind.

* »Du arbeitest das heute Nachmittag nach!« Nur leider findet sich keiner, der den Faulpelz Patrick aufnimmt. Am Ende bin ich es, die sich den Nachmittag gemeinsam mit Patrick um die Ohren schlägt.

Nun also das Handy in Gustavs Hand. In meinem Kopf arbeitete es fieberhaft. Was war zu tun? Für alle Fälle warf ich ihm einen vernichtenden Blick zu. Womöglich steckte er das Ding dann weg, ohne dass ich auch nur etwas sagen musste.

Zu meiner Überraschung drückte er mir seinen Schatz, ein teures Smartphone, ohne ein Wort in die Hand. Nun kann man in einem solchen Fall nicht Danke sagen.

»Melde dich nach dem Unterricht bei mir!«, raunte ich ihm zu, um Zeit zu gewinnen.

Dann ging ich nach vorn und überlegte, was mit der Beute zu tun war. Legte ich sie einfach aufs Lehrerpult, raubte sie Gustav oder einer seiner Freunde womöglich in einem unbewachten Moment zurück. Wegsperren konnte ich das Telefon auch nicht, denn ich war in einem fremden Klassenzimmer. Meine Schlüssel waren dort machtlos. Kurzerhand versenkte ich es in meiner Handtasche – und vergaß es.

Am Nachmittag rief mein Kind aus dem Flur, in dem meine Handtasche ihr Plätzchen hat: »Wieso hast du ein Smartphone?«

Verflixt, was suchte der Bengel in meiner Tasche? Verflixt, das Ding lag immer noch da drin! Verflixt, ich hatte die Standpauke vergessen!

»Nimm die Finger weg!«, herrschte ich mein Kind an. »Das Telefon gehört mir nicht.«

Erst in dem Moment wurde mir bewusst, dass Gustav sich nach dem Unterricht nicht bei mir gemeldet hatte. Das Smartphone schien nicht sein allergrößter Schatz zu sein. Er hatte mich seelenruhig mit seinem Besitz ziehen lassen.

Am nächsten Morgen lief er mir noch vor dem Unterricht über den Weg. Ich sah ihn mit zusammengekniffenen Augen an, er blickte mit schuldbewusstem Gesicht zurück. Dann fingerte ich sein Eigentum aus meiner Tasche, drückte es ihm in die Hand und sagte: »Noch einmal, dann ist das Ding im Rektorat!«

Gustav lächelte dankbar. Zumindest hoffte ich das. Bis jetzt hat er sich von mir jedenfalls nie wieder erwischen lassen. Dennoch blieb ein ungutes Gefühl – ein Gefühl von mangelnder Souveränität.

Als Lehrer muss man zu jeder Zeit zu Sanktionen bereit sein, jederzeit und allerorten wissen, welches Vergehen man mit welcher Maßnahme ahnden muss. Wer da lange fackelt, wer nicht absolut präzise ist, der hat schon verloren. Unsicher! Unverhältnismäßig! Unfair! Ich könnte die Reihe der stumm im Raum stehenden Vorwürfe fortsetzen.

Oft blicke ich staunend bis bewundernd zu Kollegen auf, die, ohne auch nur eine Sekunde lang nachzudenken, Sanktionen abfeuern: Mitteilung! Verweis! Nachsitzen! Antreten bei der Schulleitung! Da genau das nicht meine Stärke ist, würde ich am liebsten einen Maßnahmenkatalog auswendig lernen. Tue ich aber nicht.

Stattdessen gerate ich immer wieder in Situationen, die ich nicht so eindeutig finde. Dann sinniere ich, ob man Schülerin X. wirklich einen Vorwurf daraus machen kann, dass sie sich in der Pause im Haus ins falsche Stockwerk verirrt hat. Ich grüble, ob Schüler Y. nicht vielleicht doch recht hat, wenn er beteuert, dass er sich nur gewehrt habe. Ich werfe in die Waagschale, dass es immer mindestens zwei Wahrheiten gibt. Überhaupt bin ich einfach oft sehr unsicher, welche Sanktion gerade angemessen ist. Und diese Unsicherheit lähmt mich derart, dass mir nichts Rasantes über die Lippen kommt.

Außerdem bin ich auch immer so unglücklich, wenn die harmonische Stimmung in eine feindselige umschlägt. Ja, ja, ich weiß, das riecht nach feige und konfliktscheu! Dabei bin ich gerade dies nicht! Fragen Sie mal meine Leute zu Hause, die erzählen Ihnen garantiert etwas anderes. Aber in der Schule – ach, ich weiß nicht …

Gerade hat mir Sercan sein Herz über seine Misere zu Hause ausgeschüttet – und nun soll ich ihm eins überbraten, weil er einen Schneeball geworfen hat? Hach! Dabei weiß ich ganz genau: Wenn ich es nicht tue, wird er mir das nur sehr kurzfristig danken.

Er schreit nach klaren Grenzen und wird denken: Bei der kann man sich alles erlauben.

Ich weiß es und tue mich dennoch schwer. Na ja, hat ja keiner gesagt, dass man sich mit allem leichttun muss.

Schule, das ist: viele unter einem. Schule, das ist aber auch: alle gegen einen. Tatsächlich sind die Schüler jünger, in der schwächeren Position und von uns Lehrern abhängig. Aber, und das ist ein großes Aber: Sie sind zahlenmäßig überlegen. Sie sind viele und wir sind immer nur einer.

Ich spüre die Veränderung, sobald ein Kollege mich im Klassenzimmer besuchen kommt. Ich habe Verstärkung bekommen. Meine Position festigt sich. Wir sind dann zu zweit.

Als Lehramtsanwärterin fand ich es immer wunderbar, in einer Klasse pädagogisch zu wirken, während der Klassenleiter anwesend war. Das gab mir ein sicheres Gefühl. Ich war »denen« nicht allein ausgeliefert. Heute überkommt mich ein ähnlich angenehmes Gefühl, wenn ich mit Kollegen im Team arbeite. Alleine die Möglichkeit, dem Tandem-Lehrer nette kleine Kommentare zuflüstern zu können, lässt das Einzelkämpfer-Gefühl schwinden.

Überhaupt bin ich ein Fan von Teamteaching. Man kann sich so wunderbar die Bälle zuspielen. Man kann sich zwischendurch mal einen Rat holen. Man kann sich die Schüler der Situation angemessen aufteilen. Ganz ehrlich, 46 Schüler zu zweit zu unterrichten, finde ich schöner als 23 allein. Noch schöner fände ich es, 23 Schülern zu zweit Wissen zu vermitteln. Das käme denen so was von zugute. Es wäre Differenzierung vom Feinsten.

Nun ist es aber in der Regel so, dass man als Lehrer allein vor Publikum, aber hinter verschlossenen Türen agiert. Wie verführerisch das ist, wissen nur wir Lehrer. Man sagt Dinge, von denen man nie gedacht hätte, dass sie einem vor Publikum über die Lippen kommen, und die man nie sagen würde, wenn außer diesem jungen Publikum noch jemand anwesend wäre. Ich habe schon oft überlegt, woran das liegen mag.

Ist es die kuschelig-vertraute Atmosphäre, die unweigerlich entsteht, wenn Menschen sich sehr gut kennen und viel Zeit miteinander verbringen? Ein bisschen ja! Ist es vielleicht auch die extreme Anspannungssituation, in der Lehrer sich oft befinden? Ein bisschen ja! Gerade da aber wird's gefährlich. Denn sie verleitet Lehrer schon mal dazu, einzelne Schüler oder gar eine ganze Klasse niederzumachen – in einer Art, wie sie es vor »Zeugen« wohl nie tun würden.

Im Studium bläute man uns ein, dass Lehreräußerungen grundsätzlich reversibel sein müssen. Was der Lehrer zum Schüler sagt, sollte dieser auch zum Lehrer sagen können. Das fand ich damals einleuchtend. Nie im Leben wollte ich mit Schülern anders reden, als ich mir dies umgekehrt wünschte. Man hat als Lehrer höflich zu sein. Man darf keine Schimpfwörter benutzen und muss Respekt zeigen.

Neulich sagte ich zu einem Schüler, der eine Stunde lang nur genervt hatte: »Spinn dich aus!« Manchmal mache ich auch einfach die Scheibenwischer-Bewegung. Meist erreiche ich damit mehr als mit vielen Worten. Aber reversibel ist das nicht!

Meistens klappt das auch. Die Schüler ziehen die kurze Ansage der ausschweifenden vor. Aber reversibel ist das nicht!

Gelegentlich sage ich auch Sachen wie »Himmel, Arsch und Zwirn, muss man denn so ein Problem daraus machen?« oder »Dieses Scheißgerät funktioniert wieder nicht«. In dem Moment, wo es über meine Lippen ist, weiß ich, dass es kein Fehler gewesen wäre, das Ganze anders zu formulieren. Einen Moment später gestehe ich mir ein, dass ich es vor Zeugen tatsächlich anders formuliert hätte.

Manchmal stelle ich mir vor, was die Schüler über mich erzählen. Ich weiß ja, was meine Kinder mir über ihre Lehrer erzählt haben: »Die labert die ganze Stunde nur über Privates. Wer will das denn hören?!«, »Freundlich ist der nur zu den Mädchen« oder »Ich glaube, die hat heute geweint, weil ein paar sie so fertig-gemacht haben«.

Berichten sie etwa über mich, während sie ihre Pizza mampfen, dass »die immer so komisch redet«? Petzen sie meine schlimmsten Entgleisungen?

Neulich hatte ich Besuch in der Klasse. Zwei junge Erwachsene wohnten dem Geschehen bei.

Irgendwann sagte ich zu den Schülern: »Ihr armen Hunde musstet so viel arbeiten.«

Befremden auf beiden Seiten.

Die Schüler: »Wieso Hunde?« Sie witterten eindeutig eine Be-leidigung.

Bei den Gästen ebenfalls befremdetes Schweigen. Sie waren verunsichert bis verständnislos.

»Wie kann man so mit Jugendlichen reden?«

Ich rettete mich mit einem Bekenntnis zu meiner höchstpersön-lichen Vorliebe für deftige Sprüche.

»So rede ich auch mit meinen Kindern«, sagte ich lachend. »Das meine ich doch nicht böse.«

Die Schüler lächelten lieb. Wenn ich sie wie meine eigenen Kin-der behandle, mag ich sie ja wohl. Die Gäste lächelten halbherzig. Ich glaube, sie waren noch immer befremdet.

Vor Kurzem sagte eine der Schülerinnen auf meine Bitte, die Stun-de noch ein wenig mit mir zu überziehen: »Ich kann nicht länger bleiben. Ich habe einen Termin bei der Kosmetikerin.« Auf mein ungläubig-belustigtes »Hm« setzte sie noch einen drauf: »Ich sehe furchtbar aus.«

»Und du meinst, da hilft ein Besuch bei der Kosmetikerin?!«, konterte ich, ohne nachzudenken.

Daraufhin raunte die Klasse.

Einer sagte: »Das war eine Beleidigung.«

Ich entschuldigte mich und dachte: Wie konntest du nur so etwas sagen?! Und dann: Wenn außer den Schülern noch jemand im Klassenzimmer gewesen wäre, hättest du es nicht gesagt. Ich war beschämt – und bin es immer wieder.

Ich glaube, ich hätte auch das mit dem Blub nicht gesagt, wenn noch ein Erwachsener im Klassenzimmer gewesen wäre. Das mit dem Blub war so: Die Schüler schrieben einen Test. Viel zu früh – in meinen Augen – gab der Erste ab.

Ich sagte freundlich: »Lies es dir doch bitte noch mal durch!«

Der Junge tat so, als ob er lese. Kurz darauf gab die Zweite ab.

Wieder sagte ich: »Lies es dir doch bitte noch mal durch!«

Das Mädchen nickte und starrte auf das Papier. Dann kam der Dritte, die Vierte, die Fünfte. Stets wiederholte ich mein Sprüchlein.

Irgendwann sagte ich: »Ich könnte mir den Satz eigentlich sparen und genauso gut ›Blub‹ sagen. Ihr wisst ja, was ich meine.«

Die Schüler grinsten schief. Ich freute mich über den guten Einfall, den ich gehabt hatte, und sagte fortan: »Blub«, wenn ein Schüler mir sein Blatt reichte, ohne alles gründlich gegengelesen zu haben. Die Schüler grinsten vor sich hin. Ich wunderte mich, warum ich ihren Humor diesmal so besonders gut getroffen hatte. Bis mir ein Junge, der ganz vorn saß, diskret einen Zettel zuschob.

Ich las, was er geschrieben hatte: »›Blub‹ bedeutet bei uns auf Facebook: ›Baby, lass uns bumsen.‹«

Ich erstarrte. Dann nickte ich dem Jungen dankbar zu. Innerlich verfluchte ich meinen Einfall. Schließlich ließ ich die letzten

Minuten Revue passieren. Für das, was ich den Schülern an Unterhaltung geboten hatte, hatten sie bewundernswert die Contenance bewahrt.

Ich gebe mir wirklich Mühe, nichts Unüberlegtes rauszulassen. Ich versuche, mich sozusagen selbst an die Kandare zu nehmen, im Hinterkopf einen kleinen Aufpasser zu haben, der mich stets ermahnt: »Würdest du so auch reden, wenn die Eltern des Schülers mit im Raum wären? Würdest du das auch sagen, wenn ein Kollege hospitieren würde? Würdest du so vom Leder ziehen, wenn der Schulrat anwesend wäre?«

Manchmal ist der Aufpasser erfolgreich. Manchmal bin ich schneller als der Aufpasser. Und manchmal schicke ich den Aufpasser in den Urlaub. Es heißt doch immer, man soll authentisch sein beim Erziehen. Und – Himmel, Arsch und Zwirn – das bin ich.

Wenn alles schläft und einer spricht,
dann nennt man dieses Unterricht.

10

LERN MAL RESPEKT, ALDA!

Über Höflichkeit, Zuverlässigkeit, Pünktlichkeit
und andere Tugenden, die Schülern manchmal
fehlen

Du dreckiges Real! F**k dich, Alda! Wegen euch unfairen Playern muss Ribery raus!« So in der Art kommentierte einer unserer Schüler ein Fußballspiel auf Facebook. Ich erschrak nur noch ganz leicht. Als ich zum ersten Mal solche Sachen gelesen hatte, waren mir fast die Augen aus dem Kopf gefallen. Damals hatte ich in meiner Klasse die Mehrsprachigkeit der Schüler thematisiert und sie dann aufschreiben lassen, was ihnen dazu einfiel.

Einer hatte mir dies gegeben, mit einem schiefen Grinsen: *Wenn ich Fußball spiele und das Tor verschieße, schrei ich laut: »U picku Materinu!« Das kommt aus dem Bosnischen und heißt wörtlich übersetzt was ganz Schlimmes. Wenn ich mit jemandem streite oder über jemanden rede, benutze ich Wörter wie »pusi kurac« und »jebem ti Majku«. Das heißt wörtlich übersetzt: »Rauch meinen Schwanz!«, »Ich fick deine Mutter«, »Laber nicht!«, »Fick die Mama!«, »Hau ab!«, »In den Schwanz!«, »Hurensohn!« und »Fick dich!«. Das sind sozusagen die »Hardcore-Wörter«.*

Zum Schluss stand da noch: *»Meine Eltern, vor allem meine Mutter, hassen es, wenn ich fluche. Deswegen muss ich aufpassen, wo und wann und wie ich fluche.«*

Ich fand es rührend, wie er das formuliert hatte. Es ging nicht darum, das Hardcore-Fluchen zu lassen, sondern es passend zu positionieren. Überhaupt ist es nett, wie widersprüchlich sie sich verhalten. Schimpfen, fluchen, beleidigen aufs Übelste, geben aber gern zu, dass sie selbst Beleidigungen total übel nehmen. Vor allem die, bei denen die Mutter betroffen ist. Die Mutter beleidigen – das ist das Schlimmste. Darauf reagieren sie heftig, ticken richtig aus. Tja, aber selbst …

Das Wörtchen »Scheiße«, das unsereins so gern bemüht, wenn ihm etwas richtig schön misslungen ist, mutet auf einmal so brav und uncool an angesichts von »Bitch«, »Arschgesicht«, »gefickte Drecksau« und deutlich schlimmeren Ausdrücken. Fast fürchtet man, sich lächerlich zu machen mit einem derart harmlosen Kraftausdruck. In Ethik ging es mal um Jugendsprache. Ich ließ die Schüler in Gruppenarbeit sammeln.

Schnell wandte sich der Erste um: »Sollen wir wirklich …?«

»Na klar sollt ihr! Schreibt auf, wie ihr redet, wenn ihr unter euch seid!«, ermunterte ich sie cool.

Noch ein paar andere Köpfe drehten sich zu mir, ungläubiges Erstaunen in den Gesichtern. Ich lächelte bestärkend in die Runde. Was dann einsetzte, war die motivierteste und aktivste Gruppenarbeit, die je durch einen *meiner* Impulse ausgelöst worden war.

Alle, aber auch wirklich alle brachten sich ein. Es herrschte eine äußerst konstruktive Arbeitsatmosphäre. Der Grad der Motivation wurde so groß, dass immer wieder bettelndes Flehen aus den Gruppen an mein Ohr drang: »Noch nicht Schluss machen! Bitte! Wir sind noch nicht fertig.«

Zehn Minuten vor dem Läuten stoppte ich das Ganze. Gruppenarbeit muss schließlich ausgewertet werden. Es war beachtlich, was da an Schülerwissen und -können zusammengekommen war. Ich hatte mit vielem gerechnet, aber nicht mit einem so dreckigen Sammelsurium an Beleidigungen, Flüchen und Kurz-Zoten.

Ein bisschen unsicher strahlten sie mich an. Sie trugen eine Mischung aus »Sehen Sie, wir haben wirklich viel gewusst!« und »Wollen Sie diesen Dreck wirklich lesen?« im Gesicht.

Als Gegenprogramm ließ ich einmal im Rahmen des kreativen Schreibens ein Schimpfwörter-ABC verfassen. Das Ganze sollte so funktionieren: »Du alter Affe!«, »Du blöde Birne!«, »Du chaotische Chemikerin!« … Es machte ihnen nicht wirklich viel Spaß.

In einem bekannten Magazin war kürzlich der Beitrag des Schimpfwortforschers Reinhold Aman zu lesen. Auf die Frage, warum der Mensch überhaupt fluche, gab er eine Antwort, die mir einleuchtete: »Weil er sich ärgert und der Ärger irgendwie raus muss.«

So habe ich meine eigenen »Scheiße!«-Aufschreie auch immer verstanden. Was mir auf dem Magen liegt, sind die Ausdrücke, die andere runtermachen. Es ist ja ein Unterschied, ob ich »Scheiße!« schreie, weil mir der Inhalt der Kaffeetasse über den Laptop gekippt ist, oder ob ich mein Gegenüber mit Worten zu vernichten trachte, wie ich das bei meinen Schülern so oft erleben darf.

Der Schimpfwortforscher hatte darauf eine Antwort, die mich – na ja, sagen wir – beruhigt. In der Kategorie »weltweites unterhaltsames Fluchen« nennt er: »Du Sohn einer Schildkröte!« (China), »Dein Gesicht ist so runzlig wie ein Elefantenarsch!« (Zentralafrika) und »Ich furze in den Bart deines Vaters!« (Iran). Bis zum Lesen des Artikels hatte ich so etwas für eher beleidigend gehalten. Dabei ist es unterhaltsam. Man lernt einfach nie aus.

Aman strukturiert die weltweite Beschimpferei sogar ganz wissenschaftlich in drei Gruppen von Personen: die Familienbeschimpfer, die Gotteslästerer und die Prüden. Wenn man davon ausgeht, dass sich an unserer Schule die Welt im Kleinen trifft, wäre es fast schon eine Enttäuschung, wenn da schimpfwortmäßig nicht gewaltig etwas geboten würde. Und anhand des guten alten »Arschloch!« zeigte der Forscher noch etwas auf, was ich meinen Schülern bei Gelegenheit um die Ohren hauen werde: *Schimpfwörter verlieren ihre negative Bedeutung, wenn sie zu häufig gebraucht werden.* Pah, die werden schon sehen, wohin sie kommen mit ihrer »gefickten Drecksau«!

Neulich duzte mich eine Schülerin aus Versehen. Ehe ich dies selbst kommentieren konnte, brach es aus ihrer Nachbarin heraus: »Hey, du hast voll *Du* zu Frau Monheim gesagt. Lern mal Respekt, Alda!«

Und weil wir so schön beim Thema »Respekt« waren, stiegen wir in eine kleine Diskussion ein, die Erstaunliches zutage brachte: Alle vermissten sie irgendwie den Respekt. Zu Frau Monheim Du zu sagen, ist kein Respekt. Zur Klassenkameradin »Du Bitch!« zu sagen, ist kein Respekt. Wenn jüngere Schüler zu ihnen, den Großen, Ausdrücke sagten, war das voll respektlos. Und überhaupt war der Umgangston – in den Ohren mancher – irgendwie »ohne Respekt«.

»Nie hätten wir uns in meinem Heimatland so respektlos benehmen dürfen!«, empörte sich Ana. »Ich verstehe gar nicht, warum sich das hier alle Lehrer gefallen lassen.«

Ich verstand es irgendwie auch nicht. Und gab mir in den nächsten Tagen ganz besonders viel Mühe, Respekt einzufordern. Das funktionierte gar nicht so schlecht.

Auch über andere alte Tugenden lässt sich streiten. Ein stets pünktlicher Mensch muss kein guter sein. Ein immer ehrlicher Mensch kann durch seine Offenheit verletzen. Ein grundsätzlich zuverlässiger mag zur Selbstgerechtigkeit neigen.

Bei uns an der Schule aber werden diese Tugenden ganz, ganz hochgehalten. Einfach deshalb, weil sie so selten sind. Es wird gelogen und zu spät gekommen, was das Zeug hält. Es werden Aufgaben nicht erledigt und Absprachen nicht eingehalten, dass man an der Welt verzweifeln könnte.

Aber wir Lehrer tun etwas dagegen. Wir werden nicht müde, zu Pünktlichkeit, Ehrlichkeit und Zuverlässigkeit zu erziehen. Wir zeigen auf, dass das (Zusammen-)Leben besser funktioniert, wenn man sich auf das Wort des anderen verlassen kann und man den anderen nicht warten lässt. Wir erzählen gebetsmühlenartig, wie wichtig gewisse Verhaltensweisen am Ausbildungsplatz sind. Und wir gehen mit gutem Beispiel voran:

Vor einiger Zeit hatte ich eine Klasse in der vierten Stunde. Danach hatte ich Schluss. Am Ende der Stunde ließ ich die Hefte einsammeln. Am Nachmittag wollte ich sie korrigieren. Da am übernächsten Tag ein kleiner Test geschrieben werden sollte, disponierte ich um. Ich versprach, die Hefte sofort und auf der Stelle zu korrigieren und sie anschließend ins Klassenzimmer zurückzubringen. Während ich im Lehrerzimmer arbeitete, trudelte eine SMS ein. Eine gute Freundin wollte sich spontan mit mir auf einen Kaffee in der Stadt treffen. Es war verlockend. Aber ich sagte ab. Mitten in der sechsten Stunde war ich fertig mit dem Korrigieren. Ich stieg ein paar Stockwerke nach oben, den Stapel unter dem Arm. Am Klassenzimmer klopfte ich, entschuldigte mich bei der unterrichtenden Lehrkraft und legte die Hefte aufs Pult. Die Kollegin sollte nicht noch mehr gestört werden.

»Ich habe euch versprochen, dass ich sie bringe«, sagte ich stolz, »und ich habe es gehalten. Bitte teilt sie am Ende der Stunde aus.«

Die Mienen der Schüler blieben unbewegt. Gemäßigtes Desinteresse, würde ich sagen. Na ja, am Nachmittag würden sie froh sein, die korrigierten Einträge vor sich zu haben. Am nächsten Morgen hatte ich die Aktion vergessen – bis mein Blick aufs Lehrerpult fiel. Da lag er, der Heftstapel, unberührt! Ich verstand das Rumpelstilzchen: Ich wollte vor Zorn mit dem Fuß tief in die Erde stoßen. Die Schüler dagegen verstanden nicht, warum ich mich so aufregte.

Überhaupt erfasst mich immer wieder ein »Da komme ich nicht mehr mit«-Gefühl, verbunden mit einem Kopfschütteln, wenn ich sehe, wie ungerührt sich Schüler zu ihren Versäumnissen bekennen.

»Hatte halt noch keine Zeit, den Umschlag zu kaufen.«
»Hab das Geld halt vergessen.«
»Hab das Buch halt liegen lassen.«

Nicht, dass ich es nicht verstehen könnte. Ich bin selbst sehr erprobt im Sachen-Vergessen. Aber mir ist das Vergessen noch immer peinlich gewesen. Den Schülern eher nicht: Ist halt so, wie es ist.

Eine reizvolle Sonderstellung nimmt das Schülerverhalten beim Zuspätkommen ein. Denn die Extremsituation am frühen Morgen bringt Variationen hervor, die Rückschlüsse auf die Nervenstärke des Delinquenten zulassen.

Typ 1: Ohne Klopfen öffnet sich die Klassenzimmertür. Es wankt ein junges Wesen herein, das mit dieser Welt nichts zu tun hat. Eine fremde Macht steuert es an seinen Platz. Dort sinkt es nieder und sackt in sich zusammen.

Typ 2: Leises Klopfen. Durch die aufschwingende Tür drückt sich ein junger Mensch mit Schlafbäckchen und Kissenfaltenabdrücken im zarten Gesicht. Er blickt sich scheu um und stammelt etwas von: »Hab voll verschlafen. Hab voll hetzen müssen.« Dann schleicht er mit eingezogenem Kopf zu seinem Platz und versucht, aufmerksam zu tun, während er weiterschläft.

Typ 3: Die Klassenzimmertür wird aufgerissen. Ein junger Mensch schaut fröhlich in die Runde, reißt den Garderobenschlüssel vom Haken, marschiert wieder nach draußen, macht sich lautstark in der Garderobe zu schaffen und trampelt erneut ins Klassenzimmer. Dann setzt er sich zufrieden und entspannt an seinen Platz. Drei bis fünf stumme Impulse meinerseits sind nötig, bis es aus ihm herausperlt: »Ich hab verschlafen. 'tschuldigung!«

Da sie selbst ziemlich gut im Vergessen/Versäumen/Zuspätkommen sind, lassen sie im Gegenzug Gnade bei mir walten, wenn ich mal die Vergessende/Versäumende/Zuspätkommende bin.

»Macht nichts!«, sagen sie lieb, wenn ich die CD im Auto habe liegen lassen, die wir eigentlich unbedingt hören wollten.

»Ist nicht so schlimm!«, muntern sie mich auf, wenn ich mich über eine meiner Schusseligkeiten ärgere.

Sie lächelten auch milde, als ich vor Kurzem leicht verspätet ins Klassenzimmer fegte, um Deutsch zu unterrichten, und dort den Mathe-Lehrer in Aktion antraf. Meine Verblüffung war so groß, dass ich nach kurzer Schrecksekunde einfach nur ganz ehrlich stammelte: »Ich dachte, ich bin zu spät. Ich hab total vergessen, dass ich jetzt eine Freistunde habe.«

Keiner überschüttete mich nach diesem Auftritt mit Häme, und das rechne ich ihnen hoch an.

Oft ärgere ich mich scheußlich, wenn Müll auf dem Boden liegt und alle Schüler unbeteiligt daran vorbeigehen, -stürmen, -schlurfen. Sie sehen das Zeug da unten nicht oder wollen es nicht sehen. Anders als manche Kollegen ordne ich nicht das Aufheben an, sondern setze auf die Macht des guten Vorbilds. Demonstrativ bücke ich mich also, wobei dieser Vorgang je nach Befinden meiner Kniegelenke von lautem Krachen derselben oder schmerzvollem Ächzen meinerseits akustisch begleitet wird. Ich tue das immer wieder – getrieben von der Überzeugung, gerade an dem Tag ganz bestimmt einen Volltreffer zu landen: Gleich werden ein bis mehrere Schüler beschämt von ihren Plätzen stürzen, um weitere Kraftakte der Lehrerin zu verhindern. In der Regel ist das nicht der Fall. Meist sehen mir die Schüler interessiert zu. Ein bisschen scheinen sie sich zu wundern: Warum tut die das?

Einmal war ich wohl mit meinen schicken neuen Schuhen durch irgendetwas Nasses gegangen. Als ich das Klassenzimmer betrat, dauerte es nur Sekundenbruchteile, da zog es mir die Füße weg. Vor den Augen einiger meiner Schüler landete ich unsanft auf dem Boden. Ich war so erschrocken, dass ich erst einmal sitzen blieb. Dann nahm ich eine eigenartige Stimmung um mich herum wahr: Kein Einziger lachte, alle schauten zu mir herab wie auf etwas sehr, sehr Merkwürdiges – bis plötzlich einer der Jungen auf mich zuschoss, mir die Hand reichte und mir beherzt zurück auf die Beine half. Ich war ihm dankbar. Später freute ich mich noch mehr. Denn mir wurde bewusst: Zumindest mich hatten sie nicht auf dem Boden liegen lassen.

Und noch einen Erfolg habe ich erzielt: Meine Schüler sind ehrlich.

»Ich hatte keine Lust, die Hausaufgabe zu machen«, antworten sie treuherzig, wenn ich nachfrage, warum die Arbeit nicht erledigt wurde.

»Ich war es, der die Papierschnipsel durchs Klassenzimmer geschossen hat«, sagen sie.

»Ja, das ist ein Kaugummi, den ich da im Mund herumschiebe«, geben sie zu.

Und immer ist das Geständnis begleitet von einem Blick, der so viel bedeutet wie: »Sie haben doch gesagt, es ist Ihnen am wichtigsten, dass wir ehrlich sind.«

Ich finde, darauf lässt sich bauen.

Lieber eine Stunde Schule
als überhaupt keinen Schlaf.

11

NICHT NUR SCHALL
UND RAUCH

Über mein Bemühen, die Schüler zu motivieren,
zu stärken und ihre Potenziale zu erkennen

Jeder, der als Lehrer etwas auf sich hält, weiß um die Wichtigkeit des *Stärkens*. Menschenjunge entwickeln sich besonders gut, so heißt es, wenn man sie nicht kleinmacht und schwächt, sondern ihnen hilft, groß und seelisch stark zu werden. Sich selbst als groß und stark zu empfinden, das ist nicht einfach, wenn man als junger Mensch eine Schulart besucht, die von den meisten als Restschule empfunden wird. Wenn man es nicht geschafft hat. Wenn man nicht – wie die Erfolgreichen – ab der ersten Klasse gut in der Schule war und nach der vierten auf die Realschule oder das Gymnasium überwechselte. So dumm sind unsere Schüler nicht, dass sie das nicht sehr genau wüssten.

Und dann gibt es auch noch uns Lehrer, die die Schüler unaufhörlich schwächen – indem wir ihnen verhasste Hausaufgaben, schlechte Noten und böse Anschisse verpassen. Damit komme ich nicht so gut klar. Das führt dazu, dass ich mich auf Gelegenheiten des Stärkens geradezu stürze. Es entgeht mir nicht, dass ich des Öfteren befremdete Blicke ernte, wenn ich jeden Furz würdige, den ein Schüler an passender Stelle gelassen hat. Es ist mir auch klar, dass zu viel Loben zu den pädagogisch eher wertlosen Aktionen gehört. Und dass meine Begeisterung von manchen Schülern als Schwäche gedeutet wird, kann ich mir vorstellen. Aber: Das alles nehme ich billigend in Kauf.

Einmal posaunte ein bislang verschlossener Schüler mitten in meinen Unterricht hinein: »Ich kann *Smoke on the Water* auf dem Lineal spielen.«

Die Tatsache, dass der Junge plötzlich so extravertiert und dynamisch agierte, erfreute mich derart, dass ich ihn nicht fürs Reinschreien ausschimpfte, sondern ihn geradezu bekniete, uns seine Kunst vorzuführen. Die Klasse und ich lauschten dann im Fach Deutsch einer auf dem 30-Zentimeter-Plastiklineal gespielten Melodie, die erstaunlich gut Deep Purple zuzuordnen war. Unser aller Faszination war so groß, dass wir den Jungen am Ende so weit hatten, uns das Mitbringen seiner Gitarre in Aussicht zu stellen – was er übrigens auch tat. Und die Musik zu einem gemeinsamen Theaterprojekt zupfte er am Ende live.

Ein andermal hatte eine Schülerin die Klassenzimmerwand ganz hinten rechts oben so wunderbar dekoriert, dass ich ihr in heller Euphorie um ein Haar den großen Room-Art-Orden verliehen hätte. Tatsächlich lobte ich sie ein Schuljahr lang immer wieder für dieses gelungene Meisterwerk.

Besonders gut in Erinnerung geblieben ist mir auch der Junge, der zum ersten Mal eine Seite leserlich geschrieben hatte. Meine Anerkennung schlich ihm noch Wochen hinterher.

Jeden Schüler irgendwo beim Starksein zu erwischen, das erfordert ein Höchstmaß an Sensibilität und eine Bereitschaft, wahrlich Flöhe husten zu hören. Ich lobe Irfan, weil er das Stillleben in Kunst so besonders ausgefallen hingekleckst hat, und Anna, weil sie den Kaugummi zwar wieder verbotenerweise gekaut, aber diesmal vor dem Wegwerfen in Papier eingewickelt hat, auf dass er nicht im Eimer kleben bleibe. Ich freue mich über Jan, der das Zimmer kehrt wie kein anderer, und kündige ihm eine Lebensstellung in meinem Haushalt an. Kevin, der der Versuchung widerstand, die übergewichtige Mitschülerin aus der Parallelklasse mit einem zotigen Spruch aus dem Klassenzimmer zu geleiten, bekommt von mir einen stummen Wertschätzungsblick. Er weiß, dass ich ihn in diesem Moment klasse finde. Lisa, die eigentlich immer schweigt, tat den Mund auf, um »So sehe ich das mit den Drogen auch« zu sagen. Dies muss ich natürlich – diskret, aber für sie spürbar – würdigen.

Als Burak, ein junger Mann, der freiwillig nichts, aber auch gar nichts für die Schule tat, mir einmal sechs von Hand hingefetzte Seiten vor die Nase hielt, weil ihm am Vortag eine supergute Geschichte für das geplante Klassen-Drehbuch eingefallen war, musste er sich vor meinen Küssen und Umarmungen in Sicherheit bringen. Dass wir mit ebendiesem Drehbuch dann sogar einen Preis bekommen haben, setzte dem Ganzen noch die Krone auf.

An einem Nachmittag erhielt ich – im Rahmen eines Schülerpraktikums im Friseursalon – eine Kopfmassage, die sich so göttlich anfühlte, dass ich zu schnurren begann. Das Mädchen, das mir diesen Genuss zuteilwerden ließ, war keine gute Schülerin. Mit brillanten Deutschnoten konnte ich es ihr nicht danken. Aber dass das, was sie mir da Gutes tat, etwas ganz Besonderes war, sagte ich ihr mindestens drei Mal – in der Hoffnung, dass sie auf sich selbst so richtig schön stolz ist. Wir entwarfen dann miteinander das Szenario einer kleinen Wellness-Oase in unserer Schule, in der sie selbst als Hauptfigur agiert. Und ehrlich gesagt, glaube ich sogar ein bisschen an unseren Plan.

Manchmal denke ich mir zu Hause auch Dinge aus, die die Schüler aus der Reserve locken sollen. Ich stelle mir vor, wie sie begeistert etwas tun, wie sie begeistert auf meine Errungenschaften und Impulse reagieren, wie sie ganz vergessen, dass sie eigentlich null Bock haben.

Einmal kaufte ich abwaschbare Flüssigkreide-Stifte, mit denen sie Fliesen und Glasschiebetüren nach ihren Wünschen gestalten durften – um am Ende festzustellen, dass die Einzige, die auch nach ein paar Tagen noch mit Freude gestaltete, ich selbst war. Auch kleine Motivationsstempelchen habe ich käuflich erworben. Bei jedem Stempelzücken geht mir das Herz auf. Die Schüler lächeln milde. Ich glaube, sie lächeln nur, weil sie mir den Spaß nicht verderben wollen – und weil sie inzwischen auch um die Wichtigkeit des Stärkens wissen.

Als Lehrer hat man ja von Anfang an gelernt, wie wichtig es ist, Schüler zu motivieren. Man hat gelernt, dass die intrinsische

Motivation die allerbeste ist – die, deren Kraft Menschen dazu bringt, etwas um der Sache selbst willen zu tun.

Wenn Schüler also von sich aus gern etwas tun möchten, zum Beispiel voller Empörung einen Leserbrief schreiben, in dem sie sich über die Hundehaufen auf Fahrradwegen beschweren, dann ist das wunderbar. Das ist die Hochform des Unterrichtens. Nur leider kommt es so gut wie nie vor.

Wenn Schüler Rechtschreibstrategien auf einen schwierigen Text anwenden, weil sie deren Nutzen total einleuchtend finden – klasse! Wenn sie Vokabeln lernen, um sich global verständigen zu können – toll! Wenn sie Prozentformeln auswendig lernen mit dem sicheren Gefühl, dass die ihr Leben reicher machen – wow! Nur leider kommt das sehr selten vor. Für allzu viele Dinge, die wir Lehrer an die Schüler bringen sollen, haben die keinerlei intrinsische Motivation.

Den Vogel schoss eine Schülerin ab, die mir freimütig gestand, zu nichts, aber auch gar nichts Lust zu haben. Das wollte ich nicht glauben und hakte nach. Irgendwann kamen wir auf die Nahrungsaufnahme zu sprechen.

»Nein, ich esse auch nicht gern«, sagte sie. »Ich hab einfach keine Lust zu kauen.«

Wie oft denke ich an Antoine de Saint-Exupérys viel zitierten Satz: »Wenn du ein Schiff bauen willst, so trommle nicht Männer zusammen, um Holz zu beschaffen, Werkzeuge vorzubereiten, Aufgaben zu vergeben und die Arbeit einzuteilen, sondern lehre die Männer die Sehnsucht nach dem weiten endlosen Meer.«

Ich stimme ihm so sehr zu, dass es schmerzt. Ich zermartere mir das Hirn, welche Sehnsucht ich in die Schule tragen kann. Es ist schwer! Meist bemühen wir Lehrer uns deshalb um extrinsische Motivation. Wir wedeln mit Bildern, wir spielen Musik, wir liefern Pantomime, wir locken mit Vergünstigungen. Es ist schön, zu sehen, wie motiviert die Schüler dann sind. Oder eben auch nicht. Oft strampeln wir uns einen ab, schleppen ganze Hausstände in die Schule, doch die Schüler bleiben sehr unaufgeregt und unmotiviert.

Einmal wähnte ich mich im Kunstunterricht auf der sicheren Seite. Die Schüler sollten Quader und Zylinder zeichnen – perspektivisch. Ich kaufte einige Päckchen Süßigkeiten-Quader und -Zylinder, verteilte die Leckereien und stellte in Aussicht, dass alles nach Fertigstellung der Zeichnungen aufgegessen werden dürfe. Zu Hause hatte ich mir ausgemalt, wie sehr sie der Anblick essbarer Motive motivieren würde. Sie würden sich besonders viel Mühe geben; die Aussicht auf die Belohnung würde sie beflügeln.

Bereits während der Zeichenphase vermisste ich so etwas wie eine konzentrierte Arbeitsstimmung. Viele schmierten lustlos etwas aufs Papier, was nur im Entfernten an meine Süßigkeiten-Modelle erinnerte. Als die Schüler nach Ablauf der Doppelstunde das Klassenzimmer verlassen hatten, saß ich nicht nur traurig vor einem Stapel gezeichneter Ausschussware, sondern fand auch noch überall angebissene Quader und Zylinder. Da war es erst einmal auch um meine Motivation geschehen.

Weil Erlebnisse wie diese nicht selten sind, greife ich inzwischen öfter mal zu einem Satz, der mir in meiner Junglehrerinnenzeit nie und nimmer über die Lippen gekommen wäre. Damals war mir die Motivation des Schülers heilig. Es schien mir undenkbar, von Berufs wegen Menschen zu etwas zu zwingen, das sie ganz offensichtlich nicht tun wollten. Jedes Mal, wenn von Schülerseite »Das macht aber keinen Spaß!« erscholl, spürte ich den Stich des Versagens. Ich hatte es nicht geschafft, meinen Unterricht so zu gestalten, dass die Schüler ihre Arbeit gern machten. Und das war schrecklich.

Heute gerate ich noch immer in einen Glückstaumel, wenn Schülern etwas *Spaß* macht. Ich könnte lachen, singen, tanzen. Das ist es, wofür sich alles lohnt! So will ich unterrichten! Schüler mit roten Konzentrationsbäckchen, Schüler, die so begeistert bei der Sache sind, dass sie die Zeit vergessen, Schüler, die völlig entrückt beim Läuten sagen: »Waaas, die Stunde ist schon um?!« – das ist das wahre Lehrerdoping.

Aber auch ohne Doping muss die Arbeit weitergehen. Und deshalb antworte ich auf Unmotiviertheitsbekundungen schon mal kurz und bündig mit: »Dann machst du es eben ohne Spaß!«

Man sollte es nicht glauben, aber dem Erstaunen folgt nicht selten ein Anfall von Arbeitswut.

In einer meiner ersten Klassen hatte ich es mit einer Schülerin zu tun, die mir unaufhörlich entgegenmaulte: »Hab kein' Bock!«

Sie nervte mich unglaublich. Irgendwann entdeckte ich in einem Spielwarengeschäft einen winzigen Ziegenbock aus Plastik. Ich kaufte ihn und legte am nächsten Tag einen Riesenauftritt hin: »Ich habe dir was mitgebracht.«

»Hä?«

»Etwas, was du garantiert nicht hast.«

»Hää?«

»Du hast es mir oft genug gesagt.«

»Häää?«

Dann überreichte ich ihr lächelnd das winzige Päckchen. Sie wickelte es aus, blickte verlegen auf das Tierchen und versenkte es grinsend in den Tiefen ihres Mäppchens.

»›Ich hab kein' Bock‹ – das zieht jetzt nicht mehr«, sagte ich mit leisem Triumph in der Stimme. »Wir wissen nun alle, dass du einen hast.«

Tatsächlich hörte ich den Satz nie wieder von ihr. Vielleicht sollte ich öfter mal Böcke verschenken.

Lehrer sind wie Fixer,
sie denken immer an ihren Stoff.

12

NORMALZUSTAND »STÖRUNG«

Über die Tatsache, dass man
als Lehrer seine Einstellung ändern muss,
um nicht verrückt zu werden

Was bin ich dankbar für diesen rettenden Gedanken! In seinem Buch *Schule ohne Angst* schreibt Tanjev Schultz, verantwortlich für die tiefe Unzufriedenheit vieler Lehrer sei »die Idee, der Normalzustand der Schule und des Unterrichts sei störungsfrei. Der Normalzustand ist aber die Störung, das Problem, die Herausforderung – und genau für diese sind die Pädagogen da.«

Diese Erkenntnis tut so was von gut. Denn viele Lehrertage fühlen sich an wie eine Ansammlung von Störungen und Problemen und somit wie eine Manifestation des Versagens.

Neulich zum Beispiel ging es schon morgens gut los. Voll des guten Willens und voller positiver Gedanken wandelte ich gen Klassenzimmertür. Das Erste, was mir dort ins Auge stach: Jemand hatte kräftig in die Farbe geritzt, die wir auf die alte, zerstocherte braune Pinnwand aufgetragen hatten. Zweite Erkenntnis: Jemand hatte eines der Kunstwerke, das in meinem Unterricht entstanden war, stark beschädigt. Das hieß: Bis auf einen Zipfel, der vom Reißnagel gehalten wurde, war das Werk nicht mehr vorhanden.Ich betrat das Klassenzimmer und stellte fest, dass weder die Tafel geputzt noch der Boden gekehrt war. Meine Frage, wer denn der Ordnungsdienst sei, verhallte ungehört. Noch ehe ich die Sache mit der Pinnwand, dem Kunstwerk und dem Klassenzimmer-Saustall ansprechen konnte, erhoben sich Schülermassen von ihren Stühlen und strömten dem Ausgang zu, während sich gleichzeitig von draußen Schülermassen ins Klassenzimmer schoben. Ist es das, was die Physik Trägheit der Masse nennt? Der Grund für die Massenbewegung war übrigens die Religionsschiene. Das bedeutet: Der Klassenverband wird aufgelöst und die Schüler finden sich entsprechend ihrer Religion zu diversen Gemeinschaften zusammen – und zum Ethikunterricht.

Diesmal schoben sich ganz besonders viele Schüler ins Klassenzimmer. Ach ja, ich musste ein paar Gäste aufnehmen, ein Kollege war erkrankt.

Bereits beim Eintreten ließen die fremden Schüler keinen Zweifel daran, dass sie sich nicht wie Gäste benehmen würden. Die Anregung griffen meine Schüler gern auf. Unüberseh- und -hörbar startete der beliebte Wettbewerb: Welche Gruppe zeigt deutlicher, dass ihr der Film am Allerwertesten vorbeigeht, den wir gemeinsam ansehen wollen?

Ich beschwor meinen Technikdienst, sich zu beeilen. Die beiden Jungen taten, was sie angesichts des Klassenzimmerlärms konnten – nur um wenig später festzustellen, dass die Batterien der Fernbedienung fehlten. 15 Minuten später lief der Film.

Am Abend zuvor hatte ich ihn mit vor Müdigkeit wässrigen Augen geguckt. Ich hatte Fragen aufgeschrieben und diese als Arbeitsblatt aufbereitet. Nun, während des Films, der ernsten, aber fesselnden Inhalts war, mussten die Schüler kichern und sich langweilen. Ich verwies auf das Arbeitsblatt. Es ging kein Ruck durch die jungen Leute. Am Ende des Films, der Stunde und meiner Nerven schwor ich mir: So schnell wird es keinen Film mehr geben!

In der nächsten Stunde beschwerte sich Julia, weil Justin ihr noch immer nicht das geliehene Geld zurückgegeben hatte. Justin deutete an, mir etwas im Vertrauen sagen zu müssen.

Julia schnaubte empört: »Der soll mir jetzt endlich mein Geld geben!«

Während ich zu vermitteln versuchte, waren Jeremy und John aneinandergeraten. Irgendwie hatten sich ihre Füße verhakt. Irgendwie hatte der eine dem andern und der andere dem einen das Mäppchen vor die Füße geknallt, woraufhin sich die Inhalte auf dem Boden verteilt und hübsch durcheinandergemischt hatten.

Jeremy sammelte schuldbewusst ein, John gab den Harten: »Der hat angefangen. Ich mach gar nichts!«

Der Boden blieb teilweise bedeckt.

Zwischendurch hatte Justin nicht aufgehört, mich mit der Hand wedelnd zu sich zu locken. Da die Ruhe eh dahin war, tat ich ihm den Gefallen und hörte mir die verschwörerisch geflüsterte Geschichte vom verloren gegangenen Zwanzig-Euro-Schein des Familienvaters an, der schuld daran sei, dass er, Justin, Julia das Geld erst am Ende des Monats geben könne. Angesichts der Tatsache, dass wir den Elften hatten, angesichts Julias berechtigter Forderung und angesichts Justins stets teuren Styles äußerte ich Ungläubigkeit. Ich könne gern seine Mutter anrufen, die allerdings verstehe kein Deutsch, meinte er.

Ich kämpfte mich durch den Rest der Stunde und fühlte mich dabei dauerhaft von Julias vorwurfsvollem Blick verfolgt: *Die* hat es nicht hingekriegt, dass *der* mir mein Geld gibt. Ich raunte ihr zu, dass ich dem Jungen das Geld nicht aus der Nase ziehen könne, und stellte in Aussicht, mich an seine Eltern zu wenden. Julias flackerndem Blick entnahm ich, dass sie zwischen Skepsis und Hoffnung schwankte. Ich spürte die Last der Verantwortung auf meinen Schultern.

Irgendwann hob John alles auf, was noch auf dem Boden lag, und Anna klebte das zerrissene Kunstwerk. Irgendwann fegte Marius das Klassenzimmer und Mimi putzte die Tafel. Das mit der zerkratzten Pinnwand klärte sich nicht.

Nach der Stunde telefonierte ich. Justins Mutter verstand mich ein bisschen. Sie bestätigte seine Version vom verlorenen Geldschein und der damit einhergehenden Verarmung der Familie. Ich zog in Erwägung, Julia das Geld aus meiner Tasche zu zahlen. Natürlich tat ich es nicht.

Am Nachmittag erzählten mir mehrere der Schüler via Facebook, dass der Ethik-Film klasse gewesen sei. Man habe halt nur lachen müssen, weil die anderen lachen mussten.

Ich glaube, ich habe ungefähr sieben Störungen und Probleme vergessen. Ist aber egal. Seit ich mit der neuen Einstellung in die Schule gehe, ist alles leichter. In kühnen Momenten tätschle ich mir die Schulter. »Und nebenbei unterrichte ich!«, sage ich stolz zu mir selbst. Wenn ich Glück habe, fühle ich mich richtig gut dabei.

Manchmal aber fehlt mir etwas. Dann nämlich, wenn der Normalzustand der Störungen und Probleme ausbleibt, ja, wenn ich einfach so, ohne die kleinste Herausforderung, unterrichten darf, fast hätte ich gesagt: muss. Verunsichert bin ich dann, ein wenig desorientiert, und irgendwie fühle ich mich wie jemand, der sich sein Geld erschleicht.

Hast du Zahnpasta im Ohr,
kommt dir alles leiser vor.

13

RAUS AUS DER SCHULE

Klassenzimmer-Ödnis ade – über meine Freude,
mit den Schülern die heiligen Hallen
verlassen zu dürfen

Schulkinowochen! Kinderfilmfest! Medienkompetenz! Ich bin wie elektrisiert, wenn ich solche Ankündigungen im Lehrerzimmer lese. Wenn sich irgendetwas bietet, was die Schüler und mich mit Anstand und Lehrplanlegitimation aus der Schule rausholt, bin ich dabei. Ich bin ein Fan von Lernen vor Ort. Ich finde es gut, wenn Schüler die Ödnis des Klassenzimmers verlassen. Ich halte viel davon, wenn sie Dingen und Menschen »in echt« begegnen. Vor allem aber verstehe ich die grenzenlose Erleichterung, die sie befällt, wenn man verkündet, dass sie »raus« dürfen. Eine, die das verkündet, bin ich gern. Natürlich bin ich keine Schülerschleimerin. Aber so eine Dosis Schülerfreude kann ungeheuer aufbauend wirken, geradezu kraftspendend. Es besteht die Gefahr der Abhängigkeit, weil süchtig machend.

»Bei Ihnen ist es toll. Wir unternehmen so viel.« Das möchte man mehrmals täglich hören.

Vielleicht liegt es an diesem Suchtpotenzial, dass ich immer wieder aufs Neue die Nebenwirkungen vergesse. Als da sind: Organisationsstress im Vorfeld der Unternehmung, Transportstress im Zuge der Unternehmung, Disziplinierungsstress während der Unternehmung, Kräfteverfall auf dem Heimweg.

Einmal war der Aufwand im Vorfeld so hoch, dass ich noch vor dem Verlassen des Schulhauses freiwillig den Erschöpfungstod sterben wollte. Mir graute schlicht vor dem geplanten Marsch. Einmal steckten 19 Schüler mit mir in der überfüllten Straßenbahn und eine verblieb einsam draußen. Einmal machte ein Straßenbahnfahrer während des Umsteigevorgangs Jagd auf eine Gruppe meiner Schüler. Einmal erlitt ich fast einen Tobsuchtsanfall, als ein paar meiner Alphatiere während der Theateraufführung wiederholt laut und an den falschen Stellen lachten. Und einmal verpasste ich auf dem Rückweg den Ausstieg an der richtigen Haltestelle – im Gegensatz zu den Schülern.

Ich kann also nicht sagen, dass ich ahnungslos in »Raus aus der Schule«-Fallen tappe. Aber ich tappe – immer wieder.

Diesmal handelt es sich also um die Begegnung mit erstens einem guten Film und zweitens anderen Schulklassen, die einem guten Film begegnen sollen! Gleich in der Freistunde studiere ich das Angebot an altersgerechten Filmen. Dann ein Anruf beim Veranstalter. Ja, wunderbar, mein Film-Favorit ist noch nicht ausverkauft. Aber fast.

Entscheidungsstärke ist gefragt. Ich mache etwas, was ich mir eigentlich verboten habe: Ich buche über die Köpfe der Schüler hinweg. Was kann da schon schiefgehen? Es ist eine neunte Klasse, der Film ist ab der neunten Klasse geeignet, das Thema passt.

In der nächsten Stunde verkünde ich strahlend die frohe Botschaft. Auf das Leuchten in den Augen folgt Ernüchterung: »Was, *diesen* Film? Den haben wir letztes Jahr schon gesehen.«

Aber der ist doch erst ab der Neunten ...

»Wir haben ihn trotzdem schon gesehen. Der war gut. Noch mal wollen wir ihn nicht sehen.«

»Wenn er gut war, wollen wir ihn sehen«, melden sich der Klassenwiederholer, die beiden Neuzugänge und drei Schüler, die damals krank waren.

Ich stehe ratlos vor der Klasse: Gerade habe ich die Karten bestellt. Mist!

»Wir würden noch mal in den Film gehen«, sagen die Gutwilligen.

»Ich will ihn auf keinen Fall noch mal sehen«, sagt ein Eigenwilliger und ungefähr die Hälfte der Klasse nickt beifällig.

»Ich werde versuchen zu stornieren«, sage ich und teile das Kinoprogramm aus. Diesmal sollen sie selbst wählen.

In der nächsten Freistunde rufe ich wieder an. Ja, das Stornieren klappt. Nein, beide Film-Favoriten der Schüler sind schon ausgebucht. Ich renne wieder hoch in die Klasse, die inzwischen Unterricht bei einem Kollegen hat, entschuldige mich für die Störung und einige mich auf die Schnelle mit den Kids auf einen dritten Film.

»Wenn der auch nicht mehr zu haben ist, lassen wir es«, sage ich.

»Wir würden ja auch zum zweiten Mal in den Film gehen«, sagen die Gutwilligen von vorhin.

»Wir nicht«, sagen die anderen.

Ich eile wieder ans Telefon und buche den neu ausgewählten Film. In meiner nächsten Stunde verkünde ich die frohe Botschaft und bitte darum, das Geld zeitig mitzubringen. Christine, die Zuverlässige, wird es einsammeln.

Zu Hause recherchiere ich über den Film und bastle vor- und nachbereitende Unterrichtseinheiten. Auf keinen Fall werden wir »einfach nur so« ins Kino gehen!

Am Tag vor dem Kinobesuch meldet Christine, dass drei Schüler nicht bezahlt haben. Ich wiederhole mit Nachdruck, was alle längst wissen: »Morgen gehen wir ins Kino. Geld mitbringen! Pünktlich sein! Um 8:30 Uhr beginnt der Film.«

Am nächsten Tag ist das fehlende Geld da. Ich frage die Schüler nach ihren Straßenbahn-Tickets.

»Wir gehen doch zu Fuß«, sagt Markus. »Ich habe mein Umweltticket extra zu Hause gelassen.«

»Wir gehen doch nicht zu Fuß«, herrsche ich ihn entsetzt an. »Das schaffen wir niemals bis 8:30 Uhr.«

»Ja, das schaffen wir nie«, pflichten mir ungefähr zehn Schüler bei. »Das war ganz klar, dass wir mit der Straßenbahn fahren. Wir haben unsere Tickets natürlich dabei.«

»Nein, das schaffen wir locker zu Fuß«, widersprechen ungefähr zehn Schüler. »Sie haben gesagt: Wir *gehen* ins Kino.«

»Du bist doch blöd«, schreit einer von denen, die auf meiner Seite sind. »Das war ganz klar, dass wir mit der Straßenbahn fahren.«

»War es nicht, du Spast!«, schreit einer von den anderen.

»Friede!«, schreie ich. »Dann laufen wir eben.«

Die Masse schiebt sich aus dem Schulhaus. Innerhalb von Sekunden mutiert sie zum Wurm: ganz vorn wie immer die stramm

Marschierenden, dann das sich dehnende Mittelfeld, weit abgeschlagen ein paar Mädchen. Ich versuche, sie von vorn durch Körpersprache zu beschleunigen. Die Körpersprache bleibt unverstanden. Also lasse ich mich zurückfallen.

»Ich kann nicht schneller gehen«, sagt eines der Mädchen so langsam, wie es läuft.

»Hast du was am Bein?«, frage ich mitfühlend.

»Nein«, sagt das Mädchen, »meine Schuhe sind neu.«

»Um Himmels willen«, sage ich mit einem Blick auf die High Heels, die ich erst jetzt registriere.

Der Wurm schiebt sich mühsam in Richtung Innenstadt. Es wird knapp. Ich schwitze Blut und Wasser. Immerhin habe ich die Kinokarten schon bezahlt. Im Laufen überprüfe ich den Wurm auf Vollzähligkeit. Wir sind komplett!

Als wir ankommen, bleiben uns zwei Minuten. Der Wurm schlängelt sich lang gezogen und träge ins Kino. Ich versuche es mit Anfeuerungsrufen. Schlag 8:30 Uhr sind alle drin.

Ich hole die reservierten Eintrittskarten ab und scheuche die Schüler nach unten in den Vorführsaal, der überquillt von lärmenden Schulklassen. Dann überprüfe ich noch einmal die Vollzähligkeit. Vier Schüler fehlen. Ich eile zurück nach oben zur Kasse und entdecke ein paar meiner Süßen beim Popcornkaufen.

»Los jetzt«, rufe ich, »der Film beginnt.«

Meine Hektik überträgt sich nicht auf die Schüler. Sie warten in aller Ruhe auf das Popcorn, das sie bezahlt haben. Für eine Schimpftirade ist keine Zeit mehr. Als wir gemeinsam unten ankommen, scheuche ich sie auf die allerletzten Sitzplätze.

Für Leute wie mich gibt es Notbestuhlung. Als die Lichter erlöschen, überfällt mich Müdigkeit. Das Einzige, was mich noch wach hält, ist die Angst, vom Klappstuhl zu fallen.

Im Dämmerzustand reflektiere ich mein Faible für »Raus aus der Schule«-Aktivitäten. Die Reflexion gerät zur Selbstzerfleischung. Steht der Aufwand auch nur annähernd im richtigen Verhältnis zum Effekt? Was ist eigentlich besser daran, ins Kino zu gehen, als im Klassenzimmer eine DVD des Medienzentrums einzulegen? Hat es irgendeinen Mehrwert, die eigene Klasse mit zehn fremden in einen Kinosaal zu sperren? Was will ich eigentlich? Was mache ich da eigentlich immer? Und warum?

Von meinem Klappstuhl aus sehe ich aus den Augenwinkeln, wie Schüler mutwillig und blöde grinsend Popcorn werfen. Ich sehe, dass es nicht meine sind, sondern Letztere allesamt gebannt nach vorn starren. Kein Krümelchen ihres Popcorns wird zweckentfremdet. Hand für Hand landet das Zeug in ihren niedlichen Mündern. Sie geben sich sogar wortlos gegenseitig etwas ab. Tja, die wissen eben, was sich gehört. Die lassen sich ihre guten Sitten noch nicht einmal von schlechten Beispielen verderben. Raus aus der Schule – das ist wirklich klasse!

Mir wird so wohlig zumute, dass ich endlich entspannt nach vorn auf die Leinwand blicken kann. Und ein klein wenig auch voraus in die pädagogische Zukunft. Denn ich weiß es schon: Die nächste »Raus aus der Schule«-Aktion kommt bestimmt!

14

SIEHST DU, JETZT HAST DU EIN SCHLECHTES GEWISSEN!

Über das Phänomen, dass man als Lehrer sehr oft von Schuldgefühlen geplagt wird

Projektarbeit ist in. Fächerübergreifende Projektarbeit ist total in. Und der Lehrer ist danach absolut total hin. Projektarbeit ist Lernen nicht im Unterricht, sondern in Projekten. Es muss ein Ziel erreicht werden und damit dies geschieht, muss der Lehrer zum Vorbereiter, Absprachen-Treffer, Geldeintreiber, Material-Bereitsteller, Koordinator, (Krisen-)Manager, Schlichter, Erinnerer, In-den-Hintern-Treter, Sich-selbst-am-Riemen-Reißer, Beschwichtiger, Sich-selbst-aus-dem-Sumpf-der-Verzweiflung-Zieher usw. werden.

Die Schüler mögen Projekte meist recht gern. Immer noch besser als normaler Unterricht! Wie viel Lehrerarbeit damit verbunden ist, werden sie bis an ihr Lebensende nicht wissen.

Unter den Lehrern kenne ich zwei Fraktionen: diejenigen, die Projektarbeit von Herzen ablehnen, sie deshalb vermeiden, sooft es nur geht, und die dann, wenn ein Umgehen nicht möglich ist, jammern, lamentieren, schimpfen, und diejenigen, die – wie ich – Projektarbeit von Herzen lieben, aber vorher niemals absehen, was sie sich damit antun, und deshalb irgendwann an den Punkt kommen, wo sie jammern, lamentieren, schimpfen, allerdings mit sich selbst.

Insgesamt ist nach Abschluss eines Projekts nicht immer zu ermessen, wie groß der (Lern-)Erfolg ist, was in Lehrerkreisen auch zu Diskussionen führt. Welche Kompetenzen wurden verbessert, in welchen Bereichen gab es Defizite? Steht der Aufwand im Verhältnis zum Ergebnis? Wurde Methodenkompetenz sehr wohl, aber Sachkompetenz kein bisschen erreicht? Auf Nicht-Lehrer-Deutsch: Haben zwei Schüler zwar wunderbare Plakate über Vulkane geklebt, die anderen aber am Ende noch immer keine Ahnung von Vulkanen? Hätte man gar in der Zeit und mit der Nervenkraft, die das Projekt verschlungen hat, mit anderen, vielleicht sogar herkömmlichen Mitteln mehr erreichen können?

Ich selbst schreie immer wieder »Hier!«, wenn sich Projekt-Chancen bieten – und das, obwohl sie mich schon an meine

(Kraft-)Grenzen und zum Verzweifeln gebracht haben. Ich bin einfach jedes Mal aufs Neue davon überzeugt, dass es diesmal ganz besonders erfreulich laufen wird. Und habe am Ende dann doch wieder Skrupel und ein schlechtes Gewissen. War das Ergebnis den Aufwand wert? Hätten die Schüler in derselben Zeit nicht viel mehr lernen können? Habe ich wertvolle Unterrichtszeit mit Organisatorischem verschwendet?

Das schlechte Gewissen packt mich öfter. Man könnte es meinen steten Begleiter nennen. Wenn ich den Schülern viel erzählt habe, frage ich mich am Ende, ob es nicht *zu* viel war. Ging es nicht einfach nur hier rein und da raus? Wenn die Schüler längere Zeit mit Stillarbeit zugebracht haben, treibt mich die Sorge um, dass das Kommunikative zu kurz gekommen ist. Wenn sie von einer Folie abschreiben, werfe ich mir selbst Ruhigstellung der Schüler vor. Wenn ich einem Schüler heftig die Meinung geige, befürchte ich gleichzeitig, dass es zu heftig war. Wenn ich es nicht tue, fürchte ich, zu nachsichtig zu sein. Wenn die Schüler mit mir eine Stunde lang im Stuhlkreis sitzen und sich eine wunderbare Gesprächsatmosphäre einstellt, jubiliere ich nicht etwa uneingeschränkt, sondern habe ein schlechtes Gewissen, weil in dieser Zeit »nur geredet« wurde.

Leider zieht sich das mit dem schlechten Gewissen bis in die Ferien. Ich nehme mir etwas vor und halte es nicht durch. Gleich in der ersten Woche will ich den Elternabend planen, das Begleitbuch lesen, die Kollegin zum Arbeitsgespräch besuchen. Doch dann ist plötzlich so viel los, das Leben ist auch ohne Schule voll und schön und ich spüre, wie gut das tut. Und schon ist es wieder da: »Siehst du, jetzt hast du ein schlechtes Gewissen!«

Eine ganz besondere Form von schlechtem Gewissen packt mich, wenn unsere Schüler entlassen werden, ins Leben hinaus, sozusagen. Ich frage mich, was aus Dimitrij werden wird. Immer wieder habe ich dabei ein Bild vor Augen: wie er auf einem sehr schmalen Grat balanciert, mal in die eine, mal in die andere

Richtung zu kippen droht, sich wieder fängt, wie sich alles immer mehr zur »schlimmen« Seite neigt, wie er den Gewaltakt des Balancierens nicht mehr aushält und sich freiwillig fallen lässt oder er geschubst wird und abstürzt oder er mit all seiner Energie den Absturz zu vermeiden versucht …

Ruhig bin ich nicht. Denn Dimitrij wird nicht konsequent und beharrlich seinen Weg gehen, da bin ich mir irgendwie sicher. Sein Werdegang wird davon abhängen, ob das Schicksal ihm gnädig ist oder nicht. Ob das mit dem Ausbildungsplatz klappt oder nicht. Und das mit dem Ausbilder. Und mit den Kumpels. Und mit den Mädchen. Und ob er irgendwie und irgendwann das Gefühl hat, dass die Welt ihn braucht, ihn brauchen kann, dass er etwas wert ist.

Solche wie Dimitrij haben wir zuhauf. Und ich mag sie alle. Egal, ob sie mich von unten herauf oder am liebsten gar nicht oder auf Augenhöhe oder von oben herab ansehen. Ich mag sie und weil sie meinen Weg kreuzen, fühle ich mich für sie verantwortlich – dafür, dass ich ihnen so viel wie möglich von dem mitgebe, was wichtig ist. Dafür, dass ich meinen klitzekleinen Beitrag dazu leiste, dass sie sich auch ein bisschen stark fühlen, nicht nur stark tun. Dass sie sich nicht nur treiben lassen, träge, antriebslos, irgendwie halt. Dass ihnen nicht der Mut, die Zuversicht schon zu Beginn abhandenkommt. Dass sie nicht in ihrem Innersten nur *ein* Ziel haben: es allen, auch uns Lehrern, zu zeigen – zu zeigen, dass sie einen ganz anderen Weg finden, groß und stark und wichtig zu sein, als wir ihn immer wieder propagieren.

Ganz schlimm ist es, wenn sie Großes vorhaben – auf der richtigen Seite – und dann enttäuscht werden. Großes, das kann auch die Stelle bei Norma sein! Und enttäuscht werden, das kommt so oft vor!

Neulich meldete sich eine meiner Ehemaligen bei mir. Ich solle ihr doch bitte schnell helfen. Sie habe sich schon um so viele Ausbildungsplätze beworben, doch leider habe es nie geklappt. Bei einer Bewerbung habe sie ein ziemlich gutes Gefühl gehabt und war sogar zum Vorstellungsgespräch eingeladen worden. Danach habe sie sich noch mehr Hoffnungen gemacht, doch nun war ganz überraschend eine Absage gekommen. In ein paar Tagen begann doch schon das neue Ausbildungsjahr und weiterer Erfolg bei Anschreiben blieb aus.

Ich sah es apokalyptisch vor mir: Sie würde erst einmal mit großer Energie weiter nach einem Ausbildungsplatz suchen. Zu diesem Zeitpunkt würde sie es sehr schwer haben. Sie würde Abfuhren erleiden und ganz allmählich nachlassen in ihren Bemühungen. Sie würde an sich und der Welt (ver-)zweifeln und im Gegenzug versuchen, Anerkennung in anderen Welten als der der Arbeit zu erlangen.

Ich ärgerte und grämte mich so sehr und fürchtete diese letzte Konsequenz, dass ich dem Mädchen nicht nur die gewünschte Hilfe versprach, sondern sogar anbot, ihr ein besonders gutes Bewerbungsschreiben zu liefern. Sie nahm dankbar an, ließ mich ihre aktuellen Daten wissen – und ich schrieb. Ich verwertete, was mir die junge Frau notiert hatte, formulierte, so gut ich konnte, und schickte ihr schließlich eine perfekte Bewerbung. Sie bedankte sich und machte sich auf den Weg …

Ein paar Tage später meldete sie sich wieder. Sie habe beim Filialleiter einer Einzelhandelskette vorsprechen dürfen. Der Mann habe an ihrem Bewerbungsschreiben herumgenörgelt und sie blöde Sachen gefragt.

Ich war fassungslos. Dieser Mensch konnte nicht wissen, dass die Bewerbung von einer Frau verfasst worden war, die vermutlich besser Deutsch konnte als er selbst. Wenn er genörgelt hatte, dann nur aus einem Grund: Er wollte das Mädchen runtermachen!

Runtergemacht und enttäuscht werden – das ist die Dauermelodie im Leben vieler unserer Schüler. Ich behaupte mal ganz kühn, dass Menschen, die mit unserer Klientel nichts zu tun haben, keinen Schimmer von deren Leben haben, davon, wie das Leben *auch* sein kann. Ich behaupte, es fehlt ihnen an Vorstellungskraft. Ich behaupte das, weil auch ich es mir nicht vorstellen konnte, solange ich nicht wieder Lehrerin war. Und es mir nicht vorstellen könnte, wenn ich nicht wieder Lehrerin geworden wäre.

Wir mit unserem so ganz anderen Leben können uns nicht vorstellen, dass ein Kind nicht nur seine Heimat verlassen, die Trennung der Eltern im fremden Land ertragen, den Absturz des großen Bruders miterleiden, Verantwortung für eine Restfamilie übernehmen, in dauerhaft gedrückter Atmosphäre und beengten Wohnverhältnissen leben muss und dabei nach außen hin ganz normal funktioniert. Wir können uns nicht vorstellen, was es heißt, unter Umständen wie diesen oder ähnlich deprimierenden morgens aufzustehen und Dinge wie Schule ernst zu nehmen. Wir können uns nicht vorstellen, dass elterliche Hilf-, Rat- und Haltlosigkeit für manche jungen Leute zum Alltag gehören. Und dass diese hilf-, rat- und haltlosen Eltern keine Monster, sondern schlichtweg überfordert sind – überfordert von persönlichen Um- und gesellschaftlichen Zuständen. Die jungen Leute tragen für all das *nicht* die Verantwortung, aber sie tragen die Last.

Das mit der mangelnden Vorstellungskraft behaupte ich nicht nur, nein, ich erfahre es immer wieder in Unterhaltungen. Bauklötzchen werden da gestaunt. Nein, so heftig hatte man sich das nicht vorgestellt. Eher so: Arbeitsscheue Jugendliche stellen sich lethargisch auf eine Karriere als Hartz-IV-Empfänger ein und randalieren gelegentlich als U-Bahn-Schläger. Oft begegnet mir auch diese Meinung: Es gibt halt in jeder Gesellschaft die Oberen und die Unteren. Oder die: Wer wirklich etwas aus seinem Leben machen will, schafft das schon!

Wenn man mir gar zu abgehoben kommt, bin ich nahe dran zu sagen: »Wundert euch nicht, wenn sie euch mal die Reifen aufschlitzen oder gleich das ganze Auto abfackeln! Dann hilft euch auch der Dampfstrahler nicht, mit dem man die Welt der Oberen vom Gesocks befreit.«

Bis jetzt habe ich den Impuls zu so drastischen Zukunfts-
visionen fast immer unterdrückt. Ich möchte ja nicht mitschuldig
werden am negativen Bild, das die Welt von meinen Schülern hat.
Aber ich möchte, dass viel mehr Leute als bisher erkennen: Es ist
ungerecht und brisant!

Warum mich in Bezug auf Dimitrij und seinesgleichen ein
schlechtes Gewissen plagt? Weil wir, die wir kurz, aber intensiv an
ihrem Leben teilhaben, den jungen Leuten nicht gerecht werden
können. Unser Leben ist nun mal völlig anders als ihres. Weil wir
sie aus der Schule entlassen und so tun, als ob die Sache damit
erledigt wäre. Weil wir zur Tagesordnung übergehen und ganz
genau wissen, dass viele unserer Schützlinge Beistand weiterhin
bitter nötig hätten.

Don't walk on the grass -
smoke it.

15

DAS SCHREIBEN
UND DAS LESEN

Über die Enttäuschung, dass meine Schüler
meine Leidenschaft nicht teilen

Schreiben und Lesen – klar, das sind für mich wunderbare, magische Dinge, die das Leben schöner machen. Das waren sie immer schon.

An manche Bücher meiner Kindheit erinnere ich mich noch heute wie an Köstlichkeiten. Als Erwachsene klammerte ich mich in der Tristesse des Elternwohnung-Räumens – vergeblich, wie sich am Ende herausstellte – an die Hoffnung, mein geliebtes Märchenbuch und *Wir Kinder aus Bullerbü* in einem der diversen Schränkchen und Truhen wiederzufinden, die es im Speicher zu sichten galt.

Noch ehe ich in die Schule ging, hatte ich unbedingt auch schreiben wollen und so fürchterlich gekrakelt, dass mein Vater ernsthaft um meine künftige Handschrift fürchtete. Und dass ich ein paar Jahre später ein Büchlein mit dem fehlerhaften Titel »Selbstgedichtedes« zu führen begann, erzähle ich noch immer gern.

Meine pubertierenden Schüler aber starren mich an wie ein Wesen von einem sehr merkwürdigen Stern, wenn ich ihnen von meiner frühen Schreibwut erzähle, die bis heute nicht nachgelassen hat.

»Ich mag nicht schreiben und nicht lesen« ist – sehr vornehm umschrieben – das, was sie mir unumwunden an den Kopf hauen. »Ich hasse beides« ist die deutlichere Version.

Dabei kenne ich manche noch von früher, Meryem zum Beispiel. Als Fünftklässlerin sah ich sie selten ohne Buch unter dem Arm. Damals bestätigte sie mir stolz: Ja, sie sei ständig in der Schulbücherei, um sich Nachschub zu besorgen. Ja, Lesen sei klasse. Inzwischen sind gar nicht so viele Jahre vergangen, aber Meryem hasst Lesen jetzt. Sie hat keine Lust mehr. Sie findet Bücher scheiße.

Einer gesteht lachend, er habe fünf Bücher begonnen, aber keines zu Ende gelesen. Ein anderer, er lese grundsätzlich nur, wenn er gezwungen werde, und dann extrem widerwillig.

Manchmal mache ich Umfragen – schriftlich und anonym. Die Ergebnisse ähneln sich. Weniger als fünf von einer Klasse geben an, gern zu lesen. Etwa zehn bekennen, das Lesen zu hassen. Besonders heftig ist es bei Schulklassen mit vielen Jungen.

Einmal gelang es mir, eine siebte Klasse mit einem flott geschriebenen Jugendroman, aus dem ich ihnen ein wenig vorlas, zu begeistern. »Echt geil!« lautete – auf den Punkt gebracht – die Reaktion. Meine nächste Idee fand keiner mehr geil. Ich wagte es, die Erwartung zu äußern, dass der Rest des etwa 140 Seiten starken Buches im Laufe der nächsten zwei Wochen zu Ende gelesen werde. Die Antwort war blankes Entsetzen! So viele Seiten? Eines sei ja wohl klar: Die nächsten 14 Tage wären damit komplett verdorben! Am Ende der zwei Wochen stellte sich heraus: Extrem wenige Schüler hatten das Buch vollständig und mit Freude gelesen. Ein paar hatten das Buch vollständig, aber ohne Freude gelesen. Der Rest hatte entweder nicht begonnen oder nach wenigen Seiten das Handtuch geworfen. Lieber eine enttäuschte Lehrerin als eine versaute Freizeit!

Inzwischen habe ich meine Erwartungen so weit zurückgeschraubt, dass ich jeden knutschen könnte, der länger als drei Minuten freiwillig in ein Buch schaut. Wir machen freies Lesen, wir arbeiten mit tollen Bücherkisten, wir besuchen Büchereien …

»Tut mir leid«, sagen sie, »ich lese einfach nicht gern.«

Wer mir bis hierher gefolgt ist, versteht vermutlich, warum ich in Euphorie gerate, wenn ein Schüler sich anschickt, in ein Buch zu versinken. In dieser Phase wache ich mit größter Unentspanntheit über die wunder- und kostbare Leseatmosphäre. Mich darf man im Unterricht immer stören. Ob »wir« gerade einen Test schreiben wollen, ob ich gerade zu einem pädagogischen Highlight aushole, ob die Schülerdiskussion gerade besonders hitzig ist – das kriegen wir schon wieder hin, da knüpfen wir gleich wieder an. Aber eine gestörte Leseatmosphäre – nein, die verzeihe ich nicht. Wenn sie einmal weg ist, dann kommt sie so schnell nicht wieder.

Wenn er aber eingetreten ist, der seltene Fall, dass nichts mehr zu hören ist außer dem Rascheln des Umblätterns, dass eine ganze Klasse einfach nur leise und mit Konzentration liest, dann könnte ich schreien vor Freude. Um Himmels willen, ich tue es nicht! Im Gegenteil, ich versuche, unsichtbar zu werden und auf keinen Fall durch Augenkontakt zu stören.

AutorInnen, die es mit *ihren* Büchern schaffen, dass *meine* Schüler gern lesen, stehen auf meiner Liste für die größten Verdienstorden der Welt ganz oben. Aber leicht ist es nicht, diesen Orden zu erwerben!

Neulich hatte ich bei einer Verlosung einen Klassensatz Jugendbücher ergattert. Wider besseres Wissen stellte ich mir zu Hause vor, wie allein der Anblick von zwanzig nagelneuen Büchern Hochgefühle in meiner Klasse auslösen würde. Förmlich schreien würden sie danach, die Bücher endlich, endlich in den Händen halten zu dürfen. Und dann – dergestalt motiviert – würden sie, na, lesen eben.

Sie freuten sich auch, aber das Freuen klang ein bisschen so wie: »Na ja, immer noch besser als Unterricht.«

Dann bekamen sie ihre Exemplare und durften sie lesen. Es trat ein, was ich mir erhofft hatte: die wunder- und kostbare Leseatmosphäre.

Bis plötzlich einer von den Coolen aufschaute und sagte: »Jetzt gefällt's mir nicht mehr. Am Anfang ging es ja, aber jetzt wird es kindisch.«

Wäre ich mit magischen Fähigkeiten ausgestattet, hätte ich so lange Strg + Z gedrückt, bis wir wieder bei »ruhig und friedlich«

angekommen wären. Und dann, Sie können's mir glauben, hätte ich den Jungen weggezaubert – aufs Klo mit Durchfall, gern auch mit dem Gegenteil. Ich hätte ihm nichts Schlimmes angetan, ehrlich, aber ich hätte verhindert, dass er alles kaputt macht.

Natürlich fanden die anderen das Buch dann auch kindisch, natürlich tauchte einer nach dem anderen aus seiner Lesewelt auf, natürlich konnte ich danach alles vergessen, was ich mir erhofft hatte. So stabil sind die nicht!

Einmal hatte ich mich selbst in ein Buch verguckt, das meinem Sohn sehr gut gefallen hatte. Ich beschloss, es im Kunstunterricht vorzulesen. Es musste doch mit dem Teufel zugehen, wenn der Funke nicht überspringen würde. Ich wies die Schüler in die Malaufgabe ein, wartete, bis sie alle den Pinsel schwangen, und legte los. Erst herrschte Skepsis, dann wunderbare Ruhe. Ich begann, Glücksgefühle zu entwickeln. Um die Begeisterung zu testen, unterbrach ich an einer hoch spannenden Stelle.

Atemlose Stille. Dann vielstimmig: »Weiter!!!«

Die Glücksgefühle steigerten sich. Das war doch mal eine Supersache von mir! Am Ende der Stunde hatten alle gut gemalt und gut zugehört. Sie hatten auch »Oh!« gemacht, als es klingelte. Es war ein bedauerndes »Oh!« gewesen.

Mohi fragte mich nach dem Titel des Buches. Er würde es sich ganz bestimmt kaufen. Es sei so toll.

Meine Glücksgefühle wandelten sich in Größenwahn. »Soll ich das Buch nächste Stunde wieder mitbringen?«

»Jaaa!«

Eine Woche später ritt mich der Teufel. Ich würde ihnen die Fortsetzung nicht aufdrängen, sie sollten mich hübsch darum bitten. So würde ihnen der Wert des Vorgelesenen hundertmal mehr bewusst werden! Ich wartete also ab. Die Schüler fragten mich nicht. Sie erwähnten das Buch mit keinem Wort. Ich verkniff mir einen erinnernden Hinweis. Mich hatte wirklich der Ehrgeiz gepackt. Sie würden das schon noch schmerzhaft bemerken. Sie würden rufen: »Das war doch letztes Mal so toll! Wieso lesen Sie heute nicht?« Aber nichts geschah. Sie schwangen die Pinsel und verspürten keinen Mangel, wurden von keiner Erinnerung übermannt. Die Stunde ging zu Ende. Ich nahm das Buch wieder mit nach Hause. Nie wieder hat einer dieses Buch erwähnt. Ich glaube, auch Mohi hat es sich nicht gekauft.

Ab und an schwappt zumindest etwas von meiner Schreibfreude über. Wenn ich sie mit einem Schreibimpuls ins Herz treffe, dann bekommen plötzlich die größten Rabauken rote Schreibbäckchen, hören und sehen nichts mehr von ihrer Umgebung, schreiben, ich möchte fast sagen: mit Herzblut.

Manchmal tragen sie dann ihren Text vor, stockend, kaum fähig, ihre eigene Sauklaue zu entziffern. Gelegentlich sagen sie auch: »Vorlesen tu ich das nicht! Aber Sie können's gern lesen.«

Dass diese schriftlichen Ergüsse meist vor Fehlern strotzen, ist nichts dagegen, dass die Kerle endlich einmal etwas mit innerer Beteiligung getan haben, ja, dass sie mich – oder auch andere – in ihre Seele blicken lassen.

Ach, Lesen und Schreiben sind halt doch wunderbare, magische Dinge!

16

DIE UNBEKANNTE GRÖSSE

Blind Date im Klassenzimmer – über die
Herausforderungen des ersten Unterrichts
vor einer neuen Klasse

Eine Klasse, die man kennt, die hat was. Sie ist eine bekannte Größe. Selbst wenn man weiß, dass es grässlich wird, weiß man es zumindest. Man kann sich auf das Grässliche einstellen. Das schützt.

Wenn man zum ersten Mal in eine unbekannte Klasse geht, dann schützt einen gar nichts. Man kann bei Kollegen vorrecherchieren, soviel man will. Man kann in Erfahrung bringen, ob die Klasse als schwierig oder als pflegeleicht gilt. Wie es sich entwickelt zwischen der Klasse und einem selbst – das muss man selbst erleiden.

Als Junglehrerin bin ich einmal in eine neue Klasse marschiert und habe gleich zu Anfang alles verdorben. Ich war als Springerin eingesetzt und hatte vor diesem Einsatz eine Weile in einer zweiten Klasse unterrichten müssen. Dann schickte man mich in eine Achte. Der Sprung gelang mir so überhaupt nicht. Ich war getrieben vom Ehrgeiz, es richtig zu machen und die Großen nicht wie Zweitklässler zu behandeln. Leider kostete mich das erst meine Herzenswärme, dann die Sympathie der Schüler und schließlich den Unterrichtserfolg.

Glücklicherweise wird der Mensch mit dem Älterwerden auch klüger. Manchmal zumindest. Obwohl ich ja viel übrig habe für Tucholskys Erkenntnis: »Erfahrung heißt gar nichts. Man kann eine Sache auch 35 Jahre falsch machen.«

Die Sache mit der Herzenswärme habe ich nicht mehr falsch gemacht. Schüler brauchen keine eiskalten Engel. Sie brauchen überhaupt keine Engel. Sie brauchen echte Menschen, die es gut mit ihnen meinen und die sich Mühe mit ihnen geben. Insofern war ich dann doch irgendwann auf der sicheren Seite.

Trotzdem ist es immer wieder ein Abenteuer für mich, vor eine neue Klasse zu treten. Ja, treten! In bekannte Klassen rausche ich, trample ich, stolpere ich. Das kann ich mir bei einer Premiere nicht erlauben. Ich konzentriere mich also ein wenig mehr als sonst, drücke sehr bewusst die Türklinke und bin dabei das Gegenteil von entspannt. Ich will nicht sagen, dass ich ängstlich bin – so wie am Anfang meiner Laufbahn. Aber ich bin voll da. Sämtliche Sensoren sind in Bereitschaft.

Wobei es verschiedene Arten der Bereitschaft gibt: Für eine Lehrkraft, die wie ich hauptsächlich siebte bis neunte Klassen unterrichtet, ist ein Einsatz in einer unbekannten Grundschulklasse durchaus herausfordernd.

Vor Kurzem traf mich die verschärfte Version: erste Klasse in der ersten Stunde! Bereits im Lehrerzimmer stimmte ich mich auf den Sondereinsatz ein, indem ich laut ankündigte, wohin mich mein Weg gleich führen würde. Die Reaktionen: Gelächter, Mitgefühl!

Eine Kollegin – ebenfalls aus der Hauptschul-Oberstufe – erheiterte mich sehr mit folgender Geschichte: Ein paar Wochen zuvor musste auch sie bei den Jüngsten vertreten. Eine kleine männliche Nervensäge wurde von ihr mit leichter Schärfe in der Stimme in seine Grenzen verwiesen, woraufhin der Junge weinend seine Sachen packte und ihr ins Gesicht schluchzte: »Ich gehe jetzt nach Hause. Da ist meine Mama und die wird dich hauen.«

Derart gewappnet, stellte ich mich auf die Rolle der Streng-Gütigen ein. Besonders früh schritt ich zum Klassenzimmer. Die ersten Schüler trafen ein. Einer mit zartdunklem Teint trug die Gesichtszüge eines Mädchens, das ich schon unterrichtet hatte.

»Ist Selen deine Schwester?«, fragte ich.

Er nickte und glotzte mich an.

Die anderen glotzten mich auch an und fragten: »Wer bist du? Wieso bist du da?« Dann tuschelten sie.

»Spielen wir bis zum Stundenbeginn miteinander …«, fragte ein dunkelhäutiger Junge einen hellen Blonden.

Mein Pädagogenherz jubilierte.

Der Junge vervollständigte seinen Satz: »… Mütze wegnehmen?«

Meine Verzückung wich, meine Alarmbereitschaft stieg umgekehrt proportional. Die beiden Jungen stürmten vor die Klassenzimmertür. Ich folgte ihnen. Sie spielten tatsächlich »Mütze wegnehmen«, aber sie spielten es so friedlich, dass ich mich entspannte. Dann endlich wagte ich, mich den Hinweisen zuzuwenden, die die erkrankte Kollegin für mich auf dem Lehrerpult deponiert hatte.

»Du musst das Schild da hinhängen!«, unterbrach ein Zwerg mit strenger Stimme meinen Lesevorgang und zeigte auf ein Blatt mit der Aufschrift »Spielzeit«. Die anderen nickten ernst.

Ich klebte das Schild an die Tafel und machte mich wieder daran, die Anweisungen der erkrankten Kollegin zu lesen.

»Ich muss das Heft abgeben«, sagte ein Mädchen, »ich weiß aber nicht, wohin ich's legen soll.«

Ein paar überlegten mit ihr.

»Hierhin!«, sagte einer.

»Nein«, schrien andere, »hierhin!«

Ich blickte ratlos von einem zum anderen. Eines war klar: Man durfte das Heft auf keinen Fall einfach irgendwohin legen.

»Dieses Heft dürfen wir gar nicht abgeben«, sagte dann einer und ich schickte das Mädchen mit dem Heft zurück auf seinen Platz.

»Der hat Geburtstag«, sagte ein anderes Mädchen und zeigte mit dem Finger.

»Hat er nicht«, schrie ein Junge.

»Hat er schon«, schrie das Mädchen.

»Der hatte gestern«, schrien zwei.

Die Sache blieb ungeklärt, denn inzwischen stand Sara, eine meiner Hauptschülerinnen, vor der Tür – mit einem blutenden Kind an der Hand.

»Sie ist auf dem Schulweg aufs Gesicht gefallen«, sagte sie, »und war ganz voller Blut. Ich hab ihr geholfen.«

Mir schmolz das Herz angesichts so viel Edelmuts. »Wie schön, dass du dich um sie gekümmert hast!«, lobte ich.

»Sie ist meine Schwester«, sagte Sara, wischte noch ein wenig an der Kleinen herum und verkrümelte sich.

Inzwischen läutete es. Die Kinder vor dem Klassenzimmer spielten weiter »Mütze wegnehmen«. Ich rief sie herein, aber sie grinsten nur.

»Du musst das Schild wegtun«, sagten die einen.

»Du musst die Musik anmachen«, sagte ein anderer, »sonst kommen sie nicht.«

Er zeigte mir den Kassettenrekorder und drückte beherzt alle Knöpfe. Es tat sich nichts.

Ich drückte auch ziemlich viele Knöpfe. Musik erscholl nicht! Aber das Kassettenfach öffnete sich. Es war leer.

»Wir machen das heute ohne Musik!«, rief ich in die Runde und es gelang mir tatsächlich, alle einzufangen und auf ihre Stühlchen zu bugsieren.

»Du kennst meine Schwester«, sagte der mit dem zartdunklen Teint.

»Du musst die Helfer bestimmen!«, schrien die anderen.

Ich bestimmte die Helfer, ohne zu wissen, wem die Helfer helfen würden. Dann sangen sie im Kreis ein Lied.

Danach sagte einer: »Heute ist Donnerstag«, und warf eine Murmel ins Kalenderglas.

Später sollten sie etwas an der Tafel lesen.

»Das kennen wir schon«, schrien sie, lasen es aber trotzdem.

»Mit euren Buchstabenkärtchen legt ihr jetzt diese Wörter«, betete ich nach, was auf dem Kolleginnenzettel stand.

Freudestrahlend fummelten sie ihre Schächtelchen heraus und legten »Omi«, »Papi« und »Mimi«. Das heißt, sie wollten es legen.

»Ich hab kein I!«, schrie die Erste.

»Ich hab auch kein I«, schrie der Zweite.

Es stellte sich heraus, dass alle kein I hatten.

Ich improvisierte: »Wir legen es mit A!«

Sie legten »Oma«, »Papa« und »Mama«. Nach dem Legen sollten sie schreiben.

»Schreib es mit Bleistift!«, las ich vom Zettel ab.

Ein paar zeigten mir stolz ihre Filzstifte und fragten: »Ist der richtig?«

Einige verschrieben sich und begannen zu wehklagen.

»Radier's doch einfach wieder weg«, ermunterte ich sie.

»Nein«, sagte ein Mädchen, »das mache ich nicht. Das wird so hässlich.«

Ächzend ging ich in die Hocke, um den Beweis anzutreten, dass man auch *schön* radieren konnte. Der Beweis misslang.

Am Ende mussten sie noch ein wenig schneiden.

»Wenn ihr fertig seid mit dem Ausschneiden, klebt ihr die Herzen in das rote Heft!«, machte ich meine letzte Ansage.

»Wohin soll ich das kleben?«, fragten drei.

Dann war die Stunde um.

»Auf Wie-der-se-hen, Frau Mo-hohn-heim!«, krähten sie mir zum Abschied hinterher.

Ich blickte gerührt zurück und eilte zu meinen »Großen«, den Vertrauten, den Rüpeln, die ich berechnen kann. Doch auch bei denen gibt es Premieren.

Eine hatte ich mal in einer neunten Klasse in der letzten Stunde im Fach Kunst. Ein paar der Schüler kannte ich, aber viele hatte ich noch kein einziges Mal im Unterricht gehabt. Ich trat also zuerst ein und dann vor die Klasse. Sehr bewusst. Dabei versuchte ich, nicht mein strahlendstes Lächeln aufzusetzen. Erfahrungsgemäß führt das zu Missverständnissen à la: »Die lacht. Bei der ist's lustig. So lustig, dass man Scheiße bauen kann.«

Die Schüler, die mich kannten, sahen mir freundlich ins Gesicht. Ein paar der anderen blickten mich interessiert an. Aha, so stand die also da. Nichts Besonderes. Auch nichts Bedrohliches. Da konnte man sich wieder abwenden – und Karten spielen. Oder

Papierkugeln werfen. Oder sich mal eben noch einen verbotenen Kaugummi zwischen die Zähne schieben. Oder die Beine auf den Tisch legen.

Der Rest hatte mich entweder nicht bemerkt oder ignorierte mich bewusst. Falls Letzteres der Fall war, gehörten sie der Kategorie »Fortgeschrittene« an. Noch nicht mal das kleinste Fitzelchen ihrer Körpersprache verriet, dass sie die Person, die da neuerdings herumstand, wahrgenommen hatten. Zwei warfen sich unverdrossen den Hausschuh einer kreischenden Mitschülerin zu. Drei überprüften den korrekten Sitz ihres Haupthaares. Eine schrie diagonal durchs Zimmer von links vorn nach rechts hinten.

Eine der Schülerinnen, die mich schon kannten, rief: »Seid doch mal ruhig!«

Natürlich hörte man nicht auf sie. Ich gebe zu, dass dies einer der Momente war, in denen ich an Giovanni Trapattoni denken musste.

»Ich habe fertig« – das war es, was ich schreien wollte. Und mich dann einfach umdrehen und gehen: raus aus dem Klassenzimmer, raus aus der Schule, raus aus dem Leben. Ging leider nicht.

Also blieb ich. Kniff die Augen zu Schlitzen zusammen und hoffte, dass man die Entschlossenheit durch die Brillengläser sah. Wartete. Behielt die Nerven, bis sie sich wirklich gegenseitig anstupsten und langsam ruhiger wurden.

Es folgte großes Erstaunen in den Gesichtern: Wieso guckt die so aggro? Was ist denn los? War doch bis jetzt alles ganz entspannt.

Ich stellte mich vor, erklärte etwas zum Arbeitsmaterial und wollte ins Thema der ersten Stunde einsteigen. Für den Anfang hatte ich bewusst etwas gewählt, was meines Erachtens und meiner Hoffnung nach Spaß machte.

Spontane Reaktion: »Haben wir schon mal gemacht.«

Mist! Mir brach ein bisschen der Schweiß aus. Eine neue Lehrerin, die alten Käse auftischt – ein wirklich gelungener Einstieg!

Ich kramte in meinem Erfahrungsschatzkästchen und setzte einen neuen Impuls. Ab da teilte sich die Klasse in zwei Fraktionen: eine, die mir zeigen wollte, dass sie willig war, und eine, die *es* mir zeigen wollte. Es, das war nichts Schlimmes. Sie beschimpften mich nicht. Sie bedrohten mich nicht. Sie schauten mich sogar ganz lieb an. Aber sie taten nicht, was ich sagte. Sie machten gar nichts oder das Falsche.

In den folgenden Minuten war ich so sehr damit beschäftigt, diese Fraktion in ihre Grenzen zu verweisen, dass mir erst sehr viel später auffiel, wie diszipliniert die anderen arbeiteten. Hach, das war doch irgendwie alles schön! Die Lieben waren weiterhin lieb, die Bösen gar nicht mehr so böse. Sie hatten wohl begriffen, dass sie bei mir nicht machen konnten, was sie wollten.

Ich spürte, wie die Anspannung von mir wich. Leider spürten das auch die Schüler. Keine Ahnung, ob sie Geheimsensoren hatten. Vielleicht hatte ich auch einmal zu viel gelächelt. Auf jeden Fall kam nun die große Stunde der eben noch Lieben.

»Ich bin fertig!«, rief mir einer von ihnen zu und zeigte mir ein unansehnliches Fragment.

»Mir tut meine Hand weh«, stöhnte mir der zweite entgegen.

»Und mir meine Augen«, hätte ich gern gekontert, als ich sein Werk inspizierte.

»Ich hab keine Lust mehr.«

»Darf ich aufs Klo?«

»Ich muss dringend ins Sekretariat.«

Langsam wurde die Sache epidemisch. Die Luft war einfach raus. Natürlich waren die bekehrten Bösen nun nicht mehr zu halten. Es konnte ja wohl nicht sein, dass ausgerechnet sie durchhielten. Einer nach dem anderen ließ den Stift sinken.

Ich mobilisierte die letzten Kraftreserven in mir, verfluchte mein Lächeln oder was auch immer der Arbeitshaltung den Garaus gemacht hatte und gab die böse Lehrerin – mit einer leichten Beimischung von Empathie. Ja, ich konnte verstehen, dass man in der letzten Stunde nicht mehr voller Energie war. Aber man musste auch mal durchhalten. Und außerdem war es Pflicht!

Die träge Masse erschrak ein bisschen, gerade so sehr, dass ein paar noch mal in die Arbeit einstiegen. Die anderen taten zumindest so, als ob sie was täten. Waren leise, schmierten ein bisschen vor sich hin und schauten mich nett an, wenn mein kritischer Blick auf sie fiel.

Ich begann zu begreifen, dass sie wirklich müde waren. Ausgepowert! Und dass sie sich gar nicht *so* schlecht benahmen, wenn man bedachte, dass ich an dem Tag vermutlich die fünfte Lehrerin in Serie war, die etwas forderte.

Irgendwann war die Stunde um. Ein Stapel Bilder lag vor mir. Die Stimmung war ganz friedlich. Manche hatten doch etwas Schönes zustande gebracht. Zum Abschied grüßten wir uns freundlich. Zwei Mädchen kehrten noch das Klassenzimmer.

»Die sind so blöd«, sagte die eine zur anderen.

Ich lauschte interessiert.

»Die sind sonst noch viel blöder«, sagte die andere zu mir. »Die furzen manchmal sogar während des Unterrichts.«

Na ja, dachte ich, immerhin hat bei mir keiner gefurzt. Und außerdem – beim nächsten Mal sind *die* keine unbekannte Größe mehr!

Abschreiben oder abschreiben lassen, das ist hier die Frage.

17

LEHRER SIND AUCH NUR MENSCHEN

Darüber, dass die Schüler uns Unterrichtende
oft anders wahrnehmen, als wir sind,
und dass Gerechtigkeit nicht immer einfach ist

Für Schüler sind Lehrer ja vertraut und dennoch irgendwie geheimnisvoll. Was macht der Mann, der da jeden Tag vor mir rumturnt, am Abend? Wie verbringt die Frau, die hier ständig auf saubere Heftführung drängt, ihren Nachmittag? Hat er Kinder? Hat sie Haustiere? Waren sie auch mal Schüler wie ich?

Wenn ich mich richtig erinnere, habe ich mir diese Fragen als Schülerin eher selten gestellt, war aber immer ganz merkwürdig berührt, wenn ich etwas vom Privatleben meiner Lehrer mitbekam.

Als Grundschülerin besuchte ich einmal in den Ferien meine Lehrerin, die ich geradezu verehrte. Ich sah auf einer Leine Unterwäsche hängen und war vollkommen geplättet. Die trugen also auch Unterhosen!

Aus irgendeinem Grund scheinen Schüler ihre Lehrer eher nicht als Menschen einzuordnen, sondern als Wesen vom Lehrerstern. Wenn diese dann von ihrem Stern steigen und die Schülererde betreten, ist das immer etwas eigenartig: Aha, die fahren auch mit dem Bus! Oh, die hat auch ein Kind, das Fußball spielt! Wow, der kauft auch im Supermarkt ein!

Einmal hatte ich eine Klasse, die wollte es ziemlich genau wissen: »Sie haben bestimmt ein Haus.«

»Ja.«

»Sie haben bestimmt ein großes Haus.«

»Na ja, nicht sehr groß.«

Nachdenkliche Pause.

»Hundertprozentig steht bei Ihnen im Garten ein Pool.«

»Haha, nein, nein!«

Ungläubiges Kopfschütteln. Die Stimmung schwankte zwischen Nicht-glauben-Wollen und Enttäuschung. So eine musste doch wohl Luxus haben. Das gab es doch nicht, dass die nicht nobel wohnte! Ich hatte das Gefühl, dass sie mir bis zum Schluss nicht so recht glaubten. Dass die Lebenswelten sich in der Regel nicht berühren, empfinde ich, ehrlich gesagt, als Segen. Ich möchte nicht da wohnen, wo meine Schüler wohnen. Ich möchte nicht, dass meine Schüler da wohnen, wo ich wohne. Ich mag meine Schüler und freue mich immer, wenn ich sie in der Stadt, beim Einkaufen, in der Kfz-Werkstatt oder auf dem Fußballplatz treffe. Aber ich liebe den Abstand, der einkehrt, wenn ich die paar Kilometer fahre, die mein Heim von der Schule trennen. Ich möchte nicht hören: »Sie liegen ja in der Sonne, Frau Monheim!« Und auch nicht: »Am Sonntag waren sie aber lange auf.« Mir reicht schon, dass Facebook die Überwachung möglich macht, wenn ich vergesse, mich dort abzumelden: »Sie waren gestern den ganzen Tag über online. Ich hab's genau gesehen. Und Sie gehen ziemlich spät ins Bett.«

Meine Schüler kennen die alte Familien-Couch, weil die jetzt in einer Leseecke ihren Dienst tut. Sie haben in einem Kinderbuch die Widmung meiner Patentante entdeckt, weil ich das ausgemusterte Buch in die Klassenbücherei eingeordnet habe. Sie wissen, dass mein Mann mal in den USA war, weil ich das erzählt habe, als es gut zum Stoff passte. Und auch, dass ich zur Musik meiner Söhne gern Auto fahre, habe ich ihnen längst verraten. Sie wissen und kennen so viel von mir. Aber ein Hauch von Geheimnis soll noch bleiben. Das dachte ich zumindest – bis zu der Sache mit Abdul. Da hätte ich am liebsten die letzten Geheimnisse gelüftet, weil ich das einfach nicht auf mir sitzen lassen wollte.

Ich hatte mit meinen Schülern über berufliche Pläne gesprochen und sie gefragt, was für *ihre* Entscheidung wichtiger sei – zu erwartende Freude oder zu erwartendes Einkommen.

Nach einer Diskussionsrunde, in der *ich* eine Lanze für den »Beruf aus Neigung« gebrochen, eine Mehrzahl der Schüler sich aber für »Hauptsache, die Kohle stimmt!« ausgesprochen hatte, stand plötzlich die Frage im Raum: »Wie ist es denn bei *Ihnen*?«

»Was glaubt ihr denn?«, fragte ich gut gelaunt.

Und dann kam er, der Hammerschlag: »Ich sehe Sie oft, wenn Sie von der Schule nach Hause fahren. Manchmal schauen Sie so aggro. Ich glaube nicht, dass Ihnen Ihr Beruf viel Spaß macht.« Das war Abdul in seiner ehrlichen Art. Und er grinste ein wenig schief dabei, so als habe er mich ertappt.

Mir fiel die Kinnlade nach unten.

Ich war so sicher gewesen, dass die Schüler spürten, wie gern ich Lehrerin war – und dann das. Na klar, nach einem Unterrichtsvormittag hatte ich kein seliges Lächeln mehr im Gesicht, aber dieser Junge hatte meine Erschöpfung als Abneigung gegen die Schule interpretiert. Dann fiel mir ein, und das tröstete mich ein wenig, dass ich während meiner Laufbahn auch schon Zeugin von Fehlinterpretationen geworden war, die Kollegenverhalten betrafen – Fehlinterpretationen, die völlig an der Realität vorbeigingen: Der eine Lehrer sei so gemein, weil er einen immer drannehme. Der andere sei bestimmt ein Jude, weil er im Geschichtsunterricht immer so über die Juden rede. Frau Y. sei furchtbar blöd, weil man bei ihr so sauber arbeiten müsse. Herr Z. sei irgendwie komisch, er schaue immer so merkwürdig, wenn er mit einem über Fehlverhalten spreche.

Es versteht sich von selbst, dass ich den Schülern nicht Beichten über Kollegen abnehme, geschweige denn entlocke. Aber so schnell kann man oft gar nicht abwehren, dass man nicht doch ein kleines »Geheimnis« über Kollegen erfährt. Ich versuche, solche »Offenbarungen« dann schnell abzuwürgen.

»Wir tratschen hier nicht über andere Lehrer. Sprecht selbst mit ihnen!«

Schließlich möchte ich auch nicht zum Opfer der üblen Nachrede im Unterrichtsgespräch der Nachbarklasse werden. Aber ab und zu bin ich eingeknickt. Nämlich dann, wenn mir mein Gefühl sagte, es könne korrigierend und konstruktiv eingegriffen werden.

Ehrlich gesagt, fände ich es schön, wenn ein Kollege zu den Schülern sagen würde: »Die kenne ich. Sie schaut bestimmt nicht aggro, weil sie euch nicht mag! Sie ist halt einfach fertig und erschöpft – wie viele Menschen nach der Arbeit. Ihr schaut ja auch manchmal ganz schön aggro.«

Ich fände das gerecht mir gegenüber. Aber natürlich muss ein Lehrer in erster Linie den Schülern gegenüber gerecht sein – heißt es immer. Ich bin inzwischen so weit, dass ich aus dem »muss« ein »sollte vielleicht« mache. Ich weiß nämlich, dass es einfach nicht geht. Genauso wenig, wie das Leben immer gerecht zu den Menschen ist, ist es der Lehrer zu seinen Schülern.

Na ja, ein wenig hinkt der Vergleich. Bei Beschwerden über »das Leben« fehlt es am Adressat der Beschwerde. Wem, verflixt noch mal, kann man die Schuld für die missglückte Partnerschaft, das beendete Arbeitsverhältnis, das leistungsschwache Kind, das schmerzende Knie und den Pickel am Kinn in die Schuhe schieben? Der Lehrer aber kann eindeutig habhaft gemacht werden. Er ist für die ungerechte Note, die ungerechte Bemerkung, die ungerechte Sitzordnung verantwortlich. Er ist schuld. Zumindest in den Augen der Schüler und Eltern.

Ja, ich wäre schon gern möglichst gerecht. Mir ist es ein Herzensanliegen, dass meine Schüler das Gefühl haben, bei mir werde nicht mit zweier- bis elferlei Maß gemessen. In meinem Bemühen um Gerechtigkeit stoße ich aber so oft an meine Grenzen, dass ich mir irgendwann im Vorhinein Absolution erteilt habe, und zwar mittels dreier Sätze: Ich bemühe mich immer, gerecht zu sein. Ich weiß, dass es nicht immer zu schaffen ist. Ich sage dies genau so meinen Schülern. Das fängt schon bei Ermahnungen an.

»Immer schimpfen Sie mit mir! Sie sind so ungerecht!«, schleuderte mir neulich ein besonders hibbeliger Schüler erbost entgegen, als mir der Kragen platzte.

Der Junge hatte gefühlte 26 Sekunden lang auf seinem Platz gesessen und war dann auf Comedy-Tournee im Klassenzimmer gegangen, die er für jeweils gefühlte 18 bis 23 Sekunden unterbrach. Jedes Mal nämlich, wenn ich ihn höflich darum bat, sich hinzusetzen und die anderen nicht zu stören.

»Natürlich schimpfe ich immer mit dir!«, hätte ich ihm am liebsten um die Ohren gehauen. »Du bist ja auch die allergrößte Nervensäge am Platz.«

Vermutlich hörte sich das, was ich auf den Vorwurf erwiderte, gar nicht so viel anders an.

»Das ist ungerecht!«, bekomme ich auch zu hören, wenn ich nach endlosem Ermahnen in meiner Not endlich mal einen verdonnere – zu einer kleinen Zusatzarbeit.

Ich tue dies ungern und gegen meine Überzeugung. Das wissen die Schüler. Ich habe es ihnen erklärt. Ich habe ihnen erklärt, dass ich ein Fan von Vernunft bin und dass sich mir die Nackenhaare aufstellen, wenn ich das Wort »Strafarbeit« nur höre.

Schreibe ich also doch mal einen an die Tafel – natürlich in der Hoffnung, dass er den Anblick seines Namens als Schuss vor den Bug empfindet –, ist dies selbstverständlich ungerecht. Alle anderen haben genauso gestört. Nur ihn oder sie, mein armes Opfer also, hat es erwischt. Nicht etwa, weil mein Opfer geradezu nach einer Maßregelung geschrien hat, sondern weil ich so ungerecht bin.

»Der hat dafür einen Punkt bekommen und ich nicht!«

Diese Erkenntnis holt auch den lethargischsten meiner Schüler vom Stuhl. Mit einem Kraftakt, der mich staunen lässt, stemmt er sich aus der Dämmer-Position und stürzt zu mir nach vorn.

»Ja, ich habe diesen Punkt übersehen«, habe ich in meinem Lehrerleben nicht erst einmal gesagt. Und: »Nein, ich wollte nicht ungerecht sein. Ich habe nichts gegen dich.«

Früher schlug mir auch gern folgende Beschwerde entgegen: »Immer sind Sie auf der Seite der Mädchen!«

Kann sein, dass die Beschwerdeführer recht hatten. Kann sein, dass ich alles ein wenig mehr aus der weiblichen Perspektive sah. Immerhin hatte ich 13 lange Jahre als Mädchen in der Schule verbracht und Jungenverhalten oft ganz schön befremdend gefunden. Heute, als Mutter dreier Söhne, versuche ich vehement, beiden Geschlechtern gerecht zu werden. Ich bin ständig auf dem Empathie-Sprung. Ich versetze mich in alles hinein, versuche es zumindest, und sage auch mal Sachen wie: »Da heißt es immer, Jungen stören dauernd. Hier stören gerade die Mädchen!«

»Sie halten immer zu den Jungen«, schmollte kürzlich ein Mädchen. Für einen kurzen Moment freute ich mich. Immerhin war ich nicht wie die Lehrerinnen, von denen mir meine Söhne viele Jahre lang vorgejammert hatten: »Die Mädchen schwatzen dauernd. Und wenn ich einmal meinen Mund aufmache, kriege ich gleich eins auf den Deckel.« Oder auch: »Die Mädchen schleimen sich immer ein.«

Tatsächlich sehen sich fast ausschließlich Jungen als Zielscheibe von Lehrerkritik. Das bestätigten mir auch andere Mütter.

Oh nein, so möchte ich nicht sein! Eine, die ihren Geschlechtsgenossinnen auf den Leim geht. Ich weiß nur nicht, ob die männlichen Wesen nicht auch ihre Methoden haben …

Manchmal wird es ganz kompliziert. Eine Gruppe aus der Klasse ist mit einer anderen in heftigstem Konflikt, Cliquenbildung eben. Die einen beschweren sich über die anderen bei mir und andersherum. Ich wiederum mag die einen wie die anderen. Ich leide fast ein bisschen, ähnlich wie dann, wenn sich meine eigenen Kinder streiten. Ja, ja, ich weiß, dass wir Menschen nicht auf dem Dauer-Peace-and-Smile-Planeten leben, aber ich hätte es halt so gern, dass die eigenen Schäflein immer lieb zueinander wären. Doch das sind sie definitiv nicht.

In solchen Situationen heißt es nicht mehr »gerecht sein«, sondern »gerecht werden« – der strittigen Angelegenheit nämlich. Soll ich mir einfach alles anhören, mich aber raushalten? Muss ich Nachforschungen anstellen, Detektiv spielen? Ist gar ein Eingreifen erforderlich, um Unheil abzuwenden? Und wie greife ich ein, damit es möglichst gerecht zugeht?

Ich mag solche Situationen nicht, aber ich kann mich nicht drücken. Also versuche ich es – stets aufs Neue.

Sei schlau,
bleib dumm!

18

SCHÜLER – DIE FREMDEN WESEN

Über meine Angst, mit der Entwicklung der Jugendlichen und den neuesten Trends irgendwann nicht mehr mitzukommen n diesem Jahr hat sich etwas Magisches vollzogen: Zum ersten Mal ist keines meiner eigenen Kinder jünger als meine Schüler.

So banal dieser Satz auch klingen mag – für mich manifestiert sich in ihm eine dramatische Wende, deren Ausmaße ich noch nicht abschätzen kann. Es ist nicht die erste Zeitenwende meines Lehrerlebens. Genau genommen kann ich meinen beruflichen Werdegang in vier Phasen unterteilen:

1. Phase: Ich bin im wahrsten Sinne des Wortes eine Jung-Lehrerin.
Ich bin so entsetzlich jung, dass ich mich den Schülern oft näher als den Betreuungslehrern fühle. Ich muss aufpassen, dass ich mich nicht mit ihnen solidarisiere, wenn Lehrer »durchgreifen«. Genau genommen, fühle ich mich noch als eine von ihnen.

2. Phase: Ich bin eine ganz normale erwachsene Lehrerin ohne Kinder.
Ich bin älter geworden und habe so oft unter Schülerverhalten gelitten, dass mir die Solidarität ein wenig abhandengekommen ist. »Der Lehrer ist der natürliche Feind des Schülers«, verrät mir eine ältere Kollegin, die von ihren Schülern geliebt wird. »Das ist einfach eine Frage der Rollen. Du kannst sie von Herzen mögen, aber für sie bist du … eine Lehrerin eben.«

3. Phase: Ich bin Mutter dreier Kinder im Alter meiner Schüler und Lehrerin.
Ich bin noch viel älter geworden und habe so oft unter dem Verhalten meiner eigenen Kinder gelitten, dass mir das meiner Schüler gar nicht mehr so schlimm vorkommt. Wenn ältere Kollegen ohne Kinder oder mit erwachsenen Kindern über »die Schüler« lästern, bin ich nicht dabei. Es käme mir so vor, als lästere ich über meine eigenen Kinder.

4. Phase: Ich bin Mutter dreier großer Kinder und eine ältere Lehrerin.

Genau diese Epoche hat jetzt begonnen. Und – ehrlich gesagt – graut mir davor, wie es weitergeht.

Bisher war es ein Klacks, mich meinen Schülern nah zu fühlen, ja nah an ihnen dran zu sein. Ohrstöpsel und mediale Vielfalt als menschliche Grundbedürfnisse, Haarstyling als zentrales Pubertätsthema, nachtaktives Verhalten in der eigenen Räuberhöhle – für viele meiner Kollegen eine befremdende, unverständliche Welt, für mich nicht.

Die Musik, die bei uns zu Hause wummerte, war auch *ihre* Musik. Und wenn nicht, erhielt ich vonseiten meiner Söhne zumindest eine Grundschulung. Filme und Fernsehserien, die bei ihnen zentrale Bestandteile der Lebensfreude waren, waren dies auch bei uns. Nicht immer dieselben, aber das Prinzip war ähnlich. Einmal stellte sich sogar heraus, dass die Lieblingsserie meiner Schüler genau die war, die ich mit meinem Sohn so gern guckte. Keine schlechte Basis für ein Nähegefühl zu den Schülern! Selbst mit ihren Lieblings-Comedians und deren Gags stand ich auf gutem Fuß. »Was laaabersch du?« und »Hasch du überhaupt geleeernt?« konnte ich so wunderbar locker in meinen Unterricht einfließen lassen.

Wie soll das nur weitergehen? Mir graut wirklich davor, bei kleinen Scherzen, die durchs Klassenzimmer fliegen, außen vor zu sein – oder gar die Spaßbremse zu geben: »Und das soll witzig sein?«

Ehrlich, ich möchte den Anschluss nicht verlieren! Aber was soll ich tun? Ein paar Jungs von der Straße adoptieren? Den eigenen Kindern Antireifungspillen verabreichen? Oder als Jugendforscherin undercover in Discos, Jugendzentren und Fastfood-Ketten herumlungern? Noch kommuniziere ich mit meinen Schülern über verschiedene Medien. Wir stehen in Chat-Kontakt, sind »Freunde«

auf Facebook, mailen und simsen. Viele Kollegen können das nicht verstehen. Ich verstehe mich da meist sehr gut, gelegentlich aber doch nicht mehr, nämlich dann, wenn die Nähe zum Problem wird.

Stefan, die Nervensäge, ist privat total nett, in der Schule aber, na ja, eine Nervensäge eben. Jusuf, der Coole, der mir am Abend im Chat noch offenherzig von seiner Lernunlust berichtet hat, sitzt mir plötzlich als Schüler gegenüber, dessen Minderleistung ich sanktionieren muss. Ausgerechnet der lieben Amanda, die mir die sieben Katastrophen ihres Lebens erzählt hat, muss ich eine schlechte Note um die Ohren hauen.

Wenn ich mich dergestalt in der Klemme fühle, sehe ich meinem Altern und Immer-weiter-Wegrücken von den Schülern fast schon freudig entgegen. Tja, wenn wir dereinst in verschiedenen Welten leben, wird mich vieles nicht mehr so berühren.

Die Freude währt genauso lange wie der Frust. Und den habe ich im Normalfall schnell überwunden. Dann finde ich es wieder total schön, nicht mit unbekannten Wesen zu arbeiten, sondern mit Menschen, die mir nah sind. Und ich hoffe, dass es nie eine fünfte Phase geben wird, die da lautet: Ich bin eine alte Lehrerin und so weit weg von den Schülern, dass ich ihre Welt schlicht zum Kotzen finde.

Egal, wie weit sie von uns Lehrern weg sind – diese jungen Menschen liefern uns die ganze Vielfalt menschlicher Charaktere. In all diesen jungen Menschen sehen wir, was sie jetzt sind – und gleichzeitig, was sie einst werden können. Wir sehen Mitläufer, Opfer, Anführer, Denunzianten, Komödianten, Intriganten, Egoisten, Altruisten, Schleimer, Duckmäuser, Treter, Schinder … Kurz gesagt, wir sehen die Welt im Kleinen und im Jungen.

Manchmal kann man – gerade als ältere Lehrkraft – darüber nachsinnen, ob man mit seinen gedachten Prognosen einst richtig lag. Ist der gut gekleidete und große Töne spuckende Verkäufer die Fleisch gewordene Konsequenz des ehemaligen Schleimers? War die sozial engagierte, etwas dickliche Frau in der dürren und schüchternen Schülerin schon angelegt? Ließ der einst so mürrische und der Arbeit eher abgeneigte Jugendliche schon irgendwie auf den hoch sympathischen Erwachsenen von heute schließen?

Tja, das mit den Prognosen ist eben nicht so einfach.

Wo ein Kopf ist, ist meistens auch ein Brett.

19

IMMER STYLISH!

Darüber, dass auch Äußerlichkeiten
bei Schülern und Lehrern eine Rolle spielen

Wir hatten eine neue Kollegin bekommen, die auch nicht mehr ganz jung war. Nach ein paar Tagen bot ich ihr das Du an.

Sie nahm strahlend an und sagte: »Gern! Ich wollte dich auch schon fragen. Aber weißt du: Ich bin konservativ. Du bist älter. Also musstest *du* es mir anbieten.«

Mein erster Gedanke war: Woher weiß die, dass ich älter bin? Mein zweiter: Ja, die ist wahrscheinlich wirklich jünger. Und mein dritter: Verdammt, warum trifft mich das so hart?

In meiner ersten Zeit als Lehrerin verwies mich der Hausmeister beim Brezel-Verkauf ans Ende der Schlange, weil er meinte, ich drängele mich vor. Dabei führte ich Aufsicht. Die männlichen Schüler glotzten mir auf den Busen und machten schon mal anzügliche Bemerkungen. Während meiner ersten Schwangerschaft schwärmte ein Schüler: »Sie gefallen mir so gut. Könnten Sie bitte eine Tochter kriegen?!« Die Schülerinnen wiederum bewunderten meinen Style und bescheinigten mir, ich sehe aus wie Madonna, was kein bisschen stimmte. Ich war – im Vergleich zu den vielen älteren Kolleginnen – die junge, flotte Frau, die so modern war, dass man sie zumindest dafür bewunderte.

Als ich nach 16 Jahren in den Beruf zurückkehrte, war ich 47 und mein jüngstes Kind sieben Jahre alt. Ich betrat das Lehrerzimmer zur ersten Konferenz und dachte im selben Moment: Sind die alle alt! Und dann: So alt wie ich vermutlich. Natürlich hatte ich recht. Der Großteil war zwischen Mitte vierzig und Ende fünfzig. Ich fügte mich gut ein.

Irgendwann erzählte ich empört einer Klasse – es passte zum Unterricht –, was ein Eisverkäufer kurz davor zu meinem Sohn gesagt hatte: »Die Oma kauft dir bestimmt ein großes Eis.«

Die Klasse lachte nicht. Ich spürte 21 interessierte Blicke.

Dann meldete sich ein Schüler und sagte eifrig: »Ich weiß, warum der das gemeint hat. Weil Sie so viele Falten haben.«

Ich behielt die Fassung, aber innerlich hatte ich zu knabbern.

Inzwischen höre ich reihenweise ganz liebe Bemerkungen à la: »Meine Oma ist auch 56.«

Schüler erkundigen sich ganz selbstverständlich nach meinen Enkelkindern.

Ich gebe zu, dass ich neidvoll auf die glatte Haut junger Kolleginnen schiele und in jeder von ihnen ein kleines bisschen die blutjunge Lehrerin sehe, die ich selbst doch gerade erst war.

Anlässlich einer Feier tauchte unlängst eine Kollegin auf, die ich seit vielen Jahren nicht gesehen hatte. Wir hatten zusammen studiert, dann aber nicht mehr viel miteinander zu tun gehabt. Ich war entsetzt. Diese ältere Dame war mein Jahrgang?! Wohin waren Jugend und Schönheit verschwunden? Wie konnte man so altern? Wie unendlich weit weg musste sie den Schülern vorkommen. Ich wunderte mich, bis mein Blick in den Spiegel fiel: noch eine ältere Dame!

»Hören Sie immer so Volksmusik?«, fragten mich neulich eiskalt ein paar der Lackel, denen ich erzählt hatte, wie gern ich während des Autofahrens Musik höre. Volksmusik, pah! Die spinnen wohl.

Eines ist bei der ganzen Sache wirklich bitter: Die Lehrkraft tritt ja grundsätzlich vor Publikum auf. Alles, was ihr Äußeres betrifft, wird registriert. Viele langweilige Unterrichtsstunden lang haben die Schüler Zeit, alles, aber auch wirklich alles zu erfassen: ob aus der Frisur eine Haar-Antenne ragt, ob der Lippenstift über die Ufer getreten ist, ob man mit dem kecken schwarzen Röckchen mal eben an der Tafel vorbeigeschrubbt ist …

Als ich in der Zeitung vom Fall einer Lehrerin las, die ein Disziplinarverfahren an den Hals bekam, weil sie vor einer Mädchen-Klasse infolge »hormonell bedingter Hitzewallungen« für einen kurzen Moment ihren Rücken samt BH entblößt hatte, stockte mir der Herzschlag. Hätte ein derartiges spontanes Agieren vor Publikum nicht auch mir passieren können? Hätten meine Schülerinnen mich dann auch eklig gefunden?

Mit einer Sache aber habe ich schon oft gepunktet: Eine mir sehr liebe junge Frau ist Besitzerin einer schicken Schuhboutique. Und da ich sie erstens mag, sie deshalb zweitens unterstützen möchte und sie drittens stets erschreckend schönes Laufwerk präsentiert, kaufe ich dort mehr, als ich müsste. Sprich: Ich trage oft echt stylishe Schuhe. Wow, das kommt gut!

»Die High Heels, die Sie neulich anhatten, die knallroten, die waren geil«, loben mich zwei bereits heftig zur Frau erblühte Mädchen mit respektvollem Zunicken auf dem Schulflur.

»Oh, Ihre Schuhe sind voll schön!«, sagt ein Mädchen, das gern schon groß wäre, mit schwärmerischem Blick nach unten, während ich oben unterrichte.

»Hm, elegante Schuhe!«, meint mit Kennerblick ein männliches Wesen.

Tja, mit Style kann man punkten. Denn der »Jugend von heute« ist das Äußere, der Style eben, extrem wichtig. Laut aktueller Shell-Studie gaben 91 Prozent der Jugendlichen an, dass man einfach »toll aussehen« müsse.

Obwohl ich das rein theoretisch nicht wichtig finde, muss ich zugeben, dass ich *auch* ein Augenmensch bin. Sprich: Ich schaue mir gern Dinge und Lebewesen an, deren Anblick mein Herz erfreut. Natürlich wähle ich meine Freunde nicht via Casting aus, aber ich selbst möchte einfach nicht wie Frankensteins Oma durchs Leben und in die Schule gehen. Ich gebe mir also stets Mühe, gut auszusehen. Ungeschminkt gehe ich nicht in die Schule. Ich gucke während des Unterrichts immer mal in den Spiegel. Ich kontrolliere nach jedem Toilettengang, ob nicht ein Rockzipfel in der Strumpfhose steckt und mich der Lächerlichkeit preisgibt.

In dieser Hinsicht bin ich vorbelastet: Als frischgebackener Gymnasiastin, die von der Mädchenschule kam, war mir genau dies widerfahren. Ich war zum Stundenwechsel auf dem Klo gewesen und wandelte stolz mit meinem neuen Röckchen über den Schulflur zurück. Aus einer offenen Klassenzimmertür glotzten ein paar größere Jungen. Bei meinem Anblick brüllten sie vor Lachen. Ich schämte mich, ohne zu wissen wofür. Dann sah ich an mir herunter und um mich herum und erstarrte: Der Rock steckte hinten im Strumpfhosenbund.

Einmal wollte ich ärmellos zur Schule gehen, stellte kurz vor dem Losfahren aber fest, dass meine Achselhöhlen einen Hauch von Haarwuchs preisgaben. Das war das Aus für das süße kleine T-Shirt. Angesichts des Ekels der heutigen jungen Generation vor Körperbehaarung zog ich mich wieder um. Am Ende hätten sie sich noch zugezischt: »Frau Monheim hat Achselhaare und kämmt sie jeden Tag.« Nein, einen solch widerlichen Anblick kann man seinem Publikum einfach nicht antun!

Einen Vorteil hat das mit dem Älterwerden aber doch. Um den zu erklären, muss ich etwas ausholen: Es soll ja Frauen geben, die in ihrem Zorn so schön aussehen. Ich selbst habe dies als junge Frau vor dem Spiegel mehrmals überprüft und das Ergebnis dieser Tests im Laufe der Jahre immer wieder verifiziert: Auf mich trifft es nicht zu! In meinem Zorn sehe ich nicht so schön, sondern so hässlich aus. Früher, als ich mich noch jung und prinzipiell eher schön fühlte, überkam mich manchmal mitten im Zorn – egal bei welcher Gelegenheit – eine Ahnung davon, wie mein Gesicht gerade zur Fratze mutierte. Davon verging der Zorn nicht, aber ein leichtes Unbehagen stieg in mir auf. Heute kann ich im Unterricht hemmungslos schauen, wie ich will. Ich weiß, dass ich von meinen jetzigen Schülern ganz bestimmt nicht über mein angenehmes Äußeres definiert werde. Für sie bin ich eine ältere Frau, bei der es so was von egal ist, wie sie in ihrem Zorn schaut. Das schenkt mir Freiheit. Und Freiheit ist ja auch etwas Schönes.

Die Schüler hingegen sind überhaupt nicht frei. Sie *müssen* irgendwie gut ausschauen. Das ist ihnen ja auch laut Statistik furchtbar wichtig – siehe oben. Zumindest wenn sie cool und angesagt sein wollen. Auf Facebook posten sie reihenweise Fotos, mit denen sie auf Jagd nach Kommentaren wie »Hüpsche!« oder »Wuuunderschööön!« gehen. Sie fotografieren sich selbst oder gegenseitig – und schon ist das Bild im Netz.

Sie sagen auch gern: »Ich seh so schrecklich aus«, und betreiben Fishing for Compliments.

Sie machen an ihren Haaren rum und müssen ständig am Spiegel kontrollieren, ob alles noch sitzt. Zu diesem Zweck ist auch »Ich muss aufs Klo« gut geeignet. Dort kann man nicht nur verbotenerweise rauchen oder mal eben eine Auszeit vom Unterricht nehmen, sondern sich auch so richtig aufhübschen.

Angesichts einer derartigen Wertigkeit von Äußerem tun mir die Schüler schrecklich leid, die da nicht mithalten können, die dick sind oder wenig hübsch, die das Gesicht voller Pickel haben oder Haare, die in kein Modeschema passen. Gelobt sei, was hart macht – das ist nicht wirklich mein Spruch. Ich kann mir die Höllenqualen sehr gut vorstellen, die die Kids da durchleiden.

Ich selbst war noch lang und dürr, ohne weibliche Formen und ohne Style, als meine frühreifen Freundinnen längst mit dem Busen wackelnd auf Jungenfang gingen. Ich fühlte mich so was von daneben. Die Krönung war, als ich von einer Schulkameradin vor jeder Menge Mitschülerinnen wegen meines biederen Outfits nach allen Regeln der Häme fertiggemacht wurde.

»Du kannst froh sein, dass deine Mutter noch ein bisschen Geschmack hat«, zischte mir das Mädchen überheblich entgegen. »Du selbst hast überhaupt keinen.«

Die Gefühle von damals habe ich bis heute nicht vergessen.

Das mit dem Diktat des schönen Äußeren hat bei meinen Schülerinnen schon skurrile Früchte getragen: Zwei Mädchen aus meiner Klasse waren plötzlich verfeindet. Meine Recherchen ergaben dies als Grund: Schülerin 1 schminkte sich wie Miley Cyrus. Schülerin 2 tat dies auch. Angeblich hatte sie nun mit einem Mal den gleichen Style wie Schülerin 1.

Diese schrie daraufhin: »Die macht mir alles nach. Das ist mein Style! Ich hasse sie.«

Auf die Vorwürfe angesprochen, lachte Schülerin 2 schallend und schrie der Kontrahentin entgegen: »Dein Style ist so was von scheiße. Ich wüsste nicht, warum ich den nachmachen sollte.«

Die beiden sind meines Wissens keine Freundinnen mehr geworden. Aber der Style ist immer noch wichtig.

Habt ihr schon unseren neuen
Sportlehrer gesehen? Wow!

☆ ☆
   ☆

20

MULTIKULTI GEHT CHRISTKINDLMARKT

Über Klassen mit Schülern verschiedener Herkunft, Kulturen oder Religionen und ihre Gemeinsamkeiten

Viele Schüler verschiedener Herkunft, Kulturen und Religionen tummeln sich bei uns an der Schule. Das ist natürlich nicht immer einfach. Wenn mehr als zwei Menschen in engen Räumen aufeinandertreffen, geht es ja grundsätzlich schon mal zu wie Kraut und Rüben. Komplett unterschiedliche Herkunft toppt dies, das ist klar.

Jurij beispielsweise kennt den Alkohol als treuen Begleiter seiner Eltern, für Nihad ist Alkohol das Böse schlechthin. Mia brezelt sich süß, schnuckelig und sexy auf, Selen rückt ihr Kopftuch noch tiefer in die Stirn. Yuen strahlt die Gelassenheit einer Fleisch gewordenen Schlaftablette aus, Abdul ist ein Heißsporn, dem es schon bei einer falschen Berührung in den Fingern juckt.

Dass man sich im einen wie im anderen Sinne nicht immer versteht, überrascht also nicht. Was ich eher überraschend finde, ist Folgendes: Ich erlebe das Nicht-Verstehen selten. Schon in meinem früheren Leben, also vor der großen Mutter-Pause, hatte ich Multikulti-Klassen. Seit ich wieder eingestiegen bin, habe ich hier Multikulti extrem. Und ich mag es, meist jedenfalls. Wenn die Grenzen urplötzlich nicht mehr spürbar sind, nicht mehr zu existieren scheinen, weil in einem Raum einfach *Menschen* zusammen sind. Wenn bei der Gruppenarbeit Köpfchen verschiedenster Hautfarbe zusammengesteckt werden. Wenn Nancy auf eine kleine Verarsche lachend antwortet: »Bloß weil ich schwarz bin!«

Einmal hatten wir in einer Lerngruppe vier Weltreligionen versammelt: Islam, Christentum, Hinduismus und Buddhismus. Es ergab sich, dass die Schüler von ihren Religionen erzählten und selbst ganz erstaunt waren, wie sehr sich manches ähnelte. Nicht im Traum wären sie auf die Idee gekommen, sich wegen der Unterschiede die Köpfe einzuschlagen. Sie wirkten da sehr entspannt.

Angesichts von Annäherungen quer durch alle Kulturen und Sprachen, ja von regelrecht intensiven Multikulti-Freundschaften überfällt mich das Gefühl: Von denen können die Alten noch was lernen.

Einmal gab es einen fast schon magischen Moment. Anlässlich eines öffentlichen Auftritts war plötzlich Folgendes unübersehbar:

a) »Die Deutschen« waren unter den jungen Leuten deutlich in der Minderzahl.

b) Die nicht-deutsche Mehrheit setzte sich aus acht Nationen zusammen.

c) Die Angehörigen der Gruppen a) und b) hatten keinerlei Probleme miteinander.

Bis heute winsle ich vor Freude, wenn ich c)-Momente erlebe und wenn ich sehe, dass die jungen Migranten sich durchaus Gedanken darüber machen, was es so schwierig macht. Zum Beispiel die oft extremen Unterschiede zwischen den Werten ihrer Heimat und denen, die hier bei uns gelten. Zum Beispiel die Zerreißproben, wenn die Erwartungen der Eltern allzu sehr von den eigenen Lebensentwürfen abweichen. Zum Beispiel auch das, was von außen an Vorurteilen und Diskriminierungen an sie herangetragen wird.

Man mag mir Naivität unterstellen. Geschenkt! Ich freue mich über dieses zarte Pflänzlein der Verständigung und möchte alles tun, was in meiner Macht steht, damit es nicht zertreten wird.

Komisch kann Multikulti übrigens auch sein, weil es viele interkulturelle Missverständnisse gibt. Einem bin ich selbst aufgesessen. Wenn ich junge TürkInnen etwas fragte, antworteten sie oft mit einer Art »Tsss!« und schüttelten – wie ich meinte – verächtlich den Kopf. Ich verstand nicht, warum sie diese Art von Arroganz an den Tag legten, und spürte eine von Mal zu Mal heftiger werdende Gereiztheit. Bis sich durch Zufall herausstellte, dass »Tsss!« plus Kopfschütteln einfach nur »Nein« bedeutet. Inzwischen bin ich selbst schon geneigt, mit »Tsss!« plus Kopfschütteln zu antworten, wenn mein Sohn etwas von mir will, was mir nicht passt.

Natürlich lernen die Schüler auch voneinander. Pädagogisch wertvoll ist das allerdings nicht immer.

»Wenn ich sauer bin, fluche ich mit dem Wort, das mir in dem Moment einfällt. Man kriegt ja so viele Ausdrücke in jeder Sprache in der Schule mit!«, antwortete eine meiner ehemaligen Schülerinnen offen auf die Frage, was die Vielsprachigkeit für sie bedeute.

Einmal las ich mit meiner Klasse einen Sachtext. Sie hatten den Auftrag, unbekannte Wörter zu markieren. Ich las ihnen den Text auch vor. Kein Einziger fragte nach dem – in meinen Augen – schwierigsten Wort: »Pyjama«. Ich zeigte mich erstaunt, fast ungläubig und ein wenig spöttisch. Die Schüler waren ja wohl nicht ehrlich gewesen. Waren sie aber doch! Denn das Wort gibt es – zumindest dem Klang nach – in allen Sprachen, die wir im Klassenzimmer versammelt hatten. Und das waren insgesamt acht. Wir konnten nicht anders, als festzustellen: »Wow, nicht nur wir Menschen, sondern auch unsere Sprachen haben Gemeinsamkeiten!«

Ja, und dann gibt es auch noch die verschiedenen Feiertage. Ich hängte mal einen Kalender der Kulturen ins Klassenzimmer. Ich glaube, ich war die Einzige, die ihn bewegend fand.

Wenn die Moslems an ihren hohen Feiertagen unterrichtsfrei haben, bleiben manche daheim und manche kommen trotzdem. Einmal erschien Bulut – noch in Feiertagskleidung – und wollte »noch ein bisschen Schule gehen«. Wir normal Gekleideten starrten ihn bewundernd an, weil er einen so tollen Anzug trug und auf einmal wie ein Mann aussah.

Manchmal lasse ich sie von ihren Sitten und Gebräuchen erzählen und irgendwie bekommen da immer ein paar glänzende Augen. Das ist nun wirklich mal etwas, was sie mir voraushaben.

Fast schon lustig ist es vor Weihnachten. Eigentlich jedes Jahr kommt da die Frage nach dem Christkindlmarkt – gerade auch von denen, die keine Christen sind: »Geh ma dieses Jahr Christkindlmarkt?«

Ich sehe das leicht verklärte Lächeln und die hoffnungsvollen Gesichter.

»Würde euch das denn freuen?«, frage ich.

»Ja!« Alle nicken, lächeln oder schweigen zustimmend.

Einmal war es wieder so weit. Rosa freute sich am meisten. Ich zog in Erwägung, der Klasse den Gefallen zu tun, obwohl ich schon privat eher ungern auf den Christkindlmarkt gehe. Mit einer Horde Sechstklässler lockt mich das noch weniger.

Dennoch stellte ich in Aussicht: »Schauen wir mal, wie die letzten Wochen vor den Weihnachtsferien laufen.«

Die letzten Wochen liefen so, dass die Schüler immer unmotivierter und undisziplinierter wurden. Ich ärgerte mich grün und blau. Eine Kollegin bestätigte mir: Ja, auch bei ihr haben sie sich schon mal viel besser benommen.

Ich sprach mit der Klasse, sprach auch das Thema »Christkindlmarkt« an und spürte: Sie bemühten sich – und zwar dergestalt, dass sie mich zwar immer noch nervten, aber lieb schauten und »Christkindlmarkt gehen« wollten. Rosa wollte am meisten.

»Okay«, sagte ich, »wir gehen am Donnerstag vor den Weihnachtsferien.«

Für diesen Donnerstag hatten wir auch unseren vorweihnachtlichen Austausch der Geschenke geplant. Jeder hatte am Anfang der Adventszeit den Namen eines Mitschülers gezogen – mit dem Auftrag, diesem vor den Weihnachtsferien etwas Persönliches zu schenken.

Am Mittwoch fragten sie: »Geh ma morgen jetzt Christkindlmarkt?«

»Klar«, sagte ich, »ist doch ausgemacht. Und danach beschenkt ihr euch.«

»Ich hab aber noch nichts gekauft«, sagten fünf beleidigt.

Ich spürte, wie mir der Kamm schwoll.

»Immer noch nicht?«, herrschte ich die fünf empört an. »Mann, das haben wir vor drei Wochen ausgemacht.«

»Mann, ich hatte kein Geld, ey«, sagte einer.

»Ich weiß nicht, was ich dem schenken soll, den ich gezogen habe«, sagten zwei.

»Ich hatte keine Lust«, sagte eine.

»Mir ist nichts eingefallen«, sagte Rosa.

»Wer wirklich noch nichts hat, kann ja morgen auf dem Christ-kindlmarkt noch etwas besorgen. Aber ohne dass es der sieht, den ihr beschenkt«, bot ich an und bemühte mich um eine weihnacht-lich friedvolle Stimme.

Keiner widersprach, alle schauten zustimmend.

Am Donnerstag beschwor ich sie: nur Christkindlmarkt, kei-ne Geschäfte, nur in Gruppen, kein Blödsinn! Dann zogen wir los. Im Bus waren alle extrem friedlich. Ich begann, mich zu freuen. Auf den Christkindlmarkt gehen war irgendwie doch schön.

»Wir dürfen aber schon Burger King gehen?«, fragte Rosa.

»Nein«, sagte ich, »hab ich doch deutlich gesagt.«

»Ich hab aber Hunger«, maulte sie.

»Du wolltest doch zum Christkindlmarkt gehen«, maulte ich zurück.

Rosa brütete vor sich hin. Als wir ausstiegen, begann es zu regnen.

»Alles ganz anders!«, schrie ich in die Runde. »Wir gehen jetzt doch ins Kaufhaus rein. Vielleicht hört der Regen bald wieder auf.«

Wir zogen los, Glucke gefolgt von Rattenschwanz. Nach 15 Minuten versuchten wir es erneut. Tatsächlich, der Regen hatte aufgehört. Als ich durchzählte, fehlte Rosa.

»Verflixt!«, sagte ich. »Gerade jetzt, wo es nicht regnet!«

»Die ist bestimmt noch im Kaufhaus. Die folgt nie«, sagten ein paar der Jungen.

»Und ihr Handy hat sie auch verloren«, sagte eine.

Wir warteten. Wir ärgerten uns. Ich schickte alle zum Christkindlmarkt.

»Treffpunkt in einer halben Stunde am Haupteingang!«, sagte ich.

Dann ging ich zurück ins Kaufhaus. Ich fand Rosa in der Kosmetikabteilung. Meine angesäuerte Miene ließ sie kalt. Sie schaute verzückt auf drei Lippenstifte, die sie in der Hand hielt.

»Geht's dir noch gut?«, herrschte ich sie an.

Sie verstand nicht, was ich meinte.

»Du entfernst dich einfach von der Klasse!«

»Ich brauche doch ein Geschenk«, sagte sie verträumt und starrte noch immer auf die Lippenstifte.

»Du hättest mir Bescheid sagen müssen. Die ganze Klasse hat auf dich gewartet.«

Rosa bezahlte einen der Lippenstifte und schritt hinter mir nach draußen. Es regnete wieder.

»Die anderen waren wenigstens für ein paar Minuten trocken auf dem Christkindlmarkt«, schimpfte ich vor mich hin. »Du nicht.«

Rosa schien das nicht zu bedauern. Überhaupt schien der Christkindlmarkt nicht mehr so das Thema zu sein. Sie machte ein beleidigtes Gesicht.

Auf dem Christkindlmarkt liefen wir als Erstes Sarah über den Weg. Sie empfing Rosa triumphierend: »Die Jungen haben gesagt, dass du blöd bist.«

Rosas beleidigte Miene mutierte ins Empörte.

»Selbst schuld«, sagte ich gehässig. »Wärst du bei der Klasse geblieben, hätten die das nicht behauptet.«

»Ich brauchte doch ein Geschenk«, zeterte Rosa.

»Das ist im Moment so was von egal«, schnauzte ich.

»Die sind so gemein«, steigerte sich Rosa in Rage. »Ich habe nur ein Geschenk gekauft.«

Ich beschloss, sie zu ignorieren, und schlenderte über den Christkindlmarkt zum Treffpunkt. Alle naselang traf ich auf meine Schüler. Sie sahen bei Weitem nicht so durchnässt aus, wie ich mich fühlte. Sie aßen Würstchen oder tranken Kinderpunsch. Sie waren lieb. Nur Mario stand abseits und schaute leidend.

»Was ist denn los?«, fragte ich.

Mario drückte Tränen und stammelte etwas, was ich nicht verstand. Schließlich entnahm ich seinen und den Erklärungen seiner schief grinsenden Klassenkameraden, dass gebrannte Mandeln das Thema waren.

»Ich kann die nicht ausstehen«, stieß Mario hervor. »Da wird mir schlecht.«

»Haben sie dich gezwungen, welche zu essen?«, fragte ich erschüttert.

Die Klassenkameraden schüttelten sich vor Empörung. Niemals würden sie so etwas tun! Man wird doch wohl noch in Ruhe seine Sachen essen dürfen. Der ist doch selbst schuld, wenn er da einfach so herumsteht, während man genüsslich schmatzt.

Einer sagte: »Komm, fahren wir zurück! Es ist so nass. Wir haben doch eh noch das mit den Geschenken.«

Die anderen stimmten ihm zu und wandten sich in Richtung Bus.

»Nein!«, rief ich. »Wir sind doch noch nicht komplett. Der Treffzeitpunkt ist erst in sieben Minuten.«

Sieben Minuten später waren alle da. Rosa schimpfte vor sich hin.

»Ihr dürft nicht über mich erzählen, dass ich blöd bin«, tobte sie.

Die Jungen grinsten, Rosa tobte noch mehr.

Ich sagte: »Reg dich doch ab! Natürlich bist du nicht blöd. Aber du hast dich halt blöd benommen.«

»Sie halten immer zu den Jungen«, erwiderte Rosa.

Wir fuhren mit dem Bus zurück zur Schule und freuten uns über das warme, trockene Klassenzimmer. Dann richteten wir alles für den Austausch der Geschenke her. Es ließ sich gut an. Die meisten hatten sich wirklich nette Überraschungen ausgedacht und die meisten Beschenkten freuten sich sichtlich.

»Puh, mir wird schlecht«, stöhnte Max plötzlich.

»Was ist denn los?«, fragte ich ratlos.

»Der hat Elinors Bonbon gegessen.«

Es stellte sich heraus, dass Elinor Bonbons verschenkt hatte, die grenzwertig schmeckten. Es stellte sich ferner heraus, dass Max sich verbotenerweise eines in den Mund geschoben hatte.

»Puh, schmeckt das scheiße!«, stöhnte Max.

»Jetzt reicht's mir!«, schrie Elinor. »Meine Bonbons sind nicht scheiße.«

»Mir reicht's auch«, schrie ich und spürte, wie mein Blutdruck stieg.

»Ich finde«, sagte Mehmet ruhig, »wir sollten jetzt einfach mit dem Schimpfen aufhören.«

»Ich finde«, sagte ich und atmete dreimal tief durch, »das ist eine sehr gute Idee.«

Dass das mit dem Christkindlmarkt vielleicht keine so gute Idee war, sagte ich nicht.

Anja hat echt schöne T****n!
Bist ja nur neidisch!!!

21

IN ALTER VERBUNDENHEIT

Darüber, wie erstaunt ich oft bei Begegnungen
mit ehemaligen Schülern bin

m Nu sind aus Schülern, die einem so am Herzen lagen oder einem so auf den Nerven herumtrampelten, »die Ehemaligen« geworden. Manche sieht man nie wieder, andere tauchen erstaunlich oft auf und einige fragen sogar, ob sie sich noch einmal in den Unterricht setzen dürfen.

Manche halten flammende Reden an die Jüngeren: »Ich war auch voll faul immer, aber jetzt weiß ich, dass das voll scheiße war ...«

Die aktuellen Schüler bestaunen diese »Alten«, aber sie hören nicht auf sie.

Kürzlich hatte ich Luisa, eine frühere Schülerin, zu Besuch. Im Nachhinein rechnete ich aus, dass sie 15 Monate zuvor noch Schülerin dieser Schule gewesen war. Sie hatte inzwischen ein Baby bekommen. Ich fragte sie, ob sie ein bisschen erzählen wolle. Klar wollte sie. Die Schüler siezten sie höflich und starrten sie an wie ein unbekanntes Wesen. Luisa bestand auf dem »Du«. Ich glaube, das »Sie« war ihr unheimlich. Ich konnte es selbst nicht fassen, wie groß die Distanz war.

Nicht immer sind Ehemalige, die ihrer alten Schule und ihren alten Lehrern einen Besuch abstatten, so offen wie Luisa. Manche geben entsetzlich an, andere wirken verzagt und sagen fast nichts.

Wenn ich »meine Ehemaligen« irgendwo in der Stadt treffe, wird mir immer total rührselig zumute. Ich will alles wissen: wie es ihnen geht, was sie so machen, wie sich die Probleme weiterentwickelt haben, die ich noch mitbekommen habe, ob sie zufrieden sind. Ich fühle mich dann wie eine Mutti, die ihr Kind nach langer Zeit wiedersieht.

Neulich fuhr ich nächtens durch die Stadt und sah an einer Ampel Jeremy stehen. Ich hatte ihn seit seiner Verabschiedung vor etwa zwei Jahren nicht mehr gesehen und gesprochen. Dass ich den Jungen, der nun deutlich sichtbar zum jungen Mann geworden war, so unverhofft erspähte, versetzte mich derart in Aufruhr, dass ich das Seitenfenster öffnete und wie eine Verrückte immer wieder seinen Namen schrie. Dann schaltete die Ampel um auf Grün. Beinahe hätte ich einen Bus gerammt. Wie Jeremy sich fühlte – ich weiß es nicht. Es könnte peinlich für ihn gewesen sein. Das ist mir aber erst später bewusst geworden.

Bei manchen Begegnungen hält mich nur der Anstand vor einem hemmungslosen »Häh?« zurück:

* Die träge und gleichgültige Mila von ehedem stöhnt über Schlafstörungen. »Mir geht die ganze Zeit meine Meisterprüfung im Kopf herum. Ich will sie unbedingt sehr gut machen.«
* Der moppelige und teigige Markus ist zum gertenschlanken und coolen Beau geworden.
* Der Oberkasper führt Tiefgang-Gespräche mit mir.
* Der Null-Bock-Typ will literarische Tipps von mir.

Tja, und manchmal vergehen ein paar Jahre und plötzlich treffe ich einen gesetzten Erwachsenen in der Straßenbahn, der höflich über den Gang ruft: »Guten Tag, Frau Monheim. Wie geht es Ihnen?«

Dass er mich noch erkennt, während mir nicht nur sein Name entfallen ist, sondern mir nicht einmal sein Gesicht bekannt vorkommt, erfüllt mich mit Scham. Doch dann sage ich zu mir selbst: Liebe Hilde, du hattest in den vergangenen Jahren wohl ein paar Schüler mehr vor dir sitzen, als dieser Herr Lehrer vor sich stehen hatte. Außerdem verändert man sich im Alter von 15 zu 40 mehr als von 31 zu 56.

Ein bisschen peinlich ist es mir dennoch, dass ich so hilflos rumeiere. Dann erzählt er mir, wie er während meiner Stunde fast aus dem Fenster gefallen wäre, und schon ist sie wieder da, die Erinnerung – wenn auch nicht ganz so, wie gewünscht.

Einmal hatte ich einen großen Auftritt vor meiner aktuellen Schülerschar, mit der ich von einem Unterrichtsgang zurückkehrte. Als wir uns anschickten, die Straße zu überqueren, verlangsamte eine Straßenbahn ihr Tempo und hielt schließlich an. Ich rechnete mit einer Rüge, bestimmt hatte einer meiner Schüler hinter meinem Rücken Unfug gemacht.

Doch nein, der Straßenbahnfahrer beugte sich freundlich aus dem Fenster und strahlte mich an: »Hallo Frau Monheim!«

Hach, es war einer meiner ehemaligen Schüler! Irgendwie hatte ich das Gefühl, die jetzigen Schüler fanden es beeindruckend, dass »so einer« so freundlich zu mir war. Ich spürte eine Woge von Respekt und genoss sie.

✑

Irgendwann trifft man Ehemalige in den Schulgängen: »Ja, mein Kind wurde dieses Jahr eingeschult.«

Und irgendwann – aber da muss man schon ganz schön alt werden – hat man auch als Hauptschullehrkraft die Kinder der Ehemaligen im Unterricht.

»Meine Mama kennt Sie.«

»Echt, woher?«

»Die war mal Ihre Schülerin!«

Wow! Schock!! Erkenntnis!!! Und dann muss man aufpassen, dass man nicht von der Mama auf das Kind schließt. Sofern man sich überhaupt noch daran erinnert, wie die Mama in der Schule so war. Eines weiß ich sicher: Das wahre Grauen wird mich überkommen, wenn ich zum ersten Mal höre: »Meine Oma hat mir erzählt, dass sie bei Ihnen im Unterricht war.«

✑

Ach, manchmal treten die Ehemaligen auch im Doppelpack auf. Einmal hatte ich in der Klasse einen faulen, mürrischen Jungen und ein freundliches, hübsches Mädchen. Die beiden näherten sich an. Ich konnte es nicht glauben. Die beiden wurden ein Paar. Ich konnte es nicht glauben. Sie saßen nebeneinander. Er arbeitete ein bisschen mehr als zuvor. Sie blieb fleißig. Am Ende der Schulzeit waren sie immer noch ein Paar. Irgendwann vergaß ich die beiden. Viele Jahre später machte ich einen Besuch in einem anderen Ort, 50 Kilometer entfernt von der Stadt, in der ich unterrichtete. Ich parkte mein Auto. Neben mir parkte eine Familie mit Kindern. Sie räumten ihre Sachen aus. Mein Blick streifte die Eltern: gepflegte Leute, netter Umgang mit den Kindern. Plötzlich durchfuhr es sie und mich gleichzeitig:

»Frau Monheim?«

»Seid ihr das wirklich?«

Tja, die Liebe hatte gehalten. Sie war immer noch hübsch und freundlich, er war kein bisschen mürrisch mehr.

Ich selbst habe meinen Mann im Abiturjahr lieben gelernt. Er war gut zwei Jahre lang mein Klassenkamerad gewesen. Vielleicht rühren sie mich deshalb immer so arg an – die Pärchen unter der Schülerschaft.

Einmal hatten wir eines, das sich über viele Jahre die Treue hielt. Ich denke, es waren fünf Jahre. Für junge Leute ist das eine lange Zeit! Erst gingen sie in dieselbe Klasse, dann stieg er auf und sie nicht. Die Liebe hielt. Kürzlich traf ich sie in der Stadt. Und?

»Oh nein«, sagte sie, »der ist ja so unreif.«

Nicht überlebt! Die Liebe, nicht der Junge.

Beim Friseur lief mir neulich eine nicht mehr ganz junge Frau über den Weg, die mir bekannt vorkam. Auch sie stutzte und wir beglotzten uns kurz. Dann fiel uns fast gleichzeitig ein, woher wir uns kannten. Sie war eine der allerersten Schülerinnen gewesen, die ich von der siebten bis zur neunten Klasse unterrichtet hatte. Damals war ich knapp 30 gewesen, sie noch keine 15. Wir erzählten uns viel und irgendwann fragte ich sie nach ihrer persönlichen Lebenssituation.

»Ich hab den Hans geheiratet«, sagte sie mit einem versonnenen Lächeln, »aber erst vor ein paar Jahren. Ich hab ihn nach einer völlig missglückten Beziehung auf der Straße wiedergetroffen und da hat es eingeschlagen.«

Der Hans, das war auch einer der Schüler dieser Klasse gewesen. Die beiden hatten meiner Erinnerung nach nichts, aber auch gar nichts miteinander zu tun gehabt. Ich sah den Hans als 14-jährigen Jungen vor mir und hatte große Mühe, ihn mir als Ehemann dieser Frau vorzustellen. Doch die Zufriedenheit, die sie ausstrahlte, machte mich fast schon glücklich. Wozu Schule doch gut sein kann!

So manchen Lieben kann ich heute übrigens auf einer beliebten Plattform beiwohnen – Facebook. Einer, den ich als Zehnjährigen mal in Ethik hatte, bekommt leidenschaftliche Liebesbekundungen von seiner aktuellen Freundin. Es fällt mir schwer, das, was sie in ihm sieht, auch nur zu erahnen. Für mich bleibt er immer ein bisschen der kleine Dicke von ehedem.

Ein anderes Paar lebt Höhen und Tiefen der Beziehung vor aller Öffentlichkeit aus. Erst dachten sie Tag und Nacht aneinander – Facebook sei Dank konnten es alle wissen. Sie machten sich die tollsten Komplimente und die heißesten Liebeserklärungen. Ich hatte mich so richtig daran gewöhnt und sah sie schon als Paar eines langen, nie enden wollenden Sommers.

Als ich *sie* das nächste Mal sah, fragte ich diskret nach: »Alles noch immer so schön?«

Die Antwort war ein Kopfschütteln, eine wegwerfende Handbewegung, verdrehte Augen! »Der? Nee!«

Inzwischen kann ich einer Neuauflage der Beziehung beiwohnen. Ich weiß gar nicht, was ich hoffen soll. Ob ich überhaupt
hoffen soll. Denn während – in meinen Augen – zwei gerade erst
zueinander gefunden haben, lese ich plötzlich ganz andere Namen
in den Postings. Wenn ich dann bei »In einer Beziehung mit ...«
nachsehe, wird klar: Das ist alles Schnee von gestern.

Ich habe via Chat Ehemaligen auch schon Liebesratschläge gegeben – wenn sie es wünschten. Ich hänge mich da richtig rein.
Irgendwie fühlt man sich so nützlich, wenn Leute auf einen hören,
die zu Schulzeiten eher weggehört haben.

Manchmal schaue ich mir meine jetzigen Schüler an und überlege:
Wer wird sich einst bei mir melden – freiwillig, gern? Wer wird
kein einziges Mal mehr von sich hören lassen?

Tja, auch diese Ungewissheit muss ich aushalten.

Can I become
a steak?

22

MIT EHEMALIGEN UNTERWEGS

Über die Tatsache, dass ich für meine
(Ex-)Schüler immer die Lehrerin bleiben werde

Mit einer meiner Klassen habe ich einmal ein Buch veröffentlicht. Es war schrecklich viel Arbeit, vor allem für mich. Am Ende fanden wir ziemlich viel positive Resonanz und spürten ziemlich viel Zusammenhalt.

Inzwischen sind die Jugendlichen schon seit längerer Zeit nicht mehr *meine* Schüler, sondern Auszubildende, Schüler weiterführender Schulen oder befinden sich in Maßnahmen der Bundesagentur für Arbeit. Die Sache mit dem Buch aber geht weiter.

Es treffen Verlagsabrechnungen ein – bei mir. Ich habe die Aufgabe, das Geld zu verwalten, das die Schüler erwirtschaftet haben. Und ich habe die Aufgabe, mir zu überlegen, wie das Geld auf den Kopf gehauen wird. Und schließlich habe ich auch noch die Aufgabe, alle 26 AutorInnen zu kontaktieren, was gar nicht so einfach ist, wenn man bedenkt, dass junge Leute heutzutage ihre Handynummern und E-Mail-Adressen wechseln wie unsereiner früher die Räucherkerzen.

Es treffen Presseanfragen ein – bei mir. Ich habe die Aufgabe, Presseleute und ehemalige Schüler zusammenzubringen, was auch nicht immer so einfach ist.

Es treffen zudem Lesungsanfragen ein, was nichts anderes heißt, als dass meine ehemaligen Schüler in ferne Städte eingeladen werden, um dort ihr Buch vorzustellen, das sie vor langer Zeit mit mir geschrieben haben. Natürlich wenden die Damen und Herren Organisatoren sich an mich und natürlich bin ich so tief bewegt über das Interesse an unserem Buch, dass ich alle Hebel in Bewegung setze, damit die Events zustande kommen.

Kürzlich stand also eine Lesung in einer großen Stadt in Norddeutschland an. Vier meiner ehemaligen Schüler hatten sich bereit erklärt, ihr Wochenende zu opfern – drei Mädels, S., B. und C., sowie ein Junge, E., alle mittlerweile 18 oder älter.

Bis ich diese vier für das Unternehmen Lesereise gewonnen hatte, waren etliche Telefonate und E-Mails ins Land gegangen.

Schließlich hatten sie mir hoch und heilig versprochen, dass ihre Zusage auch fünf Monate später noch gelten würden. So lange war nämlich der Vorlauf. Ich wiederum meldete den Organisatoren grünes Licht.

Man habe ein bestimmtes Kontingent an Geld für unser Event zur Verfügung, teilten diese mir mit. Je weniger die Bahnfahrt koste, umso mehr bliebe als Honorar für die jungen AutorInnen übrig. Ob ich die vier mit dem Auto bringen könne? Dies sei die billigste Lösung.

Ich sah mich mit meinem privaten Pkw 500 Kilometer je Richtung brettern, an meinem freien Wochenende, mit einer Riesenverantwortung und einer großen Chance auf Wochenend-Staus. Also verneinte ich vehement und stellte in Aussicht, eine günstige Zugverbindung zu suchen.

Ob ich das Geld erst mal vorstrecken könne?

Okay, wenn's sein muss!

Da ich von mir selbst Schreckliches in puncto Vergesslichkeit gewohnt bin, wollte ich das mit dem Zug gleich erledigen. Leider lässt sich die Bahn nicht so langfristig buchen! Ich eruierte, wann ich spät genug buchen konnte, damit die Bahn die Buchung akzeptierte, aber früh genug, um den günstigsten Tarif zu bekommen. Da ich von mir selbst Schreckliches in puncto Vergesslichkeit ... Kurz und gut, ich notierte den Termin in meinem Kalender.

Da ich auch Schreckliches in puncto Zuverlässigkeit von meinen Schülern gewohnt bin, stöberte ich meine Lieben alle paar Wochen in ihren diversen sozialen Netzwerken auf und mailte oder chattete: »Du erinnerst dich an unseren Termin?! Du bist nach wie vor dabei?!«

Irgendwann meldeten die Organisatoren, es werde nun konkret. Man stelle das Programm zusammen. Es solle musikalisch umrahmt werden. Ob nicht einer der jungen Leute passende Musik suchen könne.

Der Erste, der mir über den Online-Weg lief, war E. Ja, er sei gern dazu bereit, sich mal Gedanken zu machen. Ich entspannte mich – und hörte fortan nichts mehr von ihm.

Irgendwann meldeten sich die Organisatoren wieder. Ob ich denn inzwischen Musikvorschläge hätte.

Ich lauerte E. wieder auf und erfuhr, dass ihm bis dahin noch keine Idee gekommen sei. Aufgeschreckt wandte ich mich an die Mädchen. Es trudelten zwei Musikwünsche schnell und einer zu spät ein. Doch das war nicht so schlimm, denn die Organisatoren waren selbst aktiv geworden und hatten Musik nach ihrem Gusto ausgewählt.

Inzwischen war es Zeit für die Buchung der Zugtickets geworden. Ich versuchte es online. Ich kann online buchen, ich tue dies immer, wenn ich allein verreise! Diesmal ließ es sich schwierig an. Ich konnte nicht glauben, dass es nichts Billigeres gab als das, was das Internet mir ausspuckte, und biss in den bitteren Apfel: Ich fuhr mal eben mit meinem privaten Pkw vom Heimatdorf zum Hauptbahnhof in der Großstadt.

Dort hatte ich Glück. Nachdem ich eine Nummer gezogen und nur etwa zehn Minuten gewartet hatte, nahm sich ein routinierter Bahnbediensteter meiner Sache an. Er verstand schnell, worum es mir ging: Wir fünf wollten weder in der Nacht losfahren noch sieben Mal umsteigen noch ein Vermögen bezahlen. Der Mann befragte seinen PC, welcher via Drucker drei Möglichkeiten ausspuckte, von denen jede Vor- und Nachteile hatte. Ich könne nun wählen und zu Hause am PC selbst buchen.

Bis ich in Absprache mit den vier jungen Leuten eine Entscheidung getroffen hatte, erwies sich die günstigste Möglichkeit bei meinem Online-Buchungsversuch als ausverkauft. Dann also die zweitgünstigste, aber ganz schnell! Diese Bahnverbindung, die der nette Herr am Bahn-Tresen mir so wunderbar erkundet hatte, ließ sich von mir am PC aber nicht finden. Ich fühlte mich dumm und fuhr noch mal zum Bahnhof.

Diesmal erwischte ich ein sehr bemühtes junges Mädchen, das milde lächelte, als ich ihr von ihrem Kollegen und meinen Fehlversuchen berichtete. Ja, das wolle sie gern für mich tun. Gefühlte dreißig Minuten später kämpfte sie – flankiert von zwei ratlosen Kollegen – noch immer. Der Herr, der mir das Zeug ausgedruckt hatte, war im Urlaub. Nun ja, irgendwann klappte es dann doch, ich zückte meine EC-Karte und erleichterte mein Privatkonto um annähernd 600 Euro. Am Rande registrierte ich, dass der günstige Zug am Sonntag erst gegen Mitternacht ankommen würde.

Zu Hause gab ich die Eckdaten an alle vier ehemaligen Schüler weiter. Ja, alles wunderbar!

Zwei Tage vor Abreise schickte ich Erinnerungsmails an alle vier, einen Tag vor Abreise noch mal.

Am Tag der Abreise waren alle am Treffpunkt, überpünktlich. Auf der – langen – Fahrt fühlte ich mich bemüßigt, ein wenig auf die Schönheiten der Landschaft und die kulturellen Highlights hinzuweisen. Man lauschte mir höflich, aber mäßig interessiert. Ich fühlte mich wie in den Zeiten, als ich noch ihre Lehrerin war.

Irgendwann mussten wir umsteigen, irgendwann waren wir da. Am Ankunftsbahnhof wurden wir abgeholt und mit öffentlichen Verkehrsmitteln zur Jugendherberge bugsiert.

Im Zuge eines der diversen Umsteige-Vorgänge bei Sturm und Regen bekam S. etwas ins Auge. Das Auge rötete sich beängstigend, S. litt unübersehbar und unüberhörbar. C. und B. wühlten mit ihren Fingern in dem Auge. Mir wurde ungut, ich fühlte Verantwortung. Ja, es gebe eine Augenklinik mit Bereitschaft am Wochenende, brachte ich in Erfahrung.

Das Auge triefte noch immer, aber S. wollte nicht zur Augenklinik, sondern sich gleich mit einer guten Freundin treffen, die zufällig in diese Stadt gezogen war. Auch die anderen drei wollten sich auf eigene Faust umsehen. Ich hoffte, dass das mit dem Auge besser werden würde und dass alle am Abend gut wieder eintreffen würden, dann machte ich mich selbst auf den Weg. Auch ich hatte mir etwas vorgenommen. Aber das entzündete Auge ging mir noch öfter durch den Kopf.

Alles verlief unspektakulär, wir trafen uns am Abend wohlbehalten wieder. Als Letzte traf S. ein.

Wie es ihr gehe?

Wieso, was solle sein?

Das Auge!

Ach so, das Auge. Das sei längst wieder gut.

Nach dem Frühstück am nächsten Morgen machten wir uns auf den Weg zur Lesung. Man hatte uns beschrieben, mit welchen öffentlichen Verkehrsmitteln wir fahren sollten. Die Dame, die in der Jugendherberge am Tresen saß, fand diese Beschreibung ungünstig. Sie sei sozusagen Expertin, denn sie wohne ganz nah bei den Lesungsräumlichkeiten. Wir beschlossen, ihr Glauben zu schenken, hielten uns an ihren Rat und stellten beim ersten Umsteigeversuch fest, dass sie eine Kleinigkeit übersehen hatte: Die Linie, die wir brauchten, fuhr von dort nicht los.

»Ein Taxi«, sagte S. beherzt, »jetzt hilft nur noch ein Taxi.«

Ich dachte an das Geld, das ich meinen vier Süßen erhalten wollte, aber ich hatte nicht den Hauch einer Ahnung, wie ich die Gruppe nun in der fremden Stadt noch rechtzeitig zur Lesung bugsieren sollte. Nobel fuhren wir also mit dem Taxi vor.

Die Lesung lief gut, es gab Lob und ein zweites Frühstück. Schüchtern brachte ich die knapp 600 Euro zur Sprache, die ich vorgestreckt hatte.

Kein Problem, ich müsse allerdings von zu Hause aus eine Rechnung schicken, die bestimmten Vorgaben genügen müsse. Und dann könne es noch etwa fünf Wochen dauern, bis die Abrechnung durch alle öffentlichen Instanzen sei.

Die nette und tüchtige Dame, die das Ganze in die Wege geleitet und uns auch vom Bahnhof abgeholt hatte, geleitete uns via Straßenbahn zurück zum Bahnhof. Dann stand ich allein mit meinen Süßen da. Es waren noch ein paar Stunden bis zur Rückfahrt.

Ob wir nicht alle unser Gepäck in Schließfächer sperren wollten und dann noch einmal in die Stadt ...?

Schließfächer? Nein! Das sei ihnen viel zu unsicher. Sie wollten ihre Habseligkeiten bei sich behalten. In die Stadt? Nein! Keine Lust mehr! Nach Hause – das war es, was sie wollten.

Ich entschloss mich zur Flucht nach vorn und stellte mich am Infostand der Bahn an, nur um zu erfahren, dass eine Umbuchung auf einen früheren Zug 150 Euro kosten würde. Die vier jungen Leute warteten entspannt bei McDonald's auf mich.

Und? Oh, 150 Euro, nein!

Aber was dann? Ich stellte in meiner Verzagtheit Kino in Aussicht.

Au ja, Kino!

Vier junge Erwachsene, fern von zu Hause, verbrachten also den Rest des Nachmittags in der fremden Stadt im Bahnhofskino. Ich selbst schloss mein Gepäck ins Schließfach und machte mich auf den Weg in die City. Dort fand ich etliche der Sehenswürdigkeiten, die ich auf meiner Liste hatte, *nicht*. Dann wurde auch noch das Wetter schlecht. Ich sank auf eine Bank nieder und fühlte mich einsam.

Plötzlich klingelte mein Handy. Sofort hob sich meine Laune. Irgendjemand auf dieser großen weiten Welt dachte an mich. Ich sah die Nummer: zu Hause. Ich freute mich sehr. Mein Sohn war dran.

Wohin ich die Betaisodona-Salbe geräumt habe? Warum ich sie vor meiner Abreise überhaupt verräumt habe? Sie habe so wunderbar an der richtigen Stelle auf dem Esstisch gelegen. Jetzt müsse er suchen.

Ich gab Auskunft und fühlte mich wieder ein wenig einsam. Dann begann es zu schütten. Mein nagelneuer Leichtschirm geriet gefährlich an seine Grenzen. Ich schaffte es nicht, gleichzeitig den Schirm über mich zu halten, die Handtasche unter den Arm zu klemmen und den Fahrplan der Öffentlichen auseinanderzuklappen, ohne Letzterem dabei zuzusehen, wie er völlig durchnässt wurde, oder selbst völlig durchnässt zu werden. Schließlich fügte ich mich in die Erkenntnis, dass es das Beste war, zum Bahnhof zu laufen. Nass von Regen und Schweiß traf ich am Ende meiner Kraft schließlich auf kinoträge Ex-Schüler, die bei Burger King abhingen.

Nun aber nichts wie heim! Nur hatte leider unser Zug Verspätung, und zwar so sehr, dass wir befürchteten, unseren Anschlusszug nicht mehr zu erreichen. Als wir endlich losgefahren waren, konnte uns im Zug niemand Auskunft geben.

Ich müsse den Chef fragen.

S. musste derweil aufs Klo und meldete frustriert, da hänge ein Zettel dran: »Nur für Personal!«

Die Stimmung verschlechterte sich. Ich beschloss, aktiv zu werden. Ich durchstreifte den Zug in die eine wie in die andere Richtung, rempelte schlafende Menschen an, torkelte gegen Riesenkoffer, stolperte über am Boden kauernde Reisegäste. Als ich die Hoffnung schon fast aufgeben wollte, hatte das Schicksal ein Einsehen: Ich stöberte den Chef auf.

Nein, unseren Anschlusszug würden wir sicher nicht mehr kriegen.

Ich starrte ihn entgeistert an. Dann schrie ich: »Den müssen wir aber kriegen!«

Er könne mir gern sagen, wann der nächste Zug im Umsteigebahnhof abfahre: kurz nach 1 Uhr nachts. Er rate mir aber etwas anderes: Ich solle mit den Jugendlichen bis zur nächsten Großstadt fahren und dort am Service Point die Lage schildern. Man werde mir dann einen Zug anweisen, mit dem wir möglichst nah an die Heimatstadt gebracht würden. Von dort chauffiere uns ein Taxi nach Hause.

Ich eilte zurück zu den Jugendlichen, die mich mit großen Augen erwarteten. Meine Verlautbarung hatte erst ein Aufstöhnen und dann heftige Handynutzung zur Folge.

»Ich hab kein Netz«, jammerte S., »ich kann meiner Mutter nicht Bescheid geben.«

Inzwischen musste ich selbst aufs Klo.

»Nicht hier«, rief S., »das ist doch nur für Personal.«

Ich torkelte in die andere Richtung und fand ein Klo mit dem Hinweis »Defekt«. Allmählich verschlechterte sich auch meine Stimmung.

Kurz vor dem Umsteigebahnhof tauchte ein Bahnbediensteter bei uns auf.

»Sie schaffen es doch«, sagte er. »Sie müssen nur sehr schnell sein. Das Gleis ist nicht nebenan.«

Am Umsteigeort jagte eine aufgescheuchte Henne mit vier genervten Küken zum Anschlussgleis. Der Zug war übervoll. S. und E. streikten und warfen sich mit Sack und Pack auf den Boden. C. und B. setzten sich mit mir in den Speisewagen und wurden blöd angemacht. Ich versuchte es noch mal mit dem Klo. Diesmal hing ein anderer Zettel dran: »Wegen Verunreinigung geschlossen!«

Kurz vor der Ankunft grummelte ich in die Runde: »Wisst ihr was, die nächste Lesung sagen wir ab! Das ist doch alles furchtbar.« Ich rechnete mit frenetischem Beifall.

»Was? Wieso denn? Also wir würden schon noch mal ...«

Ach, irgendwie ist es auch schön, mit ehemaligen Schülern unterwegs zu sein!

Gib mir mal 'ne Zigarette,
meine sind noch im Automat.

23

SCHULE WÄRE SO SCHÖN ...

Über zwischenmenschliche Beziehungen
und das manchmal schwierige Verhältnis von
Lehrern zu ihren Schülern

Der Junge sieht mich erwartungsvoll an. Ich soll jetzt auf der Stelle sein Problem mit dem blöden Mitschüler lösen. Und ich soll ihm sagen, warum heute schon wieder die Nachmittags-AG ausfällt. Und warum er nicht als Vorleser ausgewählt wurde, will er auch wissen. Alles jetzt und auf der Stelle. Alles fordernd vorgetragen. Bei jeder seiner Vorhaltungen springt mir auch noch sein schlecht gepflegtes Hasengebiss ins Auge. Der Junge geht mir so was von auf die Nerven.

»Putz du erst mal deine Zähne!«, würde ich am liebsten kontern. »Und dann geh zum Kieferorthopäden. Und dann ... arbeite an deinem Charakter. Danach sehen wir weiter. Jetzt mach mal ganz schnell die Biege. Du und ich – das passt nicht.«

Natürlich sage ich das nicht! So herzlos bin ich nicht. Und so unprofessionell auch nicht. Überhaupt hat er ja irgendwie auch recht. Er sagt halt, was er denkt. Ist halt nicht charmant. Hat halt kein Gefühl dafür, wie er bei seinem Gegenüber ankommt. Und für seine Zahnfehlstellung kann der Ärmste nun wirklich nichts. Ist auch alles nicht so schlimm. Vermutlich hat der Junge mit den Hasenzähnen keine Ahnung von meiner Abneigung ihm gegenüber.

Ich aber habe eine Ahnung, wie sich das anfühlt: einen Schüler auf Anhieb unsympathisch finden; spüren, wie sich die Nackenhaare aufstellen; hoffen, dass er einem möglichst selten über den Weg läuft. Lange hält das Gefühl nicht an! Spätestens dann ist es vorbei mit der hemmungslosen Abneigung, wenn ich mir vorstelle, mein eigenes Kind sei Zielscheibe von Lehrerabneigung. Nee, das geht gar nicht.

Na ja, auch ohne eigene Kinder sollten wir Lehrer Profi genug sein, um Schüler nicht in Süße und Doofe einzuteilen. Tun wir ja auch nicht, meistens jedenfalls. Aber wir sind halt auch nur Menschen. Und Menschen lieben es, wenn man nett zu ihnen ist. Sie finden Leute sympathisch, die über die eigenen Witze lachen. Und solche, die auf einen hören.

Menschen sind in Gefahr, auf Schmeichler reinzufallen. Ich wundere mich immer wieder, wie sehr meine Mitmenschen den schlimmsten Schleimern auf den Leim gehen. Wie sie strahlend erzählen, dass Herr T. den eigenen Vorschlag wunderbar gefunden habe. Und wie ihr Gesichtsausdruck ins Schwärmerische abdriftet. Herr T. ist ihnen sehr sympathisch, das ist offenkundig. Ich wundere mich auch über Kollegin N., die mir vom unglaublich tollen Schüler B. vorschwärmt, weil dieser so hilfsbereit ihr gegenüber sei. Ich wundere mich über die Schmeichelanfälligkeit meiner Mitmenschen und werde doch selbst ganz weich und milde, wenn der Satz »Sie sind die beste Lehrerin!« an mein Ohr dringt. Hach, es ist schon schön, gemocht zu werden!

Einer meiner früheren Schüler begrüßte mich jeden Morgen mit einem fröhlichen »Guten Morgen, liebe Frau Monheim!«.

Ich müsste lügen, wenn ich sagen würde, dass ich das blöd fand.

Die anderen aber kommentierten das oft mit einem einzigen Wort: »Schleimer!«

Bis heute weiß ich nicht, wie hoch der Schleim-Anteil bei der Grußaktion war. Genauso, wie ich nicht weiß, ob Lorena nur deswegen schon wieder freiwillig die Tafel putzt, weil sie sich davon etwas erhofft: Vorteile für sich selbst nämlich.

Ja, es gibt sie, die Schüler, denen das Lehrerherz zufliegt. Und natürlich sind wir alle auf der Hut. Wenn Schüler uns allzu offensichtlich schöntun, ist das einfach. Wenn sie es geschickt anstellen, sind wir gefährdet. Es tut einfach so gut, als Lehrer auch mal etwas Nettes zu hören! Das gilt – ich muss es zugeben – auch für Nettes aus Elternmund.

»Mein Sohn geht wieder gern in die Schule, seit er bei Ihnen ist.« Wer will behaupten, so etwas lasse ihn kalt?

Am Ende einer großen Schulfeier sprach mich einmal eine ältere Besucherin an. »Ich muss Ihnen mal was sagen«, erklärte sie mit ernstem Gesichtsausdruck. Ich duckte mich sofort instinktiv. Bestimmt würde sie mir nun mitteilen, was wir Lehrer alles falsch machten.

»An dieser Schule wird sehr viel geleistet. Richten Sie das bitte auch Ihren Kollegen aus!«

Ich starrte die Dame verwirrt an. Vermutlich wurde ich knallrot im Gesicht. Dann stammelte ich: »Danke!«, und eilte zu einer Kollegin.

»Stell dir vor«, sagte ich kopfschüttelnd, »wir sind gelobt worden.«

Aus Interesse bestellte ich mir mal die CD *Eltern, Kinder, Lehrer – Freunde oder Feinde?* Der Individualpsychologe Theo Schoenaker bricht da eine Lanze für Duschen, genauer gesagt für Ermutigungsduschen. Ausdrücklich rät er dazu, diesen Genuss auch öfter mal Lehrkräften zukommen zu lassen.

»Liebe Frau Streng, mein Sohn Tilman kam heute begeistert aus der Schule.«

»Lieber Herr Schlaff, die Stunde, die Sie heute gehalten haben, hat meiner Tochter viel Freude gemacht. Es gefällt ihr sehr bei Ihnen.«

»Liebe Frau Mannhart, Hansi geht sehr gern zur Schule. Er spricht immer gut von Ihnen.«

Ich kann dem Mann nur zustimmen. Derart geduscht zu werden wäre wirklich fein.

Und trotzdem – da bin ich mir sicher – würden bei mir sämtliche Alarmglocken schrillen: Wieso schreibt diese Mutter mir das? Was will die von mir? Was erhofft sich dieser Vater? Wollen die sich alle einschmeicheln?

Ja, ich geb's zu: Ich tue mich ziemlich schwer damit, eine Lobdusche aus Eltern- oder Schülermund vorbehaltlos zu genießen. Wer weiß, was die über mich erzählen, wenn ich nicht dabei bin?! Wer weiß, ob die nicht ganz plump schleimen – in der Hoffnung auf eine kleine Revanche meinerseits.

Die Höchstform der Ermutigungsdusche ist die aus sicherer Distanz: »Sie waren eine gute Lehrerin!«

Dieser Satz aus dem Munde eines reifen Mannes ist fast nicht zu toppen. Der hat nun wirklich nichts davon, wenn er mir schöntut. Oder tue ich ihm einfach leid? So nach dem Motto: Jetzt ist sie schon so alt und muss diesen Scheißjob immer noch machen! Man weiß es nicht. Und das ist gut so!

Gut ist auch, dass manchmal Schule ohne Schüler stattfindet. An einem Wochenende arbeitete ich wie verrückt für die Schülerzeitung. Genau genommen war es eine Arbeit, die ich auch mit Schülern hätte tun können. Ich tat sie ohne, weil ich wusste, dass die Zeit nicht reichen würde, sie mit ihnen zu erledigen. Ich tat sie gern und kam gut voran. Ich fühlte mich sehr zufrieden – bis mir einfiel, dass der einzige Grund für meine Zufriedenheit der war, dass ich in Ruhe und von Schülern ungestört agieren konnte. Bestimmt hätte es mit ihnen dreimal so lange gedauert und wäre nicht halb so gut gelungen. Meine Zufriedenheit schlug in Beschämung um. Schule ohne Schüler!

Alles funktioniert auch tadellos, wenn man sich zu Hause etwas für die Schule ausdenkt: ein Projekt zum Beispiel, eine neue Unterrichtsform, eine Stundeneinheit. Man hat das alles wunderbar im Kopf, stellt es sich vor und erfreut sich am guten Abspulen der eigenen Ideen. Man ist stolz und voller Vorfreude. Man möchte es in die Welt hinausposaunen, am besten gleich ein Buch darüber schreiben, wie genial die Schule auf diese Weise funktioniert. Die Hochstimmung hält genau so lange an, bis die Schüler ins Spiel kommen, und zwar die echten. Die machen einem alles kaputt. Sie reagieren auf Impulse ganz anders als gedacht. Sie lachen nicht, wenn der gute Witz kommt. Sie finden es nicht umwerfend spannend, in diesem tollen Buch recherchieren zu dürfen.

Ich war schon so weit, dass ich am liebsten beleidigt in die Klasse gerufen hätte: »Nur mit euch klappt das nicht, die in meinem Kopf haben super mitgemacht.«

»Schule wäre so schön, wenn nur die Schüler nicht wären!«

So unrecht hatte der Rektor damals wirklich nicht!

Wenn ich in den Ferien das Schulhaus betrete, um Dinge zu besprechen, für die sonst nie Zeit war, erfüllt mich eine fast zärtliche Zuneigung zu dem alten Kasten, in dem ich unterrichte. Alles ist so vertraut. Und so ruhig! Wenn ich ein Hund wäre, würde ich schwanzwedelnd von Raum zu Raum laufen.

Auch während des Schuljahres gibt es eine Zeitspanne, in der ich meinen Beruf ganz besonders liebe: die Minuten zwischen Vormittags- und Nachmittagsunterricht. Meiner letzten Vormittagsklasse habe ich ade gesagt und weiß: Nun bin ich erst mal außen vor.

Freudig steuere ich ein Lebensmittelgeschäft in der Nähe der Schule an und decke mich mit Coffee to go und einer gänzlich unvernünftigen, aber genial gut schmeckenden Schoko-Schnitte ein. Wenn gleichzeitig mit mir Schüler ihre Mittagseinkäufe wie Pizza oder Süßigkeiten tätigen, bin ich die Gütige und lasse schon mal ein paar von ihnen vor, weil ich »noch überlegen« muss. Dann zahle ich endlich, schreite mit meinen Schätzen zurück ins Schulhaus und verschanze mich in einem kleinen Kämmerchen.

Dieser Moment ist durch nichts zu toppen: Ich genieße, dass ich zwar im Schulhaus, aber für nichts und niemanden zuständig bin. Ich zelebriere den Verzehr meiner Leckereien und verliere keine Sekunde lang aus den Augen, wie gut es mir geht. Aus manchen

Nachbarzimmern dringen noch Unterrichtsgeräusche zu mir und ich weiß: nicht meine Baustelle!

Je älter ich werde, umso mehr genieße ich die Kostbarkeit dieser Minuten. Unter diesem Gesichtspunkt möchte ich das Bonmot meines alten Rektors ergänzend korrigieren: »Schule ist auch schön, wenn anwesende Schüler nicht die eigenen sind!«

Und vollkommen verdreht wird auch noch ein Schuh daraus: »Schule wäre so schön, wenn der Unterricht nicht wäre.« Das würden vermutlich die sagen, auf deren Beliebtheitsskala die Schule noch hinter der Zahnarztpraxis rangiert – die Schüler eben. Sie schimpfen über die blöde Schule, sehnen das Unterrichtsende, die Ferien und das Ende der Schulzeit herbei – nur um dann festzustellen, dass es irgendwie langweilig ist, dass sie die Mitschüler vermissen, manchmal sogar die Lehrer.

Verschweigen möchte ich aber auch dies nicht: »Das Beste an der Schule sind die Schüler.« Diesen Stoßseufzer habe ich mal von einem anderen Schulleiter zu hören bekommen. Neben all den Querelen mit den Erwachsenen, neben allen Statistiken und Verwaltungsaufgaben, neben all dem, was ihm wirklich auf die Nerven ging, fand er »das mit den Schülern« mit Abstand am schönsten. Er war ein Vollblutpädagoge!

Knutschen wir in
der großen Hofpause?

24

DIE QUAL DER WAHL

Sport, Musik und Kunst – über Wahlfächer,
die zur Herausforderung geraten können

Als ich mich für das Lehrerstudium anmeldete, musste ich mich für ein Wahlfach entscheiden. Drei Fächer standen zur Auswahl: Sport, Musik und Kunsterziehung. Die Auswahl fiel mir nicht schwer.

In Sport hatte ich seit der Grundschule, in der mir die Sportlehrerin sehr gewogen war, nur Misserfolgserlebnisse gehabt. Ich war die, der man applaudierte, wenn sie *einmal* über den Doppelbock gesprungen war, ohne dagegen zu knallen. Und die, deren Knie sich beim allererersten Starttraining aus Startblöcken geradewegs in die Aschenbahn rammte. Die eingeschlossenen Rußpartikel zeugen noch heute davon. Und ich war die, über die ein zum Punktrichter beförderter Lehrer seinem Kollegen ins Ohr raunte – so laut, dass ich es nicht überhören konnte: »Wie ein Mehlsack!« Sport schied also aus.

In Musik hatte ich ähnlich brilliert. Von meinem Großvater, einem Schulrat und leidenschaftlichen Geigenspieler, hatte meine Mutter zwei Geigen geerbt. Ich war sechs, als er starb, und freute mich irrsinnig darauf, auf diesen wunderbaren Instrumenten spielen zu dürfen. Als es endlich so weit war, scheiterte ich nach allen Regeln der Kunst. Der Geigenlehrer verstand es nicht, mich für sich zu gewinnen. Er nörgelte an meinem kurzen Rock herum und brachte mich langsam, aber sicher gegen das Instrument auf. Das häusliche Üben geriet zunehmend zur Katastrophe – auch für meine Eltern, die bis dahin ein gut funktionierendes Töchterlein gewohnt waren, das durchzog, was es sich in den Kopf gesetzt hatte. Was die Geige betraf, biss ich ein Jahr lang die Zähne zusammen. Dann war die Sache erledigt. Ich blickte verzagt auf die beiden Geigen und war – so sehe ich es heute – ein wenig traumatisiert von dieser grandiosen Enttäuschung.

Jahre später versuchte ich es mit der Gitarre. Ein älterer Mitschüler brachte mir etwas bei. Es war gar nicht schlecht, was ich zustande brachte, aber irgendwann hörte ich wieder auf. Vermutlich gefiel mir der Mitschüler nicht mehr. Ich ging also aus der

Schule und ins Studium mit dem Gefühl, auch musikalisch kein Burner zu sein.

Am Rande bemerkt: Ich habe in meinem Leben noch drei weitere Gitarrenversuche unternommen. Als Studentin besuchte ich einen Kurs an der Uni. Der gefiel mir richtig gut, war aber dann plötzlich zu Ende. Ich unternahm nichts, um ihn fortzusetzen. Als junge Lehrerin buchte ich einen Kurs an der Volkshochschule und fand mich richtig gut. Als der Kurs zu Ende war, war auch das Üben zu Ende. Als ich dann junge Mutter war, erreichte meine Laufbahn noch einmal einen ungeahnten Höhepunkt. Die Stunden, die mir eine liebe Freundin angedeihen ließ, brachten mich so weit, dass ich mit meinen Kindern sang und uns mit Gitarrenmusik begleitete. Es war schön! So schön, dass wir Kassetten bespielten und meinen Eltern schickten. Ich fand, sie hatten es verdient, auch noch mal etwas anderes als das Violinen-Gekreische von mir zu hören.

Als Wahlfach blieb damals also nur Kunst. Das Fach hatte ich als Schülerin geliebt, ohne eine begnadete Künstlerin gewesen zu sein. In meiner Freizeit hatte ich immer wieder freiwillig den Pinsel geschwungen. Ich liebte das Fach auch an der Uni und schloss es mit einer Eins ab. Das Ergebnis war, dass ich in den ersten Jahren meiner Lehrerinnentätigkeit alles unterrichten durfte, nur nicht Kunst.

Mit »alles« meine ich tatsächlich ziemlich viel: Deutsch, Englisch, Mathematik, Geschichte, Erdkunde, Biologie, Sozialkunde, Arbeitslehre, Erziehungskunde, Technisches Werken – und Sport. Als man mir das erste Mal Sport in den Stundenplan schrieb, beteuerte ich, dass ich dafür nicht qualifiziert sei. Die junge, schlanke Kollegin werde das schon machen, munterte man mich auf.

In den Folgejahren unterrichtete ich ohne Unterlass Sport. Ohne Unterlass wies ich an allen Schulen, an die es mich verschlug, darauf hin, dass dies nicht »mein« Fach sei. Und immer wieder hörte ich die Worte: »Sie sind jung und sportlich, Sie machen das schon.«

Irgendwann begann ich selbst zu glauben, dass ich sportlich sei. Ich machte meine Sache, so gut ich konnte. Schwitzte bei schwierigen Übungen Blut und Wasser, ließ Sportkanonen vorturnen, konzentrierte mich schmerzhaft bei den Hilfestellungen und machte sehr viel Gymnastik zu Musik. Ich scheiterte nicht, aber ich hätte den Schülerinnen eine kompetentere Sportlehrerin gewünscht.

Die Wende kam mit dem Wiedereinstieg. Inzwischen war ich nicht mehr die toughe junge Kollegin, sondern eine Frau von Mitte vierzig. Es gab Lehrerinnen an meiner neuen Schule, die seit Jahren Sport unterrichteten und dies auch weiterhin tun wollten. Meine Erleichterung kannte keine Grenzen.

Und nun endlich durfte ich Kunst unterrichten! Ich tat und tue es mit großer Freude, bin aber meist nicht zufrieden mit dem, was ich erreiche. Dennoch liebe ich die Stimmung, die einkehrt, wenn das Kognitive zurücktritt und die Schüler den Pinsel schwingen.

Inzwischen bedauere ich zutiefst, dass ich musikalisch so wenig zu bieten habe. Wenn unser Schulleiter mit seiner Gitarrenmusik den fröhlichen Schülerchor begleitet, denke ich wehmütig an meine – auch nach dem vierten Anlauf – nicht fortgeführte Gitarrenlaufbahn. Wenn einer meiner talentierten Kollegen während seines Unterrichts in die Tasten unseres alten Schulklaviers haut, während ich zufällig vorbeiflaniere, möchte ich mich am liebsten unter seine Schüler mischen. Wenn der Rhythmus der Djemben-Gruppe in meinen Unterricht dringt, schwinge ich freudig mit.

Weil ich selbst so wenig zu bieten habe, bringe ich ab und zu in den Kunstunterricht CDs mit.

»Eure Musik könnt ihr den ganzen Tag über hören«, sage ich dann. »Jetzt hören wir mal meine.« Das Murren und Augenverdrehen putze ich weg: »Ihr könnt mir danach gern sagen, dass das furchtbar war. Aber angehört wird es.«

Je nach Klassen-Stimmung stelle ich auch in Aussicht, im Gegenzug ihrer Musik zu lauschen.

Neulich brachte ich die CD *Ich mag keine Klassik, aber das gefällt mir!* mit. Ich rechnete mit schärfstem Widerstand.

Einer fragte: »Ist da auch Mozart drauf? Mozart mag ich.«

Eine rief bei Vivaldi: »Das ist der mit den vier Jahreszeiten.«

Einige sagten: »Das war schön.«

Ein paar verdrehten genervt die Augen.

Mehrere schrien auf: »Das ist die Musik von *Harry Potter*«, »Das ist die Musik von dem Dingsda-Spiel«, »Das ist das vom Boxkampf« und »Das kommt immer bei der Dingsda-Werbung«.

Mittendrin zuckte einer zusammen und schrie dann heraus: »Das hört meine Oma manchmal.«

Ich lächelte milde, bis mir die Erkenntnis in die Hirnwindungen fuhr: Oma-Musik! Das war es in ihren Ohren, was sie sich da anhören mussten. Und weil man Oma-Sachen gegenüber eher gnädig ist, ertrugen sie es eben.

Einmal haben meine Söhne in meinem Auto eine CD von Hanuman Tribe liegen lassen. Für meine Ohren war es eine Mischung aus Techno, Hip-Hop und allem Möglichen, was ich nicht benennen konnte, aber klasse fand. Ich rückte sie nicht mehr raus und hörte sie bei längeren Autofahrten rauf und runter. Immer wieder stellte ich mir vor, wie ich darauf abtanzen würde – wohl wissend, dass ich keinen Menschen meines Alters dazu kriegen würde, das mit mir zu tun.

Dann holte ich meinen Sohn mal von der Schule ab und hörte ebendiese CD – so laut, wie man derartige Musik meiner Meinung nach eben hören muss.

Als er einstieg, sagte er nicht viel, aber ich bemerkte seinen gequälten Gesichtsausdruck und schaltete drei Stufen runter. Tage später erzählte er der Tochter meiner Freundin, wie voll peinlich das gewesen sei.

»Stell dir vor, deine Mutter holt dich von der Schule ab und schon von der Kreuzung an hörst du die Musik aus ihrem Auto wummern.«

»Oh mein Gott«, sagte die Tochter der Freundin, »das kann ich mir vorstellen. Das ist ja schrecklich.«

Ich verteidigte mich schüchtern: »Aber die Musik gefällt mir so sehr, die tut mir richtig gut.«

»Die Musik ist ja auch nicht peinlich«, sagten beide gleichzeitig, »aber wenn du die so hörst …«

Damit hatten sie meinen Kampfgeist geweckt. Ich brachte genau diese CD in die Schule mit.

Den Kids, die mit Klassik rechneten, sagte ich: »Ist mal was anderes. Gefällt mir aber auch.«

Ich sah, wie sie sich auf das Schlimmste einstellten. Dann spielte ich mein Lieblingsstück an und schaute in ihre Gesichter. Den Moment ihrer Verblüffung genieße ich bis heute. Wir hörten einige der Stücke und hatten eine richtig gute Stimmung mit wummernden Rhythmen, bei der bildnerisch viel passierte.

Bis einer der Schüler, ein sehr ruhiger, zurückhaltender Junge, der sonst wirklich nie den Mund aufmachte, sagte: »Jetzt halte ich das nicht mehr aus.«

Selbstverständlich quälten wir ihn nicht länger. Aber ich verbuchte die Sache als doppelten Erfolg: Ich hatte einen introvertierten Schüler dazu bekommen, endlich einmal verbal seine Interessen zu vertreten, *und* ich hatte es doch noch geschafft, gemeinsam mit jungen Leuten meine Musik zu genießen.

25

ORGANISCHES

Über die Vor- und Nachteile von
Pflanzlichem und Tierischem in der Schule

Der Lehrerberuf an sich ist ja schon ziemlich organisch. Immer etwas Lebendes in der Mache, gelegentlich auch Lebendiges, nie nur Stein oder Eisen oder Plastik – Menschenjunge in verschiedenster Ausformung eben. Das Organische kommt aber noch anders ins Spiel, äh, ins Klassenzimmer.

✍

Tiere – ein Traum von mir seit langer Zeit. Süße kleine Tiere werden von jungen Menschen umsorgt, die dadurch ihre besten Seiten entdecken. Die pflichtbewusst agieren, weich werden und einfach nicht anders können, als Verantwortung zu übernehmen. Es soll ja auch schon hin und wieder geklappt haben. Ich habe von Terrarien in Klassenzimmern gehört und von Aquarien. Und davon, wie pädagogisch wertvoll sich das anließ. Wie eine ganz andere Atmosphäre ins Klassenzimmer kam. Über das Befinden der Insassen wurde mir nichts bekannt. Auch nicht darüber, wie die Tierbehausungen am Ende aussahen.

Mir selbst ist das Risiko zu groß. Ich kenne das schon von zu Hause, wie es ist, wenn Menschenjunge an Tieren Verantwortung lernen. Dann lastet nämlich die Verantwortung zentnerschwer auf den Schultern – auf den Schultern derer, die für die Menschenjungen verantwortlich sind.

Gerade, als ich mich endgültig von der Idee verabschiedet habe, kommt meine Nachbarin und erzählt mir von einer Fernsehreportage, die sie kürzlich gesehen hat: Eine Lehrerin habe ihren eigenen Hund in die Schule mitgebracht, sei erst mal fürchterlich angeeckt und erziele nun wunderbare Erfolge. Der Knüller am Klassenhund: Wenn es ihm zu laut wird, geht er. Das mögen die Kinder nicht. Deshalb sind sie jetzt ruhig.

Für eine solche Ausformung des Organischen könnte ich mich erwärmen, ja geradezu erhitzen. Ein Königreich für einen lärmempfindlichen, kinderlieben Klassenhund!

Zimmerpflanzen sind ein Grund, warum ich weder Klassenhund noch -meerschwein noch -echse in mein Klassenzimmer lassen will. Ich habe so meine Erfahrungen mit pädagogisch wertvollen Pflanzen. Manche Lehrer haben sie inzwischen ganz aus ihrem Schulleben gestrichen. Dem Dahinsiechen wollen sie nicht länger zusehen. Es ist einfach zu deprimierend, wenn aus der strammen, strotzenden Palme Futter für den Komposthaufen wird!

In leichter Abwandlung eines bekannten Kühlschrankspruches sagte ich neulich zu der Schülerin, die ein wucherndes Grüngewächs angeschleppt hatte: »Stellen wir es auf die Fensterbank oder werfen wir es gleich weg?«

Das Mädchen schaute mich beleidigt an. Ihr fehlte wohl meine Hellsichtigkeit aus Erfahrung.

Was in den Ferien nicht mit nach Hause genommen wird, ist besonders großen Risiken ausgesetzt. Das kann jeder sehen, der nach sechs Wochen einen scheuen Blick in den großen Raum wirft, in dem all die Pflanzen bei Kost und Logis ausharren mussten, die zu groß oder zu hässlich für das Zuhause von Schülern oder Lehrern waren. Ein Bild des Jammers, des Blattlosen, des welk Gewordenen!

Einmal fanden wir eine Riesenpflanze nach den Ferien sehr grün vor – und sehr groß. Sie war so in die Höhe geschossen, dass man sie kaum noch durch die Tür brachte.

»Tolger!«, schrie Andrej. »Ist Tolger jetzt eine Pflanze geworden?«

Tolger, ein riesengroßer türkischer Schüler, der wuchs und wuchs und wuchs, hatte die Schule vor den Sommerferien verlassen. Dann war er irgendwie wieder bei uns. Das war nett. Übrigens steht »Tolger« noch immer da, obwohl die Klasse von damals längst verabschiedet ist. Langsam wird es eng für ihn. Wenn er nicht zu wachsen aufhört, müssen wir nach oben durchbrechen.

Unterrichtsmaterialien können ebenfalls organischer Natur sein.

»Im Erkunden und Erproben traditioneller und neuer Drucktechniken (Stempel, Linolschnitt oder Radierung) lernen die Schüler verschiedene Formen druckgrafischer Gestaltung und ihre spezifischen Ausdrucks- und Anwendungsmöglichkeiten kennen.«

So oder so ähnlich steht es im Lehrplan.

Einmal hatte ich Kunstunterricht in einer fremden Klasse. Ich dachte an den Stress mit Linolschnitt und Radierung, dachte daran, wie ich mich einst selbst – mit der mir eigenen Grobmotorik – beim Schneiden von Linoleum so übel verletzt hatte, dass mein Kreislauf zusammenbrach. Also entschied ich mich für den guten alten Kartoffelstempel. Ich kündigte die Sache an, bat um das Mitbringen von Kartoffeln nebst Messern und freute mich auf die Kunststunde.

Weil ich ein gebranntes Kind bin, trat ich selbst mit einem großen Kartoffelsack an, versteckte ihn aber zunächst hinter dem Pult. Die Schüler sollten *ja* nicht denken, dass sie genauso gut vergesslich hätten sein können. Falls sie genügend Kartoffeln mitbringen würden, würde ich meinen privaten Kartoffelsack diskret entfernen.

Brachten sie aber nicht. Es waren fast keine Kartoffeln da. Meine wurden also mit großem Hurra begrüßt. Meine Messer auch.

Dann entwarfen sie. Dann schnitten sie. Einige schnitten beherzt, aber falsch. Sie schnitten das weg, was stehen bleiben sollte. Wir brauchten ziemlich viele Kartoffeln. Irgendwann hatten alle ihre Stempel fertig. Sie stempelten, was das Zeug hielt. Ich freute mich sehr. Schließlich war die Stunde um, die Stempel aber noch in brauchbarem Zustand.

»Wir heben sie auf«, verkündete ich, »dann können wir sie in der nächsten Stunde noch mal verwenden.«

Also sammelten wir die Stempel ein und deponierten sie im Schränkchen des (mir fremden) Klassenzimmers. Nur leider waren erst einmal Ferien – zwei Wochen lang. Danach würden wir wieder stempeln ...

Was ich übersehen hatte, war die Sache mit dem Organischen. Nach den Ferien trat der Kollege an mich heran: In seinem Klassenzimmer habe es streng gerochen, gestunken geradezu. Erst nach längerem Suchen habe man die Quelle ...

Ich wurde kleiner und kleiner und war wieder ganz nah bei dem Satz »Heben wir es auf oder ...?«.

Der Super-GAU aber ereilte mich in Form eines Kürbisses. Eine Kollegin hatte mich informiert, dass sie einen Kürbis mitgebracht hatte, den ihre Klasse in Kunst wunderbar mit Bleistift abgezeichnet habe. Er sei noch frisch und ich könne ihn haben. Die Idee gefiel mir. Ich lieh mir den Kürbis also aus und meine Schüler zeichneten – mehr oder auch weniger schön. Am Ende der Stunde waren fast alle Kürbisse in Schwarz-Weiß fertig, aber eben nicht alle. Deshalb ließ ich den Kürbis liegen. Die nächste Kunststunde würde kommen.

Sie kam auch. Aber vorher kam die Katastrophe. Auch in diesem Fall hatte ich die Ferien vergessen, Herbstferien von gerade mal einer Woche Dauer.

Nach der Woche stellte mich der Kollege, in dessen Klassenzimmer ich Kürbis-Kunst unterrichtet hatte. In seinem Klassenraum stinke es nicht nur wie verrückt, der verrottende Kürbis sei auch in sich zusammengesunken und habe Flüssigkeit abgesondert, die wiederum stark stinke und seine Ordner umspült habe.

Ich war erschüttert, aber es kam noch schlimmer: Das mit dem Umspülen stimmte nicht – die Flüssigkeit hatte sich in die Ordner des Kollegen gefressen. Alles war nass, stank, war widerlich. Natürlich entschuldigte ich mich, natürlich ersetzte ich die Ordner durch trockene, nicht stinkende. Das Trauma des dahinsiechenden Kürbisses aber ist bis heute nicht überwunden. Einen Kürbis möchte ich lieber nicht mehr zeichnen lassen.

Viele können denken, aber den meisten bleibt es erspart.

26

BLICKE ÜBER TELLERRÄNDER

Darüber, dass Lehrer auch mal die Perspektive
wechseln und sich in die Lage der Schüler
hineinversetzen sollten

Ich äuge wahnsinnig gern über Tellerränder. Ich will wissen, wie es die anderen machen, die mit Schülern zu tun haben. Und ich will wissen, wie sich die fühlen, die unterrichtet werden. Nicht immer nur im eigenen Saft schmoren! Verschiedene Perspektiven einnehmen! Kein engstirniger Lehrer sein! Das ist mein Credo. Und ja, das ist mir wichtig!

Weil ich wissen will, wie es die anderen machen, liebe ich den Kollegenaustausch. Natürlich meine ich damit nicht das nervige Lamentieren über nervige Schüler. Aber ich rede gern mit Lehrkräften über das, was bei ihnen gut klappt und was danebengeht. Ich bin begierig zu hören, wie es anderswo läuft, will meine subjektiven Eindrücke mit den subjektiven Eindrücken anderer Lehrkräfte vergleichen, um von ihnen etwas zu lernen. Denn ich finde, wir sollten das Rad nicht immer wieder neu erfinden. Ganz bestimmt können wir uns gegenseitig Anregungen geben, vielleicht sogar wertvolle Impulse. Ich verstehe nicht, warum dieses Mittel der Schulentwicklung nicht viel mehr genutzt wird.

Außerdem fände ich es wahnsinnig schön, wenn wir uns alle viel öfter mit unseren Geschichten des Scheiterns unterhalten würden – frei nach Alexis Sorbas: »Hast du jemals etwas so wunderbar misslingen sehen?!« Leider bin ich da noch nicht wirklich weitergekommen. Meine Vorliebe für Schenkelklopfer über Misserfolge teilen nicht allzu viele Menschen. Schade, finde ich. Wenigstens ist neulich mal eine junge und bildhübsche Kollegin vor Publikum so richtig schön über ein Hindernis gestolpert – und konnte gemeinsam mit mir Tränen darüber lachen. Da hab ich mich sehr, sehr wohlgefühlt.

Auch Lehrerfortbildungen sind für Blicke über den Tellerrand prinzipiell geeignet, vor allem mehrtägige. Bei den halb- oder ganztägigen bleibt meist keine Zeit. Aber wenn man ein paar Tage zusammen unter einem Dach verbringt, ergibt sich ein netter Austausch. Das sieht dann so aus: »Was, ihr bekommt dafür eine Anrechnungsstunde? Bei uns kommt das einfach so obendrauf.«

Oder: »So lange sitzt ihr in den Konferenzen? Puh!« Aber auch: »Aha, so organisiert ihr das mit den fehlenden Hausaufgaben?! Das werde ich bei uns auch vorschlagen.« Das ist also ab und zu richtig konstruktiv.

Treffen mit versetzten Kollegen sind auch nicht schlecht. Ich will alles darüber wissen, wie »die« das machen. Gern gehe ich die Sache auch offensiv an. Ich reagiere auf Fachartikel, auf Bücher – und bin begierig darauf zu erfahren, wie es »bei denen an der Schule« zugeht.

Die Freundin, die für ein paar Jahre im Auslandsdienst tätig ist, muss mir genauso alles erzählen wie die Freundin, die in ihr Heimatland zurückgekehrt ist. Die Freundin, deren Enkelkinder im Ausland zur Schule gehen, wird ebenso angezapft wie der Austauschschüler, den wir vor ein paar Jahren hier im Haus hatten. Ich will alles wissen! Und weiß doch oft recht wenig. Vor allen Dingen darüber, was genau an unserer Schule, hier in diesem Viertel, in dieser Stadt, mit dieser Art von Eltern, mit dieser Lehrerschaft, mit diesen Schülern am besten klappen könnte.

Man kann es ja hin und her wenden, wie man will: Vor- und Nachteile hat fast alles. Der Blick über den Tellerrand weitet zwar das Blickfeld, aber er verschafft noch lange keine Sicherheit.

Wirklich aufgewühlt haben mich die Erzählungen einer jungen Kollegin, die seit Kurzem in einem anderen Bundesland unterrichtet! Was die erzählte, war nicht wie die Geschichte von der Nachbarinsel, sondern wie die von einem völlig anderen Stern. Ich stand noch tagelang unter Schock und sah meine Schule, meine Schüler, meine Kollegen, meine Schulleitung, meine Schulaufsicht – einfach alles, was zu meinem Lehreralltag gehört – plötzlich in deutlich milderem Licht. Nein, keine Sorge, ich schwebe nun nicht mit der rosaroten Brille oder mit Scheuklappen durch mein Lehrerleben. Aber der Blick über den Tellerrand ist halt nicht grundsätzlich einer ins Pädagogen-Paradies.

Ich gucke auch gern über den Tellerrand meiner Lehrerrolle. Weil ich nicht vergessen will, wie sich die fühlen, die unterrichtet werden, versuche ich, mich in die Situation meiner Schüler hineinzuversetzen, wann auch immer ich unverkrampft genug bin für Perspektivenwechsel im Geiste. Das kann ich relativ gut.

Ich verstehe plötzlich, warum Boris mich finster anschaut, bloß weil ich ihn aufgerufen habe. *Ich* weiß, dass ich ihn »zurückholen« wollte. Für *ihn* fühlte es sich wie ein Hinterhalt an. Oh ja, ich habe es früher auch gehasst, wenn man mich aufrief, ohne dass ich mich gemeldet hatte! Ich verstehe auch, dass Mandy sich mit Lara fröhlich weiter unterhält, obwohl ich sie ermahnt habe. Die waren halt einfach noch nicht fertig. Und selbst die Renitenz von Marcus ist mir kein bisschen suspekt. Er ist halt ein kritischer Geist. Das wollen wir doch eigentlich, kritische Menschen!

Manchmal gerate ich angesichts solcher Gedankenexperimente gefährlich nahe an den Zustand der Persönlichkeitsspaltung. Dann bin ich in ein und derselben Situation Lehrkraft und Schülerin. Ich weiß gar nicht mehr, wen ich blöder finden soll.

⟡

Gelegentlich hält mir auch das wahre Leben den Spiegel vor: Ich ging zur Ärztin für Ernährungsfragen, weil mein Verdauungssystem schmerzhaft verrücktspielte. Ehrlich gesagt, hoffte ich auf einen schnellen Rat und eine schnelle Besserung.

»Legen Sie sich ein kleines Heft zu«, sagte die Ärztin, »so eines, wie man es auch in der Schule verwendet. Und schreiben Sie alles auf, was Sie essen. Wenn Sie in einer Woche wieder zu mir kommen, bringen Sie das Heft mit! Ich kann dann meine Schlüsse daraus ziehen.«

Ich legte mir ein kleines Heft zu und schrieb auf die erste Seite das Datum des nächsten Tages. In der Früh schrieb ich: »Morgens«, und notierte, was ich gegessen hatte. Den ganzen Tag über ging ich so vor. Am Abend begann es, mich zu nerven, aber ich schrieb dennoch brav auf, was ich zu mir genommen hatte.

Den nächsten Tag musste ich rückblickend aufschreiben. Die folgenden drei Tage auch – am Stück. Ich vergaß einfach ständig, an meine Hausaufgabe zu denken.

Am Ende der Woche saß ich vor ein paar hingeschmierten Seiten. Ich versuchte, sie zu entziffern, und stellte zwei Dinge fest: Ich konnte keinerlei Regelmäßigkeiten erkennen. Meine Bauchschmerzen und mein Essverhalten standen nicht in Zusammenhang. Und das Heft sah miserabel aus. Ich konnte es auf keinen Fall vorzeigen.

Als Resultat dieser Überlegungen erschien ich ohne Heft bei der Ärztin. Sie schimpfte mich aus.

Es sei meine Aufgabe gewesen, das Heft ordentlich zu führen und mitzubringen!

Beschämt zog ich den Kopf ein. Mein Herz klopfte ein bisschen. Ich hatte die Anforderungen nicht erfüllt und fühlte mich nicht gut. Dafür verstand ich meine Schüler wieder einmal ein wenig besser.

Gut fühlte ich mich auch nicht nach Pilates. Zeit meines Lebens hatte ich in Kursen wie »Rhythmische Gymnastik«, »Für deine Wirbelsäule« oder »Bauch-Beine-Po« gelitten, auch Volleyball und Badminton hatten mich nicht auf ihre Seite ziehen können. In meinen Augen war ich ein sportlicher Totalausfall. Ich konnte einfach nicht, was die anderen so locker hinbekamen. Bis ich das Fitnessstudio für mich entdeckte und ganz allein an den Geräten ackerte. Die Geräte nahmen es nicht übel, wenn ich den Takt oder das Tempo nicht hielt.

Eines Tages ritt mich der Teufel und ich folgte einer Freundin, in den Pilates-Kurs. Sie hatte mir davon vorgeschwärmt. Und ich bereute es aufs Übelste. Ich kam nicht mit! Was die Trainerin zeigte, was die anderen Frauen spielend mitmachten, was so leicht aussah – war so schwer für mich. Ich verlor ständig den Ball, den Anschluss oder das Gleichgewicht. Am Ende der Stunde fühlte ich mich wie eine Versagerin.

Seit Kurzem sitze ich tatsächlich selbst wieder auf der anderen Seite – hinter einem Schülertisch, auf einem Schülerstuhl, neben vielen anderen Schülern. Ich lerne nämlich Spanisch. Vor mir habe ich ein zerknicktes Namensschild, auf dem »Hilde« steht. Damit die Lehrerin weiß, wen sie aufruft.

Das Ganze ist so was von … Ja, was eigentlich? Tief bewegend, würde ich sagen. Ein wenig ernüchternd. Erhellend auch. Perspektivenwechsel pur! Selbsterfahrung vom Feinsten! Und am Ende … Ach, lesen Sie doch selbst!

Ich sitze noch nicht richtig auf dem Stühlchen, da habe ich meinen Kopf bereits bei meinem Nachbarn zur Linken. Gleichzeitig lasse ich meine Augen durch den karg dekorierten Klassenraum schweifen. Ach, wie süß: Da hat einer von den richtigen Schülern sein Namensschild stehen lassen. Oh, der heißt Ferdi. Das muss ich gleich noch dem Nachbarn zeigen. Da müssen wir beide ein bisschen lachen.

Halt, die da vorn will etwas sagen! Ich mache auf ernst und konzentriert und blicke ihr in die Augen. Sie soll sehen, dass ich wirklich aufpasse.

Meine Güte, wie sieht die denn aus?! Wie die ihr Haar trägt! Und der Ausschnitt ist gewagt, ja. Aber eigentlich sieht sie ganz gut aus. Die Schuhe hätte ich auch gern. Oh, jetzt hat sich ihre Kette am Overheadprojektor verhakt. Na, da kann sie schauen, wie sie die wieder rauskriegt. In der Zwischenzeit krame ich mal ein bisschen in meiner Handtasche. Verflixt, jetzt ist mir der

Nagellack rausgefallen. Menno, den wollte ich doch längst aufgeräumt haben. Wow, da ist ja noch ein Kaubonbon drin! Ein bisschen verklebt, aber wenn man die Fusseln abzupft …

Oh, die da vorn ist fertig mit ihrer Kettenaktion! Na ja, ein wenig zupfen muss ich noch. Tut ihr doch nichts. Warum schaut die jetzt so? Na, dann stopf ich mir das Bonbon eben so in den Mund. An Fusseln ist noch keiner gestorben. Boah, ist das zäh! Da muss ich den Mund richtig weit aufmachen. Die schaut schon wieder. Tut mir echt leid, aber ich hatte Hunger.

Jetzt schreibt sie etwas an die Tafel. Sollen wir das abschreiben? Tut mir leid, hab ich nicht mitbekommen. Oh ja, mein Nachbar schreibt was. Schreibe ich das eben auch mal ab.

Was sagt der jetzt zu mir? Das habe ich nicht verstanden. Wir müssen mal eben die Köpfe zusammenstecken.

»Hilde!«

Wieso ruft die jetzt meinen Namen? Was soll ich jetzt tun? Ach so, den Satz laut vorlesen! Ach nee, ich hätte selbst einen bilden sollen! Mist, das habe ich nicht mitgekriegt. Was ruft die mich auch so plötzlich auf? Jetzt muss ich mich erst mal erholen.

Wie die auch immer mit ihren Haaren rummacht! Und das Tafelbild, das ist echt nicht schön. Da kennt sich ja kein Mensch aus. Also, ich kenne mich da nicht aus.

So, jetzt aber, jetzt mache ich wieder mit. Pah, ist das anstrengend, sich immer so zu konzentrieren. Jetzt hab ich mich aber wirklich angestrengt. Ehrlich gesagt, werde ich müde. Echt, ich muss gähnen. Hab ich mir die Hand vorgehalten? Keine Ahnung.

Wenn die so weiterredet, schlaf ich gleich ein. Mir fallen schon die Augen zu. Ich muss irgendwas machen. Vielleicht noch mal in meiner Tasche wühlen. Nee, da ist nichts Gescheites drin. Ich glaub, ich wackle ein bisschen mit dem Stuhl. Echt, ich kann kaum mehr ruhig sitzen. Nee, ich geh mal aufs Klo.

Kann ich? Okay, bin gleich wieder da.

Ist das schön, wenn man da mal rauskommt! Es riecht zwar nicht gerade verlockend auf diesem Gang, aber hundertmal besser als im Klassenzimmer.

Bei meiner Rückkehr rege ich gleich mal an, dass man das Fenster öffnet. Na also, das findet die Lehrerin auch gut.

Was? Der Typ da am Fenster jammert. Er ist erkältet und kühlt aus?! Die Leute haben Sorgen! Lauter Weicheier und Warmduscher! Echt schwer, sich in solch einem Mief zu konzentrieren!

Boah, die vor mir hat echt Schuppen! Kann man da nichts dagegen machen? Und der schräg übern Gang könnte mal was gegen seinen Bauch tun.

Jetzt hab ich schon wieder nicht mitbekommen, wie man das betont. Verflixt! Kann mir mal bitte jemand …

Endlich, Hausaufgabe! Dann ist wohl bald Schluss. Diesmal werde ich die Hausaufgabe aber ganz bestimmt zu Hause machen. Nicht erst hier, kurz vor Beginn. Wenn die anderen alle solche Streber sind, fällt man gleich unangenehm auf. Und eigentlich will ich ja wirklich Spanisch lernen!

Neulich erst war ich wieder in Spanisch. Es war die erste Stunde nach den Winterferien. Ich hatte den ganzen Tag auf einer Fortbildung verbracht, die mich voll gefordert hatte. Mir fiel ein, dass ich nichts, aber auch gar nichts wiederholt hatte. Ich würde wohl annähernd blank antreten. Mir fiel auf, dass ich schrecklich müde war. Ich würde dem Unterricht wohl kaum folgen können. Ich überlegte ernsthaft, ob ich schwänzen sollte. Dann riss ich mich zusammen.

Die vollen eineinhalb Stunden war ich eine miserable Schülerin. Ich wusste die Wörter nicht. Mir fiel die Grammatik nicht mehr ein. Ich gähnte, bis mir das Wasser aus den Augen trat. Ich kapierte nicht, was die da vorn sagte. Es ging nichts mehr rein in meinen Kopf. Es gab auch nichts zum Anknüpfen, weil ich nichts wiederholt hatte.

Die Lehrerin sah mich an, ein wenig besorgt, ein wenig befremdet, ein wenig enttäuscht. Und schon war sie wieder da – die andere Perspektive. Genau *so* mussten sich meine unausgeschlafenen,
unvorbereiteten, durch Probleme und Medienkonsum erschöpften
Schüler fühlen. Grässlich!

Perspektivenwechsel sollte man öfter machen. Er sollte Lehrkräften verordnet werden – regelmäßig!

Stell dir vor, die Ferien sind
zu Ende – und keiner merkt's.

27

DER BLICK DER ANDEREN

Über Personen, die weder Schüler
noch Lehrer sind,
aber auf andere Weise mit der Schule
in Berührung kommen

Wenn Menschen »von außen« zu uns in die Schule kommen, finde ich das immer klasse. Alles, was das echte Leben ins Klassenzimmer holt, ist mir sympathisch. Nicht immer nur wir Lehrer! Nicht immer alles durch den Pädagogenfilter! Nicht immer dieses Typische!

Außerschulische Partner bringen frischen Wind statt abgestandener Klassenzimmerluft. Auch wenn es nach einer Stunde mit ihnen im Raum genauso duftet wie mit uns. Menschen von außen ermöglichen einen ganz anderen Zugang zu den Dingen. Sie schenken unseren Schülern wertvolle Kontakte und Interaktionen.

Ein fast schon lustiges Phänomen dabei ist: Gestandene Persönlichkeiten aus hochwichtigen Bereichen des Lebens mutieren zu ängstlichen, unsicheren Wesen, wenn sie wissen, dass sie vor einer Klasse stehen müssen. Wenn sie es dann tatsächlich tun, erweisen sich manche als Naturbegabungen, viele aber eben nicht. Einige sagen gar Sie zu Schülern, die wir selbst noch dem Babyalter zuordnen.

Doch egal – genauso gern, wie ich mit den Schülern raus aus der Schule gehe, lasse ich Menschen rein in die Schule, in mein Klassenzimmer. Okay, ich gebe es zu, ein kleines bisschen freue ich mich auch, dass ich mal die Statistenrolle übernehmen darf. Zu sehr freue ich mich aber nicht, weil ich weiß, dass diese Rolle einen stark disziplinierenden Beigeschmack hat und von mir einen mehrstündigen Spagat verlangt: Einerseits muss ich mich zurücknehmen bis zur Unsichtbarkeit, damit der »Mensch von außen« ungestört auf seine höchstpersönliche Art wirken kann, und andererseits immer auf dem Sprung sein, um einzugreifen, wenn es disziplinär aus dem Ruder läuft.

Natürlich wische ich nicht gern Herrn Dr. Wechmann vom Platz, um klar und deutlich zu sagen, dass es *so* nicht geht, dass man eben auf unsere Jugendlichen nicht 15 Minuten lang monoton einreden kann, ohne einen radikalen Aufmerksamkeitsverlust zu erzeugen. Natürlich fasse ich Frau Bersenbein nicht in die Zähne, wenn ich mitbekomme, wie ein grünes Frühstücksrelikt zunehmende Heiterkeit bei den Schülern erzeugt. Und natürlich nehme ich auch nicht die toughe junge Frau von der Beratungsstelle zur Seite, um ihr zu sagen, dass man sich bei den Jugendlichen auch durchsetzen kann, wenn man nicht mit Kraftausdrücken um sich wirft. Aber ich bin halt doch zuständig. Für das, was während meiner Unterrichtszeit geschieht, bin ich verantwortlich.

Übrigens hatten wir da wirklich schon Sternstunden: Zwei junge Entwicklungshelfer erzählten der Klasse eincinhalb Stunden lang auf Englisch von ihrem Sozialprojekt und bündelten nicht nur die Aufmerksamkeit der Schüler, sondern brachten sie auch dazu, auf Englisch zu antworten und am Ende gemeinsam zu musizieren. Ich befand mich im Glücksrausch.

Ein zutiefst verunsicherter Akademiker, der zugab, noch nie in seinem Leben mit Hauptschülern in Berührung gekommen zu sein, begann zögernd, aber mutig, mit der Klasse zu interagieren. Irgendwann hatte er die Schüler zum kreativen Stilldichten gekriegt und stand plötzlich neben mir.

»Die sind ja so was von nett!«, stammelte er errötend. »Mit denen kann man ja richtig arbeiten.«

Ich errötete mit ihm.

Ein Trainerpärchen für Businessknigge, sie und er im Business-Style gekleidet und sichtlich auf alles gefasst, brachte es fertig, dass die Schüler freiwillig Überstunden machten, und gingen so begeistert vom Platz, dass sie ein kostenloses abendliches Tischknigge-Seminar hinterherschoben. Ich lernte nicht nur selbst noch etwas dazu, sondern auch meine Schüler von ihrer feinsten Seite kennen.

Manchmal aber spüre ich schon beim Eintreten des Gastes, dass es nicht gut gehen wird. Wie der aussieht, wie die sich bewegt, wie der mit den Jugendlichen spricht … Oh Gott, denke ich dann, am Telefon hat der doch ganz anders geklungen. Doch dann kann ich ihn nicht mehr umtauschen. Mehrere Stunden des (Mit-)Leidens schließen sich an, Stunden, in denen ich immer wieder die Augenfurie geben muss, um auch nur ansatzweise so etwas wie Arbeitshaltung sicherzustellen. In solchen Momenten schwitze ich Blut und Wasser. Grauenhaft, dass der fremde Mann, den ich eingeladen habe, nicht wertgeschätzt wird – und dass er mit meinen Schülern so unpassend umgeht! Ich schäme mich vor dem einen für die anderen und vor den anderen für den einen. Und ich hoffe, dass das Ganze irgendwann vorbei ist.

Interessant ist, dass sich mein Eindruck oft mit dem der Schüler deckt! Neulich dachte ich im Innersten: Oh, warum muss der so besserwisserisch mit der Klasse reden? Hat der das nötig?

Kaum war der Mann draußen, kam Eugen zu mir: »Der hat so blöd mit uns geredet. Der ging mir voll auf die Nerven.«

Der Zwickmühle zweiter Teil! Wäre Eugen nicht mein Schüler, sondern mein Freund, würde ich ihm freundlich in die Rippen stoßen und kichern: »Du, der Typ war echt unmöglich!« Als Lehrerin versuchte ich es dagegen halbherzig: »Ich glaube, ich verstehe, was du meinst. Aber du musst bedenken, dass er extra euretwegen hierhergekommen ist. Der hat das bestimmt nicht so gemeint.«

Vor ein paar Monaten hatte ich wieder einmal Gäste eingeladen. Sie machten ihre Sache nicht schlecht, aber fanden kein Ende. Es wurde geredet und geredet und geredet. Sie spürten – im Gegensatz zu mir – nicht, wann die Aufmerksamkeitskurve in den Keller ging. Ich sah der Eskalation entgegen. Zumindest aufs Klo würden sich bald einige verabschieden. Und schwatzen würden sie und kichern. Doch bis zur letzten Sekunde hielt die Disziplin. Als die Besucher verabschiedet und außer Reichweite waren, löste sich die Spannung.

»Mann, war das langweilig!«

Dieses seltene Maß an Selbstbeherrschung erfüllte mich mit so großem Stolz auf die Klasse, dass ich am liebsten jedem höchstpersönlich das Pfötchen gedrückt und meinen Dank ausgesprochen hätte.

Manchmal kommen Leute von außen, die von Berufs wegen häufig in fremden Klassenzimmern auftreten, zum Beispiel weil sie zu Themen wie Sexualität oder Drogen mit den Schülern arbeiten. Manchmal wollen diese Leute, dass wir Lehrer nicht dabei sind. Es hängt dann quasi ein imaginäres Schild an der Tür, wie ich es aus meiner Kindheit kenne – damals allerdings auf kläffende Vierbeiner bezogen: »Wir müssen draußen bleiben.«

Wenn ich, die Lehrerin, die in dieser Klasse in dieser Stunde eigentlich Unterricht hätte, also draußen bleiben muss, überkommt mich zunächst ungläubige Freude. Ich bin nicht nötig?! Ich darf mich während meiner eigenen Unterrichtszeit ins Lehrerzimmer zurückziehen?! Ich kann gleich den Stapel Hefte durchkorrigieren, den ich eigentlich mit nach Hause schleppen wollte?!

Ich wünsche dann also alles Gute für die kommende Stunde und schwebe davon. Ein Hauch von ungutem Gefühl schwebt mit mir. Wird die Klasse sich von ihrer besten oder zumindest guten Seite zeigen? Wird die Person, die gerade meine Rolle übernimmt, mir am Ende vermelden, dass »es gut lief«? Oder wird sie nach getaner Arbeit einiges an Klagen bei mir abladen: »Die waren so laut!«, »Die haben nicht aufgepasst!«, »Die haben was im Klassenzimmer rumgeschossen!« oder »Die haben ja gar keine Konzentration!«?

Klagen, die wie Beschwerden daherkommen.

Klagen, die bei mir ein »Ich bin irgendwie schuld daran«-Gefühl auslösen.

Klagen, die ich mit in die nächste Stunde zu ebendieser Klasse schleppe, während ich denke: Da hätte ich die Stunde lieber selbst gehalten.

Ein interessanter Aspekt des Besuchs von außen ist – wenn man sich darauf einlässt –, das Schulhaus und das ganze Drumherum mit Nicht-Lehrer-Augen zu sehen. Vor einigen Monaten begleitete mich eine Freundin zum Klassenzimmer. Es war mein freier Tag, wir beide wollten gemeinsam etwas unternehmen. Zuvor musste ich dringend noch etwas in der Schule klären. Die Freundin wollte nicht im Auto warten und ich freute mich, dass sie mitkam.

»Oh, das sieht aber freudlos aus!«, »Empfindest du die Atmosphäre hier auch so bedrückend?«, »Der macht aber ein gestresstes Gesicht!«

Als ich diese Kommentare meiner Freundin hörte, vollzog sich Verschiedenes in mir: Einerseits fühlte ich *mich* angegriffen. Das war doch meine Schule. Das war mein Schulhaus. Das waren meine Kollegen. Wir hatten uns in den letzten Jahren wirklich große Mühe gegeben, dem alten Kasten, der das Schulhaus nun mal war, eine ansprechende Atmosphäre zu verschaffen. Doch andererseits stimmte ich ihr zu. Ja, die Schule wirkte – wie so viele Schulen – nicht wie ein Quell des Glücks. Ja, die Wände, die schon länger nicht mehr gestrichen worden waren, sahen irgendwie düster aus. Ja, die Kollegen, die uns gehetzt über den Weg liefen, schauten wirklich alles andere als entspannt. Gleichzeitig wusste ich aber, dass auch ich auf meine Freundin nicht entspannt gewirkt hätte, wäre sie an einem meiner Unterrichtstage plötzlich dort erschienen.

Manchmal ertappe ich mich regelrecht dabei, wie ich mit verkniffenen Mundwinkeln durchs Schulhaus jage – ein Albtraum! Manchmal vergesse ich das Grüßen – inakzeptabel! Und manchmal habe ich einen Ton am Leib – zum Fürchten! Auf diese Dinge achte ich inzwischen wieder ein bisschen mehr. Es ist einfach gut, wenn Besuch von außen kommt!

Vor einigen Jahren verbrachte ich die Mittagspausen oft im Klassenzimmer. Genüsslich verdrückte ich eine Butterbrezel und arbeitete ein wenig, bis der Nachmittagsunterricht begann. Gelegentlich bekam ich dann ganz besonderen Besuch von außen: eine der Reinigungsfachkräfte, natürlich weiblichen Geschlechts.

Manchmal erschrak sie darüber, dass ich da so saß, manchmal rechnete sie schon mit meinem Anblick. Meist plauderten wir ein bisschen, während sie zügig und routiniert ihrer Arbeit nachging. Ab und zu erzählte sie mir von dem, was sie gerade so erlebt hatte. Sie war dabei relativ gefasst. Ich fand, sie war sogar sehr gefasst – für das, was sie aushalten musste.

Dass Kaugummis an allen Ecken und Enden klebten, erwähnte sie noch nicht einmal. Sie kratzte sie vom Boden, aus Schaukastenecken und von der Wand. Dass für viele das Schulhaus der größte Mülleimer der Welt war – kein Thema! Dass die Mülltrennung auch nach Jahren immer noch in den Anfängen steckte – geschenkt! Aber was ihr an dem Ort widerfuhr, den man gemeinhin die »sanitären Anlagen« nennt – das war zu viel.

Sie hatte mir schon die verschiedensten Szenarien geschildert – allesamt solche des Schreckens: fünf Klorollen, die in einer Schüssel steckten; Pipi, großzügig über mehrere Kabinen verteilt; ein satter Haufen, exakt neben der Schüssel platziert …

Wenn ich mit Schülern über das Thema redete, lief das immer gleich ab: Sie wussten auch nicht, wer so etwas machte. Sie waren auch schon mal reingekommen und es hatte entsetzlich gestunken. Sie fanden das auch widerlich, wenn jemand neben die Schüssel ... *Sie* waren das *nicht*. Sie würden so etwas niemals tun.

»Heute hat's da so ausgesehen, als habe einer Kopfstand gemacht und gleichzeitig Durchfall gehabt«, erzählte mir die nette Frau einmal. Und da war sie wirklich empört.

Mir drehte sich die Brezel im Magen um und gleichzeitig tat mir die Frau entsetzlich leid. Ich war so wütend, dass ich der nächstbesten Klasse die Leviten las, ohne auch nur den Hauch einer Ahnung zu haben, ob ein Schuldiger vor mir saß. In meiner Empörung griff ich zu einem Mittel, das sich auf zwei Tatsachen stützte: Viele Schülermütter verdienten sich Geld durch Putzen. Allen Schülern war die Ehre ihrer Mutter heilig, wie sie nicht müde wurden zu beteuern.

»Wie fändest du das, wenn deine Mutter die Scheiße von anderen Menschen von den Fliesen schrubben müsste?«, schleuderte ich ihnen in der bewusst gewählten Individualform entgegen.

Betretenes Schweigen auch bei denen, die angesichts der Sache mit den großflächig verteilten Fäkalien gelacht hatten. Nee, das wollten sie nicht! Ihre Mutter doch nicht! Niemals!

»Aber die Frau, die hier putzt, soll das machen?!«, redete ich mich in Rage.

Nee, eigentlich sollte die das auch nicht machen.

Und weil ich gerade mal in Fahrt war, setzte ich noch mehrere obendrauf: »Stellt euch vor, eure Mütter müssten Kaugummis aus Abfalleimern kratzen! Stellt euch vor, sie müssten verstopfte Toiletten ausräumen! Stellt euch vor, sie müssten Pipi von wildfremden Leuten aufwischen ...«

Was die Schüler sich wirklich vorstellten, weiß ich nicht. Auf jeden Fall wirkten sie nachdenklich. Das musste ich nutzen.

»Drum sage ich ja immer, ihr sollt eure Kaugummis nicht einfach in die Eimer spucken. Wickelt sie gefälligst in Papier! Sonst kleben die an«, wetterte ich weiter.

Genau genommen war dies Belehrung für Fortgeschrittene. Wer durchgekaute Kaugummis im Abfalleimer entsorgte und nicht unter Tische, in Zimmerecken oder auf Schränke klebte, war eigentlich ein Held. Aber in diesem Moment musste ich die Gunst der Stunde einfach nutzen.

Ein bisschen lachten sie, als ich das mit dem Einwickeln mal wieder aufs Tapet brachte. Ein bisschen aber schien tatsächlich kleben geblieben zu sein.

»Du hast deinen Kaugummi nicht in Papier gewickelt!«, herrschte Riccardo seinen Nachbarn Benjamin kurz darauf an, als der nach meiner Kaugummi-Ansprache vom Eimer zurückkehrte.

»Doch«, konterte Benjamin, »ich hatte das Papier schon in der Hand. Ich hab ihn da reingetan. Das Papier ist rot.«

Keiner wollte ihm glauben. Auch ich nicht. Dann warf ich einen halbherzigen Blick in den Eimer. Ganz oben auf all dem anderen Zeug lag ein kleines rotes Päckchen. Benjamin musste sich vor meinen Liebesbekundungen in Sicherheit bringen.

Tu's heute! Morgen ist's
vielleicht verboten.

28

EINE GANZ BESONDERE SPEZIES

Über das Phänomen, dass Lehrer gern über
»die Eltern« schimpfen, obwohl viele von ihnen
doch selbst Eltern sind

Wenn sich ein Außerirdischer mit Erden-Sprachkenntnissen in irgendein Lehrerzimmer verirren würde, käme er wohl zu dem Schluss, dass es eine ganz besondere Spezies auf dieser Erde gibt, die eigentlich alles falsch macht – die Eltern. Die Idee, dass es gerade diese Spezies ist, der wir Lehrer unsere Arbeitsgrundlage verdanken, käme ihm vermutlich nicht.

Das ganze Eltern-Lehrer-Dilemma finde ich schon deswegen interessant, weil viele Lehrer ja selbst Eltern sind. Ich versuche des Öfteren, einen versöhnlichen Ton anzuschlagen. Wenn ich für die Eltern spreche, ecke ich bei den Kollegen an; wenn ich um Verständnis für die Lehrer heische, gelte ich als Krähe, die Artgenossen schont. Ganz offensichtlich wollen auch viele Eltern nicht hören, dass Lehrer es gut meinen.

Um die Sache strukturiert anzugehen, habe ich eine Eltern-Typologie entwickelt. Hier ist sie:

* Eltern, die man nie sieht und von denen man nie hört: Es ist, als gäbe es sie nicht. Gelegentlich unterschreiben sie Zettel.

* Eltern, von denen man über die Kinder hört und auf die man so richtig gespannt ist: Oft gibt es Horror- oder Heldenstorys über sie – eine Mutter, die mehrere Jobs ausübt, ein Vater, der die kleine Schwester mit Schokolade mästet, ein Vater, der sich selbst die Haare tönt …

* Eltern, die sich immer mal wieder in die Schule wagen, sehr friedfertig sind und hilflos wirken: Man möchte sie drücken oder ihnen einen Lebenscoach mit nach Hause geben.

* Eltern, die stets antreten, wenn man sie in die Schule bittet, und die so wirken, als seien sie im Reinen mit sich und ihren Kindern: Man möchte sie beglückwünschen, sich mit ihnen freuen und nicht glauben, dass es so wenige sind.

* Eltern, die nerven und sich selbst wichtiger als ihre Kinder nehmen: Man steht es zähneknirschend durch.

* Eltern, die ein Hauptziel im Leben haben: überall Stunk machen. Kommentar überflüssig!

Ich kenne viele Lehrer, die geradezu entsetzt darüber sind, wie schlecht viele Eltern ihre Sache machen. Meine Sicht ist da gnädiger. Natürlich sehe auch ich Eltern, die ihrem Auto mehr Interesse entgegenbringen als ihrem Kind. Denen es wichtiger ist, was die Leute sagen, als das, was dem Kind guttut. Die gleichgültig oder besitzergreifend mit ihrem Nachwuchs umgehen. Aber, und das ist ein ziemlich großes Aber: Ich sehe vor allem Eltern, die ihre Kinder lieben, zumindest Gutes für sie wollen. Sie sind oft ungeschickt, unprofessionell, erfolglos. Aber in jedem Fall voll des guten Willens.

Wenn ich auf Elternabenden oder bei Elterngesprächen in die Augen der anwesenden (über die Fernbleib-Gründe der konsequent nicht anwesenden möchte ich mir kein Urteil anmaßen) Mütter und Väter blicke, sehe ich darin den gleichen unsicher-hoffnungsvollen Blick, den ich selbst oft genug als Mutter mit in die Schule trug: voll zärtlicher Liebe zum eigenen Kind, voller Sorge um sein schulisches Fortkommen, nach guten Lehrerworten lechzend und Lehrertadel fürchtend. Sie sind voller Hoffnung, dass der ganz persönlichen Minusliste ihres Lebens nicht noch ein weiterer dicker Punkt hinzugefügt wird.

Viele sind abgehärmt, manche aufgebrezelt, einige gehen ihren Kindern auf den Leim, einige sind zornig – auf die Schule oder auf ihre Kinder –, manche sind unglücklich, viele, die nicht aus Deutschland stammen, können nur schlechtes Deutsch, einige, die aus Deutschland stammen, können ebenfalls nur schlechtes Deutsch. Kaum einer lässt raus, wie er sein Kind zu erziehen versucht. Dabei weiß ich ja schon so vieles über die Schüler: vom Hausarrest, von PC-, Playstation-, Handy- und weiteren Verboten, die nicht eingehalten werden, vom Schimpfen und Toben, von Ohrfeigen, auch von Schlägen.

Einer meiner Ehemaligen sagte in diesem Zusammenhang mal: »Ich möchte mein Kind später nicht schlagen, aber ich muss es ja tun. Sonst wird es nicht erzogen.«

Wirklich schlimm finde ich die allermeisten Eltern nicht, die mir gegenübersitzen, sondern schlichtweg überfordert. Das macht mich so milde, dass es mir extrem schwerfällt, ihnen den Marsch zu blasen oder die Kinder bei ihnen in die Pfanne zu hauen – auch wenn sie es jeweils verdient hätten. Ich eiere also pädagogisch wertvoll herum, lobe das bisschen, das es zu loben gibt, verweise auf die freundliche Wesensart von Ali und flechte schüchtern ein, dass es ab und zu eben doch nötig sei, auch zu Hause etwas für die Schule zu tun.

Das strahlende Lächeln im Gesicht von Alis Mutter entschädigt mich für den Eiertanz, den ich aufführe, und ich stelle mir vor, wie sie ihrem Sohn nun wohlwollend und ermutigend entgegentritt, was ihn dazu bewegt, endlich mehr für die Schule zu tun. Manchmal klappt es sogar. Manchmal strahlt mich am Tag nach dem Elterngespräch der Schüler genauso an wie tags zuvor die Mutter.

Grins. Der Schüler nähert sich. Er grinst noch immer. Dann lächelt er verschwörerisch. Schließlich nimmt er die Zähne auseinander und flüstert: »Sie haben nichts Schlechtes über mich gesagt.« Dazu grinst er ...

Genau in diesem Moment muss ich dann doch noch die Mahnerin geben: »Ja, aber wehe, wenn du dich jetzt darauf ausruhst!«, weil ich halt weiß, wie schmal der Grat zwischen zu viel und zu wenig loben ist.

Einer meiner eigenen Söhne hat mir da einen unvergesslichen Denkzettel erteilt. Ich hatte ausnahmsweise mal während eines Elternsprechtages nur Gutes über ihn gehört und teilte ihm dies unumwunden und mit unverhohlener Freude noch am selben Abend mit. Ich stellte mir vor, wie er nun motiviert weiter-, ja sogar mehr arbeiten würde. Nach ein paar Wochen fiel mir auf, dass der Junge in fast allen Fächern nachließ. Ich stellte ihn zur Rede, bezog mich auf den Elternsprechtag und erhielt die ehrlich-treuherzige Antwort: »Ich hab mir gedacht, wenn die mich alle so loben, kann ich ruhig ein bisschen weniger tun.«

Ehrlich gesagt, befürchte ich, dass dieser Mechanismus auch bei Eltern greift.

»Och, die Lehrerin hat mein Kind so gelobt. Da kann ich mich mal entspannt zurücklehnen.«

Manchmal treibt die Schüler-Lehrer-Eltern-Interaktion übrigens kuriose Blüten: »Ich darf gar nichts mehr, weil meine Noten so schlecht sind. Könnten Sie heute Abend vielleicht etwas Gutes über mich sagen?! Möglicherweise darf ich dann mal wieder raus.« Aber auch: »Ich verstehe mich zurzeit so gut mit meinen Eltern. Wenn *Sie* denen jetzt sagen, dass ich mich hier so aufgeführt habe, ist alles wieder kaputt.«

»Um Himmels willen, Erpressung!«, mag ein Außenstehender jetzt einwenden.

Nein, Entwarnung, ich bin kein Wachs in Schülerhänden. Aber ja, zugegeben, es fällt mir schwer, etwas zu tun, was den Familienfrieden meiner Schüler gefährden könnte. Überhaupt stelle ich ein merkwürdiges Phänomen fest: So schneidig ich zu Hause die Keife gebe, so ungern fahre ich meinen Schülern oder ihren Eltern an die Karre.

Einmal ging es im Elterngespräch, bei dem auch der Sohn zugegen war, um den dringend angeratenen Wechsel der Schulart. Den Jungen hatte ganz offensichtlich allergrößte Schulmüdigkeit erfasst.

Die Mutter, selbst so jung, dass sie mein Kind hätte sein können, hörte sich alles an und sagte dann traurig, aber gefasst: »Ich will nur, dass es ihm gut geht. Wenn es für ihn das Beste ist ...«, woraufhin dem bis dahin stummen Sohn, meinem Schüler, Tränen in die Augen traten.

Der Anblick dieser zwei Menschen, die sichtlich keinen Dauerplatz auf der Sonnenseite des Lebens hatten, rührte mich so sehr, dass mir selbst die Tränen in die Augen schossen. Ansonsten bin ich im Eltern-Schüler-Kontakt bislang trocken geblieben. Obwohl es oft etwas zu weinen gäbe.

Aber manchmal gibt es auch etwas zum Lachen. Nie werde ich den Herrn vergessen, dessen Namen ich als blutjunge Lehrerin auch nach dem dritten Nachfragen nicht verstanden hatte. Ein ganzes schreckliches Elterngespräch lang wusste ich nicht, zu welchem meiner Schüler der schweigsame Vater gehörte. Wie ich mich da aus der Affäre wand, ohne kompletten Stuss zu reden, gehört bis heute zu meinen Glanzleistungen in »ausweglosen Situationen«.

Ein andermal äußerte eine Mutter großes Erstaunen: Bisher sei jedes ihrer Kinder mal durchgefallen. Wieso dieses Kind denn so gut sei? (Der Sohn war grottenschlecht, aber nicht schlecht genug, um die Klasse wiederholen zu müssen.)

Und auch die Mutter werde ich nie vergessen, der ich unmissverständlich offenbaren musste, dass ihr Sohn im Unterricht eine Nervensäge allerhöchsten Ranges war.

»Ja, ja«, stimmte sie mir unbeschwert lachend zu, »wir fliehen zu Hause auch alle in unsere Zimmer, wenn er heimkommt. Das hält ja keiner aus.«

Manchmal läuft das mit der Flucht auch andersherum: Die Kinder fliehen vor ihren Eltern, zum Beispiel bei Schulfeiern. Sie wollen unter keinen Umständen, dass ihre Eltern sie begleiten.

»Nein, mein Vater kann nicht«, sagen sie. Oder: »Meine Mutter hat niemanden für die Kleinen.«

Sooft Aussagen wie diese der Wahrheit entsprechen mögen, so sicher tun sie es manchmal eben nicht. Ich sehe dann immer ein imaginäres Schild vor mir: »Wir müssen draußen bleiben!« Natürlich tun mir die Eltern leid. Werden von ihren eigenen Kindern nicht gern bei uns gesehen! Ich grüble: Sind sie ihnen peinlich? Schämen sie sich für sie? Oder wollen sie nur einfach die Schule weiterhin als elternfreien Raum erhalten?

Ganz ab und zu fährt mir selbst ein Schreck in die Glieder: Dieser ungepflegte Mann gehört zu dem reizenden Kind, das sich so gut benehmen kann?! Diese mürrische Frau ist die Mutter des Strahlemanns?! Das Kaugummi schmatzende und völlig überschminkte Wesen, das mir gegenübertritt, ist die große Schwester meiner bescheidenen Meltem?! Wow! Auf einmal bekomme ich einen Heidenrespekt vor meinen Süßen.

Umso rührender ist die Sache mit der Familienähnlichkeit. Da steht schon mal eine wildfremde Frau vor der Klassenzimmertür und aus mir blubbert es ohne Nachdenken heraus: »Sie sind Frau ...«

Am allerrührendsten ist es, wenn sich die Ähnlichkeit nicht nur auf das Äußere beschränkt: ein Vater, der mit großem Ernst und ohne sichtbare Regung abends meinen Worten lauscht – exakt so wie sein Sohn am Vormittag, eine Mutter, die sich mit der gleichen müden Geste durch die Haare fährt wie ihr Kind, und eine andere Mutter, die nicht nur mit der gleichen Schönheit wie ihre Tochter gesegnet ist, sondern auch genauso spricht.

Wenn ich an dieser Stelle meiner Überlegungen angekommen bin, werde ich immer ein bisschen unsicher. Was mag den Lehrern meiner Kinder schon bei meinem Anblick in den Sinn gekommen sein?! Oje, sie ist genauso fahrig wie ihr Sprössling! Oder: Das dachte ich mir doch, dass der eine Quasseltante als Mutter hat! Oder: Na klar, die grinst auch zu den unmöglichsten Gelegenheiten!

Irgendwie bin ich richtig froh, dass ich das nie erfahren werde. Die Eltern meiner Schüler erfahren es auch nicht. Nur das mit der Schönheit konnte ich nicht für mich behalten.

Meine Lehrer haben keine Ahnung.
Dauernd fragen sie mich!

29

UND WIEDER KEINE RUHE

Über die Tatsache, dass Pausen und Freistunden
für Lehrer noch lange keine Freizeit bedeuten

Oh nein, heute hab ich Aufsicht!« Wenn mir diese Erkenntnis wenige Sekunden nach dem Pausenläuten ins Hirn fährt, trifft sie mich erst mal hart. Es fühlt sich fast ein bisschen wie eine Heimsuchung an: Noch nicht mal die paar Minuten lang kann man machen, was man will! Und wenn es auch noch kalt und unfreundlich ist …

Doch dann stapfe ich raus und finde es gar nicht mehr so schlimm. Gegen das Frösteln kann man Runden drehen und zusehen, wie Jugendliche der Kältestarre entgegenbibbern. Wenn es gut geht, hat man ein paar nette Kollegen um sich, mit denen man ins Plaudern kommt. Ist ja auch mal nicht schlecht, so in Ruhe zu reden. Dass einem dabei Frisbeescheiben um die Ohren fliegen, die eigentlich Pappteller sind, dass rechts und links Bälle scharf geschossen werden, die aus ausgedienter Alufolie bestehen, wird als erfreulich vermerkt – zeugt es doch von Kreativität und dem klaren Willen einzelner Schüler, nicht einzufrieren.

Ein Sonderfall ist die Sache mit den Schneebällen. Das Werfen derselben ist strengstens verboten und muss von den Aufsicht führenden Lehrkräften aufs Schärfste unterbunden beziehungsweise geahndet werden. Das verstehe ich auch. Ich war selbst mal nach einem Schneeball-Unfall mit einem Schüler beim Nähen und wurde Zeugin, wie der ehemals toughe Junge angesichts der Nadel in die Knie ging und immer nur wimmerte: »Ich glaube, mir wird übel.« Das möchte ich lieber nicht noch mal erleben.

Aber ich verstehe auch ein wenig zu gut, dass die Schüler der Versuchung des Schnees nicht widerstehen wollen. Genau genommen erfreut es mein Herz, dass wenigstens diese Eiskristalle es schaffen, sie aus ihrer Lethargie zu reißen. Ich verstehe es und bin doch auf der anderen Seite.

An dieser Stelle muss ich noch etwas zugeben: Ich bin nicht der Security-Typ. Ich überwache nicht gern. Ich unterbinde nicht gern. Ich sage nicht gern: »Verweis wegen Rauchens!« oder »Gib das Handy her, das kriegt jetzt die Schulleitung«.

So etwas muss man aber sagen, sonst hat man verloren. Ein Lehrer, der die Augen verschließt, wird nicht ernst genommen. Man muss schon irgendwie den Hardliner geben und dabei nach Möglichkeit so tun, als sei einem die Strafmaßnahme nicht unangenehm. Ein echter harter Hund zeigt keine Gefühle, der ahndet nur. Und wenn sich rumgesprochen hat, dass man auch mal »böse« ist, reicht es meist schon, prophylaktisch böse und unerschrocken zu schauen.

Manchmal erschrecke ich selbst, wenn Schüler den Schneeball fallen lassen oder aus einer verbotenen Zone weichen, einfach nur, weil ich mich nähere. Allerdings erschrecke ich noch mehr, wenn sie ihn nicht fallen lassen oder nicht weichen, weil ich mir dann etwas ausdenken muss – einen noch böseren Blick, eine zackige Kopfbewegung oder einen Satz, der sitzt! Keine Höflichkeiten wie: »Geh doch bitte mal aus der Teichzone raus!« Sondern etwas Knackiges: »Raus!« Oder: »Jetzt aber mal ganz, ganz schnell!«

Manchmal fehlt mir der nötige Ernst. Dann schaffe ich es nicht, die Rolle professionell zu Ende zu spielen, und muss plötzlich grinsen. Solange das nicht zu oft vorkommt, entsteht kein Schaden. Die Schüler denken dann wohl, ich habe Humor. Wenn das mit dem Grinsen oder Lachen aber überhandnimmt, kann es zu Missverständnissen kommen.

Die lacht? Alda, die kannst du austesten!

Ab und zu muss man sich nicht nur am Riemen reißen oder sich etwas ausdenken, nein, ab und zu muss verarztet, geschlichtet, getröstet werden. Das ist die große Stunde von Schulsanitätsdienst und Streitschlichtern. Wenn man als Aufsichtführende weiß, dass da einsatzbereite, kompetente Mitschüler zur Verfügung stehen, sieht man ein aufgeschlagenes Knie oder einen handfesten Streit mit ganz anderen Augen. Der Ernstfall ist dann unter pädagogisch wertvoll zu vermerken.

Um die beiden schlotternden Wesen, die beim Herumalbern im zugefrorenen Schulteich landeten und sich buchstäblich sehr kalte Füße holten, habe ich mich wirklich gern gekümmert. Das Schimpfen erübrigte sich dank des Leidens der Delinquenten. Und sie werden das bestimmt nicht so schnell wieder riskieren. Ganz abgesehen davon, dass sie vor großem Publikum den Beweis für den Wahrheitsgehalt aller Lehrer-Schreckensszenarien angetreten haben und damit ein wunderbar abschreckendes Beispiel waren.

Richtig mulmig wird mir dann, wenn ich nicht erkennen kann, ob nur eine harmlose Rangelei im Gange ist oder wir unmittelbar vor dem Ausbruch einer handfesten gewalttätigen Auseinandersetzung stehen. Eine Lehrkraft, die das Rangeln zu ernst nimmt, disqualifiziert sich als ignorant. Doch wenn sie die aufkommende Gewalt nicht rechtzeitig unterbindet, macht sie ihren Dienst lausig.

Angesichts eines 1,90-Meter-Kolosses mit Übergewicht, dessen Frustrationstoleranz gerade durch einen 1,95-Meter-Koloss mit Muskelbergen extrem strapaziert wird, überkommt mich – und das möchte ich an dieser Stelle ehrlich zugeben – Angst. Was, wenn die nicht auf mich hören? Was, wenn kein anderer Kollege in Sichtweite ist? Die Kreische zu geben angesichts eines derartigen Testosteron-Aufkommens, ist nicht nur peinlich, sondern auch sinnlos. Mich zwischen die Kontrahenten werfen? Ehrlich gesagt, würde ich das gern mal ausprobieren, aber nicht mit mir in der Hauptrolle, sondern mit meinem unverwundbaren Klon. Was würden die Kerle machen, wenn sie plötzlich die schwächliche ältere Lehrerin zwischen ihren Fäusten hätten? Draufhauen? Weghauen? Ignorieren? Oder erschrocken innehalten?

Manchmal träume ich davon, wie ich als weiblicher Bud Spencer mal eben für Ordnung sorge – und dann ist alles wieder gut. Immer wieder ziehe ich auch in Erwägung, einen Crashkurs in

Selbstverteidigung zu absolvieren, damit ich wenigstens weiß, wohin ich hauen muss, wenn es ernst wird.

Glücklicherweise bin ich an einer Schule, an der gewalttätige Auseinandersetzungen nicht zum Alltag gehören – genauso wenig wie »Pause im Hause«! Wenn es irgendwie möglich ist, verbringen die Schüler ihre Pause draußen. Manchmal aber sind die Umstände so widrig, dass kurz vor Pausenbeginn eine Durchsage ertönt: »Wegen des starken Regens findet die Pause im Haus statt.«

In diesem Fall Gnade den Lehrkräften, die Pausenaufsicht haben! Der Lärm und Umtrieb von knapp 600 Schülern im Alter von sechs bis siebzehn ist etwas, was man getrost als Körperverletzung bezeichnen könnte. Ich bin mir nicht sicher, ob die Schüler immer lauter oder wir Lehrer immer lärmempfindlicher werden. Auf jeden Fall gehen Kollegen meines Alters mit mir konform, wenn ich »Pause im Hause« als Heimsuchung bezeichne.

Noch so eine Heimsuchungsmöglichkeit ist die Freistunde. Das klingt ja zunächst einmal wie »Freustunde«. Freistunden heißen auch »Fenster«. Manche nennen sie gar die »Löcher im Stundenplan«.

Uns Lehrern ist es ziemlich egal, wie das heißt. Wir fallen auf den Etikettenschwindel nicht herein. Denn wir wissen, was Freistunden für uns bedeuten: In dieser Zeit hat die Lehrkraft zwar *eigentlich* keinen Unterricht, ist aber für den Vertretungsabschuss freigegeben. Je mehr Freistunden in einem Stundenplan stecken, desto mehr Zeitbomben ticken, die da lauten: Vertretung in Klasse XY!

Obwohl ich es also wissen müsste, kann es noch immer vorkommen, dass ich naiv für die Freistunden des nächsten Tages *plane*. Ich werde in aller Ruhe vier Klassensätze kopieren. Ich werde mit Kollegin A., die ebenfalls eine Freistunde hat, unser gemeinsames Projekt detailliert festlegen. Ich werde neun Klassen abklappern, in denen Teilnehmer meiner AG sitzen, um ihnen etwas mitzuteilen, was ich weder durch die Lautsprecheranlage posaunen noch ans Schwarze Brett pinseln möchte. Und wenn mir dann noch Zeit bleibt, werde ich meinen Wochenplan für die übernächste Woche aufhübschen. So weit die Theorie.

In der Praxis sieht das anders aus: Am Morgen setze ich meinen Fuß ins Lehrerzimmer. Wie ein Magnet zieht der Vertretungsplan meine Aufmerksamkeit auf sich. Mein Blick gleitet über die Tabelle. Wie ein Detektiv spüre ich meinem Kürzel nach. Manchmal, wenn ich mich für ein paar Minuten noch der Illusion »freie Stunde« hingeben will, entscheide ich mich auch schon mal für das Gegenteil. Blicke zwanghaft in die andere Richtung. Meide die Wand, an der der Unheilsverkünder hängt. Leere mein Fach, plaudere mit Kollegen, sehe zum Fenster raus.

Doch selbst wer im Vertretungsplan nicht fündig wird, ist noch lange nicht aus dem Schneider. Keiner weiß, was so ein Schulvormittag noch zu bieten hat! Kollegin X. könnte plötzlich abberufen werden. Kollege Y. könnte Kopfschmerzen kriegen. Kollege Z. könnte die vorgesehene Vertretung nicht übernehmen können.

Erst wer Minuten nach Beginn der Freistunde noch immer ohne Einsatz ist, kann langsam aufatmen. Manche Kollegen sitzen dann gern mal im Lehrerzimmer – mit einem Stapel Korrekturarbeiten. Leider kommen sie über die erste Arbeit nicht hinaus. Der Ablenkungen sind zu viele: Kollegenplauderei, Kollegenjammerei, Kollegentrösterei … Nur Hartgesottene senden so starke Abwehrsignale, dass keiner es wagt, sie anzusprechen. Ihrem Stapel kann man beim Kleinerwerden zuschauen.

Ich selbst bin ein kommunikativer Mensch. Wer mich etwas fragt, bekommt eine Antwort. Wer mir mehrere Fragen stellt, bekommt mehrere Antworten. Wenn mir mehrere Leute mehrere Fragen stellen, bekommen mehrere Leute mehrere Antworten. Ich bin kein Typ fürs Arbeiten im Lehrerzimmer. Weil ich aber auch kein Typ fürs Zeitverschwenden bin, tue ich alles, um die freien Minuten dennoch zu nutzen. Ich gehe sogar so weit, mich in die hinterste Kammer zu verziehen – dorthin, wo mich kein Mensch vermuten würde.

Einmal habe ich im allerhintersten Räumchen gearbeitet, das die Schule hergab. Ich war so was von stolz auf mich. Was der Mensch alles in 45 Minuten schaffen kann, wenn er nur diszipliniert ist! Als ich rauskam, lief mir eine Kollegin mit gereiztem Gesicht über den Weg.

»Du? Hier? Ich musste dich gerade eine Stunde lang vertreten. Du hättest Vertretung gehabt. Ich hatte mir so viel vorgenommen.« Die beleidigten Gesichtszüge verschoben sich ins Dramatische, als sie hinzufügte: »Man hat dich sogar ausgerufen. Hast du die Durchsage nicht gehört?«

Ich schüttelte den Kopf. Ehrlich gesagt, hatte ich total vergessen, dass Durchsagen das allerhinterste Räumchen grundsätzlich nicht erreichen. Meine Überraschung schlug in Scham um, als ich im Lehrerzimmer den Vertretungsplan anschaute, ehe ich wieder zum Unterricht antrat. Ganz offensichtlich hatte ich ihn am Morgen keines Blickes gewürdigt.

Nach diesem Eklat machte ich mir das gewissenhafte Studieren des Vertretungsplans gleich nach Ankunft im Schulgebäude zur obersten Pflicht. Doch nicht einmal das hilft.

Neulich betrat ich das Lehrerzimmer, tönte laut, dass die Klassen, die ich eigentlich unterrichten müsste, allesamt im Betriebspraktikum seien und ich deshalb mal eben besonders gründlich den Vertretungsplan studieren werde. Ich studierte also, fand mich nicht und setzte mich zufrieden an einen Tisch, um zu arbeiten. Dann plauderte ich auch noch ein bisschen mit Kollegen. Ich fand es richtig gemütlich. Bis plötzlich die Schulleitung auf der Bildfläche erschien, mit zwei kleinen Schülerinnen im Schlepptau.

Frau Monheim habe doch schon seit zehn Minuten Vertretung in der Grundschule!

Frau Monheim war entsetzt und glaubte ein wenig, sie ticke nicht mehr richtig. Hatte sie doch den ganzen Plan mit den Augen abgescannt und ausgerechnet ihr höchst persönliches Kürzel überlesen.

Bis heute habe ich mich nicht ganz von diesem Schock erholt. Immer wieder grüble ich über die Ursachen. Sehe ich nicht mehr gut – trotz Brille? Huschen meine Augen in heller Panik über den Plan? Sitzt gar ein kleines, faules Scheusal in mir, das mir von innen die Augen zuhält, wenn's an die Pflichten geht? Ich weiß es nicht.

Eine Kollegin hatte jahrelang sehr viel vertreten müssen. Irgendwann schrieb sie ihre persönlichen Einkaufslisten nach den Löchern im Stundenplan. Am Montag in der dritten Stunde ging sie konsequent zum Bäcker in der Nähe. In aller Ruhe wählte sie Brotsorten und Teilchen aus. Am Mittwoch in der vorletzten Stunde besorgte sie Gemüse und Salat, es lag ja dann nicht mehr lange im Auto. Am Freitag in der zweiten Stunde war der Getränkemarkt an der Reihe. Ihr oberstes Gebot lautete: Möglichst schnell und unauffällig die Biege machen, ehe es plötzlich doch noch hieß: »Könnten Sie mal bitte schnell in Klasse XY vertreten?«

Übrigens kann das Vertreten auch ganz lustig sein. Grundsätzlich gibt es drei Varianten.

Variante 1:
Alles ist wunderbar vorbereitet. Die Schüler arbeiten still. Ich muss nur dasitzen und wichtig tun. Dabei wird mir leicht langweilig und ich zettle irgendwann Unruhe an. Verstricke konzen-

triert arbeitende Schüler in Gespräche über Geschwister, die ich auch schon mal im Unterricht hatte. Lobe den Jungen, der so verkniffen kritzelt, für seine gute Schrift. Frage das Mädchen, das so schrecklich nach Opfer aussieht, woher es das tolle T-Shirt hat. Alles mit dem Ergebnis, dass die Ruhe dahin ist und ich endlich aktiv werden muss.

Variante 2:
Alles ist wunderbar vorbereitet. Ich muss Unterricht halten, den die Lehrkraft sich ausgedacht hat. Das mag ich nicht so gern. Ich habe meinen eigenen Stil und kann nicht gut in die Fußstapfen anderer treten. Außerdem muss ich ständig spicken, weil ich mir nicht merken kann, was mein Kollege konzipiert hat.

Variante 3:
Nichts ist vorbereitet. Die zu vertretende Kollegin ist ganz plötzlich ausgefallen. Ich darf improvisieren. Die Darbietung, die ich liefere, hängt von meiner Tagesform ab. Wenn ich schwächele, kann es sein, dass ich zu meinem Ordner »Stoff für Vertretungsstunden« greife. Wenn ich mich gut und stark fühle, laufe ich zu Hochform auf. Ich habe schon mal den Abfalleimer mit Verve durchs Zimmer geschleudert, um den zylindrischen Mantel zu veranschaulichen. Ich habe in einer völlig fremden Klasse eine Diskussion zu einem brisanten Thema angezettelt und war am Ende sehr froh, dass mir die Sache nicht entglitten ist. Und ich habe in Ermangelung jeglichen Unterrichtsstoffes beschwingt über mein Hobby geplaudert – mit dem Ergebnis, dass ganze Heerscharen von Grundschülern mir in der Folgezeit lautstark »Sie sind meine Lieblingslehrerin!« auf dem Schulhof hinterherschrien. Das ist einerseits ganz schön. Andererseits fürchte ich den Moment, wo ich in dieser Klasse wirklich *unterrichten* muss. Er wird kommen – und wenn es bei der nächsten Vertretung ist.

Dummheit ist meine
natürliche Begabung.

30

DU HAST ES GUT!

Darüber, dass es auch Nachmittage,
Klassenfahrten und sogar Ferien in sich haben

Eine der größten Annehmlichkeiten unseres Berufes ist ja, dass wir die Nachmittage frei haben. Das denken zumindest die Leute, die keine Lehrer sind.

Ich stimme ihnen erst mal zu. Wir haben wirklich frei. Wenn wir bereit sind, uns die Abende und die Wochenenden zu versauen. Wenn nicht, müssen wir – man sollte es nicht glauben – so abstruse Dinge tun wie korrigieren, recherchieren, Termine vereinbaren, Kollegen- und Elterngespräche führen, Fortbildungen besuchen, Stunden entwerfen und Material zusammenstellen.

Ach ja, Material! Einmal saß ich über meinen Unterrichtsvorbereitungen für den nächsten Tag. Eine Collage sollte es im Kunstunterricht werden. Ich plante und dachte und schrieb, bis mir plötzlich siedend heiß einfiel, dass ich das Wichtigste vergessen hatte: Die Schüler wussten gar nicht, dass sie Zeitschriften und Prospekte mitbringen sollten. Ich hatte vergessen, es ihnen zu sagen.

Nach dem ersten Schock begann ich zu grübeln. Natürlich konnte ich souverän und flexibel reagieren: Machen wir das schöne Thema eben eine Woche später. Aber ich hatte mich in die Idee der Collage verliebt. Ich wollte sie am nächsten Tag machen! Was also tun?

Plötzlich fiel mir etwas ein: Führte mich mein Schulweg nicht täglich an einer Altpapiersammelstelle vorbei?! Wäre die nicht ein wunderbarer Fundus für mein Vorhaben? Ich bemühte also zuerst mein Hirn, dann das Telefonbuch und schließlich das Internet und wurde fündig. Der nette Herr am Telefon reagierte auf mein Ansinnen gar nicht so abwehrend.

Ja, klar könne ich vorbeikommen. Ich müsse mich nur sputen, so lange habe der Betrieb nämlich nicht mehr geöffnet.

Die Aussicht auf Zeitschriften und Prospekte verlieh mir Flügel. Ich schnappte mir die Autoschlüssel, düste los und landete wenig später am Ziel meiner Begierde. Ein unglaubliches Chaos aus weggeworfenem Papiermüll erwartete mich. Ganz ehrlich, ich hatte mir das so nicht vorstellen können!

Einen kurzen Moment lang zog ich in Erwägung, das Thema doch zu verschieben und die Biege zu machen. Sollten sich die Schüler, verflixt noch mal, selbst um die Beschaffung kümmern! Doch dann besann ich mich auf den netten Mann und den kommenden Tag und machte mich auf die Suche. Irgendwann fand ich den Herrn und er verwies mich an die Frauen an den Förderbändern, von denen ganz offensichtlich keine Deutsch konnte. Sie starrten mich an wie ein sehr, sehr merkwürdiges Wesen – eines, das freiwillig im Abfall anderer Leute wühlte. Vermutlich haben sie durch mich ein völlig falsches Bild von deutschen Frauen mittleren Alters an diesem späten Nachmittag bekommen.

Zunächst zaghaft, dann immer beherzter griff ich in die Masse aus weggeworfenem Papier. Ach, wie nett, da waren ja auch ein paar Hochglanzzeitschriften auf dem Förderband unterwegs! Ach, wie schön, diese Prospekte passten genau zum Thema! Ich geriet in einen Sammelrausch, stopfte mir die mitgeführten Plastiktüten voll, warf den Arbeiterinnen, die sichtlich noch immer rätselten, was im Hirn dieser fremden Frau schieflief, Verständnis heischende Blicke zu – und verließ den Betrieb schließlich mit gebeugtem Rücken. Den netten Herrn traf ich nicht mehr. Ich schickte ihm während des Einladens unter Ächzen einen stummen Dankesgruß.

Am nächsten Tag halfen mir die Schüler beim Ausladen. Auch sie sahen merkwürdig berührt auf das, was ich da anschleppte. Die Collagen wurden nicht schlecht. Mitten im Schneiden und Kleben kamen aufgeregt ein paar Schüler auf mich zu. Sie schwenkten ein Kuvert. Ein netter persönlicher Brief war drin, mit Absender und Adresse. Die Schüler fanden noch einiges, was nicht in ihre und meine Hände gehörte. Ich war bestürzt und schwor mir, mein Altpapier in Zukunft grundsätzlich durch den Schredder zu jagen, ehe ich es in den Container kippte. Man weiß ja nie, was andere Lehrer sich so einfallen lassen!

Eine weitere Annehmlichkeit unseres Berufes ist, dass wir in den Urlaub fahren dürfen und dabei so tun können, als sei dies Arbeit. Das denken zumindest die Leute, die keine Lehrer sind.

Ich selbst wusste von Klassenfahrten bis zu meinem Lehrersein nur so viel, dass sie irgendwie lustig sind. In den Büchern meiner Kindheit passierten die besten Dinge immer auf Klassenfahrten. Und als Schülerin erlebte ich sie als etwas, worauf man sich freute, was man genoss, wo man das vom Lehrer Geplante so am Rande mitnahm und man eine innere Verpflichtung fühlte, wenigstens ein paar der Regeln zu brechen. Undenkbar – eine Klassenfahrt, auf der man nur tat, was die verantwortlichen Lehrer genehmigt hatten.

Als ich selbst Lehrerin wurde, hätte ich es eigentlich wissen müssen. Ich war dennoch so naiv zu denken, dass meine Schüler sich an all meine Regeln halten würden.

Wie viele sie nicht beachtet haben, wissen nur sie selbst. Ich weiß, dass ich mich auf Klassenfahrten keine Sekunde lang ruhig und entspannt fühle. Vielleicht ist die Tatsache schuld daran, dass ich zwei Mal den Albtraum schlechthin erleben durfte: krank sein auf der Klassenfahrt.

Beim ersten Mal war es vermutlich psychisch. Wir waren gerade im Schullandheim angekommen, die Zimmer waren zugewiesen, die Schüler hatten sich verteilt, um ihre Koffer auszupacken. Ich hatte mich ebenfalls in mein Zimmer verzogen. Gerade als ich dabei war, einen Stapel Hemdchen ins Schrankfach zu räumen, ertönten gellende Schreie: »Frau Monheim! Frau Monheim!« Die Schreie klangen so schlimm, dass ich das Zeug, das ich in der Hand hielt, durchs Zimmer pfefferte und losrannte.

Draußen standen zwei Schülerinnen, denen die Panik ins Gesicht geschrieben war. Sie stammelten etwas von »viel Blut«, was bei mir um ein Haar einen Schwächeanfall ausgelöst hätte. Ich riss mich zusammen und schoss hinter den beiden her. Das Bild, das sich mir in einem der Zimmer bot, war wenig schön. Tonio, einer meiner Jungen, war mit seinem vollen Lebendgewicht, und das war nicht wenig, durch die geschlossene Balkontür gefallen. Diese war, wie Glas es so an sich hat, in ziemlich viele Splitter zerborsten. Einige davon steckten ganz offensichtlich in diversen Körperteilen des Jungen – mit dem Ergebnis, dass Blut floss, viel Blut.

Mir schwanden zum zweiten Mal fast die Sinne. Ich bin nicht gut mit Verletzten, die stark bluten. Das war schon immer eine Schwäche von mir. Ich hatte gehofft, dass mir der Ernstfall mein Leben lang erspart bleiben würde. Stattdessen ereilte er mich nun gleich bei der ersten Klassenfahrt meines Lebens als Lehrerin.

Während Tonio blutete und laut stöhnte, schauten mich alle so erwartungs- und vertrauensvoll an, dass ich über mich hinauswuchs und alles vorbildlich managte. Am Ende saß ich mit Tonio im Krankenhaus und redete ihm gut zu. Er hatte entsetzliche Angst vorm Arzt, vor der Spritze, vorm Genähtwerden und erinnerte kein bisschen mehr an den Großkotz, der er noch auf der Busfahrt gewesen war. Bereitwillig gab er zu, selbst schuld gewesen zu sein. Sie hatten halt ein wenig gerangelt.

Als wir ins Schullandheim zurückkamen, fühlte ich mich schlapp und krank. Wenigstens ist das Schlimmste gleich am Anfang passiert, tröstete ich mich in Gedanken. Am nächsten Tag saß ich wieder im Krankenhaus: eine üble Schlägerei zwischen der reizbarsten meiner Schülerinnen und dem Brutalsten der mitgereisten Parallelklasse. Danach passierte nichts mehr. Ich selbst war krank, erbrach mich immer wieder und quälte mich durch die Tage.

Ein anderes Mal machte ich am Tag vor der Abreise ins Schullandheim einen Besuch bei der Mutter eines Babys. Dass dieses einen schlimmen Magen-Darm-Virus hatte, erfuhr ich erst, als ich schon dort saß. Ich bemitleidete zunächst die Mutter. Zwei Tage später bemitleidete ich mich selbst. Ich hatte den Virus offensichtlich mit ins Schullandheim genommen. Nie werde ich die Nacht vergessen, in der ich mir die Seele aus dem Leib kotzte – wohl wissend, dass der nächste Tag kommen würde, mit Aufsichtspflicht und Tagesprogramm.

Er kam und es kam schlimmer. Der Virus war eine Station weiter gereist. Dort wütete er heftig. Als die Schüler sich gemeinsam mit anderen Klassen auf einem Abenteuerspielplatz vergnügten, hielt ich es nicht mehr aus. Ich verzog mich – und kam nicht mehr hoch von einem der drei Klos. Die Sitzung geriet zum Albtraum. Ich dachte an die Aufsichtspflicht, ich dachte an die Schülerinnen, die vielleicht auch gleich müssen würden, ich litt.

Dann hörte ich von meinem stillen Kämmerlein aus, wie sich die Tür öffnete und zwei Mädchen mit eindeutigem Berliner Akzent den Raum betraten. Mein erstes Gefühl: Erleichterung! Immerhin waren es nicht meine Mädels! Mein zweites Gefühl: Belustigung! Die Damen hatten sich zum Rauchen zurückgezogen. Der Rauch zog auch in meine Kabine.

Wenn die wüssten, dass hier eine Lehrerin sitzt!, dachte ich.

Angesichts meiner misslichen Situation zog ich es aber vor zu schweigen.

Die Damen rauchten noch eine zweite Zigarette, dann bemerkten sie mich.

»Macht wohl eine Dauerscheiß hier, wa!«, sagte eine laut und deutlich, ehe die Tür ins Schloss fiel.

Ich war zu zermürbt, um mich zu dieser Anschuldigung zu äußern.

Natürlich überstand ich beide Klassenfahrten ohne bleibende Schäden. Aber ein bisschen Traumatisierung ist geblieben. Zumindest finde ich sie nicht mehr »irgendwie lustig«.

Die allergrößte Annehmlichkeit, der Knaller überhaupt – das sind die Ferien. Das denken zumindest die Leute, die keine Lehrer sind.

Bei mir ist das so: Seit ich Lehrerin bin, ereilt mich der Zweite-Ferienhälfte-Blues – mal mehr, mal weniger heftig, irgendwie aber immer. Lange Zeit belastete und irritierte mich das. Inzwischen weiß ich, dass es immer gleich abläuft:

* Zwei Wochen vor Ferienbeginn: Ich kann nicht glauben, dass bald wieder Ferien sind. So vieles ist noch zu erledigen. Ich fürchte, nicht alles zu schaffen.

* Eine Woche vor Ferienbeginn: Aus der Befürchtung wird Gewissheit. Ich schaffe tatsächlich nicht alles, aber versöhne mich mit dem Gedanken, dass nach den Ferien schließlich auch noch Unterricht ist.

* Der letzte Schultag vor den Ferien: Reihum-Verabschieden, ein Hauch von Abschiedsschmerz.

* Der erste Ferientag: Leichte Orientierungslosigkeit. Wie geht das eigentlich – Ferienstimmung?

* Rest der ersten Ferienhälfte: Zunehmende Hochstimmung. Freunde, das Leben ist lebenswert!

* Zweite Ferienhälfte: Zunehmende Panik. Schrecklich, ich muss wieder zur Schule gehen! Ich will das nicht. Ich will Dauerferien. Ich will in Pension gehen.

* Letzter Ferientag: Gefasste Katastrophenstimmung. Was muss, das muss.

* Erster Schultag nach den Ferien – vor Unterrichtsbeginn: Ach, irgendwie ganz nett wieder hier!

* Erster Schultag nach den Ferien – nach Unterrichtsende: Ferien? Was ist das? Es gibt so viel zu tun: Ich muss dringend das neue Projekt angehen und darf die Planung des Unterrichtsgangs nicht vergessen. Die Probearbeit muss gründlich vorbereitet werden. Und das Elterngespräch sollte endlich stattfinden.

* Erster Schultag nach den Ferien – abends: Was bin ich müde! Wie kann man nur so müde sein?! Gefasste Erkenntnis: Schule ist nicht schrecklich, aber schlaucht.

Danach läuft wieder alles ganz normal. Aber die Gedanken und Gefühle in der zweiten Ferienhälfte könnten mir gestohlen bleiben. Sie sind einfach ekelhaft. Rauben mir die Lebensfreude. Ich verstehe das nicht: Warum ist mein Verstand nicht in der Lage, mein Gefühl zu beruhigen? Cool down! Alles halb so wild! Herzklopfen und Angstzustände sind überflüssig!

Egal, er kann es nicht. Und ich muss immer wieder leiden.

Umso besser ist die erste Ferienhälfte: Das Hochgefühl verleiht mir Flügel bis in die höchsten Höhen des Pädagogen-Himmels. Solange die Schule weit weg von mir ist, beschäftige ich mich ausgesprochen gern mit ihr. Ja, es ist wahr. Schule schwappt in die Ferien. Auch wenn es keiner der Neider und Lauerer glauben mag.

Das Schwappen vollzieht sich zunächst mit dem Aufräumen des Arbeitsplatzes. Wir Lehrer sind ja in hohem Maße Zu-Hause-Täter. Infolgedessen sieht es zu Hause aus wie Sau, da ständig etwas liegen bleibt. Wenn ich gut bin, und meist bin ich gut, setze ich das Ordnungmachen ganz oben auf meine Ferien-To-do-Liste. Mein kleines Arbeitszimmer verwandelt sich dabei zunächst in ein Chaos ersten Ranges. Für Unbefugte ist der Zutritt dann strengstens verboten.

Ich selbst krabble unter den Schreibtisch, fische etwas Dunkles unter dem Schrank hervor, staple, sortiere, suche – und finde wieder: Oh, das ist ja das Arbeitsblatt, das ich vor drei Wochen so dringend gesucht und aus Not neu entworfen habe! Es hatte sich einfach zwischen zwei Stapeln versteckt. Oh, da ist der Klebestift, den ich so sehr vermisst habe! Er sollte lieber eckig sein, das rollt nicht so gut. Oh, mein Spitzer ist auch wieder da! Keine Ahnung, wie der in die Tasche mit den benoteten Schüler-Kunstwerken rutschen konnte.

Derart euphorisiert durch das Wiederfinden, wächst in mir die Kraft, aus dem Chaos etwas zu schaffen, nämlich Struktur. Wenn es also gut geht, blicke ich nach ein paar Stunden bis Tagen in mein aufgeräumtes Arbeitszimmer und freue mich – vor allem darüber, dass ich das Zeug nun ein paar Wochen lang nicht brauchen werde.

Dann geht es an die Kleinigkeiten, die ich in die Ferien verschoben habe, weil ich sie »in Ruhe« machen möchte. Und Ruhe herrscht kurz vor den Ferien einfach gar nicht. Änderungen an der fast fertigen Schülerzeitung kann ich nun zum Beispiel vornehmen.

Das geht ganz schnell, denke ich. Gleich bin ich fertig. Das schaffe ich so nebenbei ...

Pustekuchen! Ich sitze Stunden über Stunden, in Ruhe – und in den Ferien.

Wenn es noch besser geht, aber meist geht es nicht besser, beschäftige ich mich nun mit dem ersten Wochenplan für die Zeit »nach den Ferien«. Ich überlege mir, was ich wann mit den Schülern wie erarbeiten will. Wenn mir dies gelingt, gerate ich in Hochstimmung. Ab da muss ich rein gar nichts mehr für die Schule tun. Alles, was dann kommt, ist freier Wille. Und aus dem resultiert ein grandioses Wohlbefinden. Woraus wiederum resultiert, dass ich beseelt von dem Gedanken bin, entspannt und mit Herzblut dann schon die Weichen für fulminante Unterrichtserlebnisse im weiteren Lehrerinnenleben zu stellen. Ich recherchiere im Internet und bin begeistert davon, was man alles machen *könnte*.

Stets begleitet mich der Gedanke: Kann ich das für meinen Unterricht brauchen? Im Shop des Schiller-Museums zu Weimar, das ich mit Freundinnen besuchte, wühlte ich nach Schillerbüchern für Jugendliche. Beim Mutter-Sohn-Wochenende in Paris musste ich dringend ein Plakat fürs Klassenzimmer erstehen. Der Film, den ich in den Ferien im Kino guckte, wurde sofort daraufhin abgescannt, ob er für die Schule geeignet war. Als ich bei meiner Cousine in Heidelberg zu Besuch war, überfiel mich in der Straßenbahn eine fantastische Leseförderungsidee, als ich am Gardasee vor mich hin entspannte, eine für die Schülermotivation. Die Schule ist immer dabei.

So viel zum Thema »Der Einfluss der Schule auf das Ferienver-halten der Lehrkraft«. Das Thema »Der Einfluss dieses Ferien-verhaltens auf den Unterricht« möchte ich an dieser Stelle nicht vertiefen. Nur so viel: Plakate bleiben meist ungewürdigt, Bücher oft ungelesen, Ideen werden nicht umgesetzt. Die meisten Fanta-sien scheitern nach den Ferien an der Realität. Wobei sie *in* den Ferien gutes Doping waren.

Am andalusischen Strand schlich ich einmal in den Sommer-ferien mit gebeugtem Rücken durch den mit Quallen übersäten Matsch und sammelte 25 Riesenmuscheln. Mir war plötzlich in den Sinn gekommen, ich könnte im neuen Schuljahr jeden Schüler meiner neuen Klasse mit einem persönlichen »guten Wunsch auf Muschel« begrüßen. Am ersten Schultag übergab ich sie an die Schüler, sie sahen sie erstaunt an und steckten sie weg. Ein paar sagten Danke. Dann hörte ich nie wieder etwas von den Muscheln und fand mich damit ab, dass sie wohl alle ihr Ende in diversen Abfalleimern oder in den öffentlichen Anlagen rund um die Schule gefunden hatten.

Bis Tugba mir gestand: »Ich habe Ihre Muschel noch immer«, und sie zum Beweis am nächsten Tag mitbrachte.

Daraufhin nickten einige: »Ja, bei mir liegt die auch noch.«

Sie lächelten dabei – freundlich, nicht spöttisch. Und mich überkam eine große, große Freude.

31

HEUTE HABE ICH NICHTS ZU TUN

Über das Missverständnis, dass man
als Lehrer frei hat,
wenn andere Leute in der Klasse agieren

Eines Nachmittags erhielt ich einen Anruf: Ich sei ja für Projekte aufgeschlossen. Man sei interessiert daran, in meiner Klasse einen Workshop durchzuführen. Es dauere von morgens bis nachmittags. Und ich könne ganz entspannt sein, für mich gebe es da nichts zu tun. Ich müsse nur anwesend sein. Ach ja, und vorher müsse ich Unterschriften einsammeln. Für Speis und Trank sei gesorgt.

Das Thema klang hochinteressant, die Aussicht auf »nichts zu tun« ebenfalls. Also willigte ich ein. Ich bereitete die Schüler vor und erzählte ihnen auch das von Speis und Trank.

»Was gibt es zu essen?«, löcherten sie mich.

»Keine Ahnung«, gab ich zu.

Dann sammelte ich Elternunterschriften ein, was sich etwas schwierig gestaltete. Ich drängte, ich drohte.

Am Vorabend sagte ich zu meinem Mann: »Morgen habe ich gar nichts zu tun.«

Ich spürte, dass er mich um meinen Beruf beneidete.

Am Morgen war ich überpünktlich, die Workshopler ebenso. Stolz führte ich sie in den Klassenraum und ins Nebenzimmer, um dessen Bereitstellung man mich gebeten hatte.

»Sonst passt alles?«, fragte ich lieb.

Ja klar! Nur – wo es denn Tee gebe? Schwarzen Tee bitte! Und ob ich Eddingstifte zur Verfügung stellen könne? Und wo der Beamer sei? Ohne den gehe natürlich gar nichts. Und Lautsprecherboxen!

Tee? Einen Verwöhn-Service gab es nicht bei uns an der Schule. Da musste man sich schon hübsch selbst drum kümmern. Eddingstifte? Meine lagen zu Hause. Vielleicht im Sekretariat. Beamer und Boxen? Mir fiel das Herz in die Hose.

Als zum letzten Mal Gäste einen Beamer gefordert hatten, hatte ich von Hinz zu Kunz laufen müssen, ehe ich das gute Stück in seinem Versteck hatte entdecken und mir schnappen können. Die Sache hatte ein klein wenig Ärger nach sich gezogen. Ärger mag ich nicht gern. Aber was sollte ich tun?

Ich spurtete also los. Was zuerst? Der Beamer, ja! Wie durch ein Wunder schien er nur auf mich gewartet zu haben. Ich schöpfte Hoffnung. Die Eddingstifte! Nein, so dicke Stifte hatten sie nicht im Sekretariat! Mit dem Beamer in der Hand ging ich auf Stifte-Jagd. Dabei stolperte ich fast über Kollegin B., die schrecklich humpelte.

Ja, sie hatte große Schmerzen im Fuß, ja, sie hatte Eddingstifte in ihrem Zimmer. Ich solle nur einfach zu ihr kommen. Es würde aber noch ein wenig dauern, bis sie dort sei.

Kein Problem, ich musste ja eh noch was erledigen. Ach ja, die Boxen! Auf der Suche nach dem Herrn über ebendiese traf ich auf die Schulleitung.

»Die Leute vom Projekt«, schnaufte ich, »Tee …« Ich müsste das gleich noch machen, aber ich müsste auch …

Die Schulleitung war gastfreundlicher Natur – sie stellte in Aussicht, die Produktion von schwarzem Tee in Auftrag zu geben. Ich dankte herzlich und machte mich wieder auf die Suche nach dem Herrn über die Boxen. Unterwegs stolperte ich erneut über Kollegin B., die ihrem Zimmer etwa drei Meter näher gekommen war. Dann stöberte ich den Kollegen auf. Ohne zu murren, reichte er mir die zwei Boxen. Ich säuselte dankbar und hetzte mit Beamer und zwei Boxen zum Zimmer der Kollegin B. Sie war noch immer nicht angekommen, aber das Warten lohnte sich: Ich bekam die Stifte, von denen einer beängstigend schwach auf der Brust war. Ich überschlug mich dennoch fast vor Dankbarkeit und rannte mit Beamer, zwei Boxen und drei Eddingstiften zurück zum Klassenzimmer.

Oh fein, ein Beamer! Oh fein, die Boxen! Oh fein, die Stifte!

Ich rannte noch mal los wegen des Tees.

Nein, jetzt noch nicht, aber bald würde er fertig sein!

Ich rannte wieder zurück und erfuhr, dass das Kabel zwischen Laptop und Beamer das falsche sei. Ich rannte noch mal los, störte den Kollegen erneut bei der Arbeit – und erhielt das richtige

Kabel. Auf einen Kniefall vor Dankbarkeit verzichtete ich und düste ab. Auf dem Rückweg traf ich die Schulleitung, die ebenfalls wegen des Kabels unterwegs war. Irgendeiner der Workshopler hatte mir wohl nichts zugetraut.

Bei meiner Rückkehr fiel mir auf, dass zwei der Gäste coole Baseball-Caps trugen und einer schmatzend Kaugummi kaute. Die vierte kündigte an, erst mal eine rauchen zu gehen. Laut Schulordnung war unseren Schülern das Tragen von Mützen im Schulhaus ebenso verboten wie das Kauen von Kaugummi, vom Rauchen ganz zu schweigen.

Dann trudelten sie langsam ein, die Schüler. Sie starrten die Gäste an. Nicht einer sagte: »Kappe verboten! Kaugummi verboten!«

Ich war fast ein wenig stolz auf sie. Ob sie die fehlenden Unterschriften endlich dabeihatten?

Welche Unterschriften?

Ich war nicht mehr so stolz auf sie und sagte das auch.

Ach so, *die* Unterschriften! Ja, klar hatten sie die.

Von rechts und links, von vorn und hinten streckte man mir plötzlich Zettel entgegen.

Halt, da war doch noch etwas! Ach ja, der Tee.

Ich rannte wieder runter und traf auf eine Kollegin, die gerade mit einem großen, schweren Tablett unterwegs war. Bei ihrem Anblick lag ich wirklich auf den Knien vor Dankbarkeit.

Die Workshopler waren nun guter Dinge. Sie hatten alles, was sie brauchten, und fingen an. Halt, nein, zum Umrühren war nichts dabei!

Ich rannte wieder los und erbeutete ein paar Kaffeelöffelchen im Lehrerzimmer.

Dann lief die Vorstellungsrunde, sie lief sogar super. Ich war entzückt. Schließlich ging es an die Arbeitsaufträge, für die die Schüler das Klassenzimmer verlassen mussten.

Ob sie auch das Schulgelände verlassen durften? Das wäre dringend nötig.

Ich war mir sicher, dass sie es nicht durften, stellte aber in Aussicht nachzufragen. Dann rannte ich zur Schulleitung und wurde in meiner Annahme bestätigt. Ich rannte wieder hoch.

Na ja, das machte nichts. Musste es halt anders gehen.

Einer der Gäste musste aufs Klo. Ich geleitete ihn zur Lehrertoilette, sperrte mit meinem Schlüssel auf und verzog mich diskret.

Die Schüler breiteten sich derweil auf dem Schulgelände aus. Ich beschwor sie, leise zu sein. Andere Klassen hatten Unterricht! Der Lärm hielt sich in Grenzen. Später sah ich bei der Auswertung des Fotomaterials, dass ein Schüler für ein cooles Foto auf der Tischtennisplatte Kunststücke vorgeführt und ein anderer sich im einhändigen Handstand auf Asphalt ablichten lassen hatte. Mir wurde ein wenig anders.

Das Projekt ging voran. Eine Schülergruppe hatte eine tolle Idee rund um die Fahrradständer entwickelt. Die Workshopler fragten mich, ob ich diese Idee für realisierbar und verfolgenswert hielte. Ich hatte keine Ahnung. Der Herr über die Fahrradständer war ein Kollege. Man signalisierte mir, dass es eilte.

Brav hetzte ich los, um den Kollegen aufzuspüren. Nach einer kleinen Schnitzeljagd quer durchs Schulhaus traf ich im Musiksaal auf ihn. Gerade als ich die Tür öffnete, hub er an, in eine Vorführstunde vor Studenten einzusteigen. Ich pfiff auf Anstand, rumpelte nach vorn, stammelte mein Anliegen und entlockte dem Kollegen das Nötigste. Unter heftigem Dankesbuckeln, das seinen Unterrichtsbeginn erneut verhinderte, flüchtete ich nach draußen. Nun aber schleunigst zurück ins Klassenzimmer!

Unterwegs lief ich der Schulleitung in die Arme.

Ja, danke, das mit dem Tee hatte super geklappt. Jetzt gleich mit ins Rektorat kommen? Oh, das ist schlecht! Nur ganz kurz? Okay.

Ich ging mit, klärte, eilte wieder nach oben, gab Bescheid.

Dann fiel mir ein, dass ich das Lehrerklo nicht verschlossen hatte. Das konnte Ärger geben. Ich schloss also ab, ging zurück

ins Klassenzimmer und wurde dort von einer Gruppe Schüler be-
stürmt, ob ich mit nach draußen zu den Fahrradständern kommen
mochte. Na, wenn sie mich schon dabeihaben wollten! Erst musste aber noch einer der Workshopler aufs Klo.

Ich sperrte wieder auf und wollte hinter den Schülern herstür-
zen, da kam ein junger, gut aussehender Mann auf mich zu. Er
war mir bekannt, aber ich wusste nicht so recht, wer das sein sollte – bis mein Hirn blitzartig schaltete: Es war Igor, ein ehemaliger
Schüler, der unsere Schule circa sechs Jahre zuvor verlassen hatte.

Natürlich wollte ich alles von ihm wissen – wie es ihm ging,
was er beruflich machte, wie sich sein Leben entwickelt hatte …
Ich erfuhr, dass sein Vater, den ich aus Sprechstundenzeiten noch
gut in Erinnerung hatte, inzwischen verstorben war. Diese Tatsache schockierte mich so sehr, dass ich Ort und Zeit vergaß.

Als ich mich endlich von Igor verabschiedete, kamen mir meine
Schüler entgegen. Die Ortsbegehung war vorbei. In ihren Augen
stummer Vorwurf: »Sie sind nicht gekommen, Frau Monheim!«

Und ach, das Klo! Ich sperrte es wieder zu und bald wieder auf
und wieder zu. Es musste schon wieder einer. Ich geleitete auch ihn
zum Klo, bohrte den Schlüssel ins Schloss, drehte ihn um, kriegte
die Tür nicht auf, rüttelte, schimpfte auf meine Ungeschicklich-
keit, entschuldigte mich bei dem, der so dringend musste, rüttelte
noch mal, entschuldigte mich noch mal … Da öffnete sich die Tür,
von innen. Ach so, da war einer drin! Sorry!

Während der Müsser im Klo verschwand, eilte Kollegin G. auf
mich zu. Sie reichte mir einen Zettel, auf dem stand, was ich der
Klasse dringend sagen musste: Am übernächsten Unterrichtstag
würde die letzte Stunde ausfallen. Mit ernster Miene nahm sie
mir das Versprechen ab: Die Klasse wird heute noch informiert.

Inzwischen war das Klo wieder frei, ich sperrte es ab und ging
in die Klasse, den Zettel in der Hand. Die Schüler arbeiteten konzentriert und konstruktiv, es war also ein ganz unguter Zeitpunkt
für die Ankündigung. Ich hatte aber Angst, sie zu vergessen, des-

halb beschloss ich, den Text an die Tafel zu schreiben: »Übermorgen letzte Stunde frei! Bitte leise freuen!!!«

Die Schüler freuten sich leise und stießen sich an. Sie kicherten und freuten sich noch mal leise und fanden meine Anmerkung sehr witzig.

Dann klopfte es. Einer unserer jungen Schulsanitäter stand vor der Tür. Er übergab mir feierlich eine große Rolle Pflaster und eine Schere. Außerdem wies er mich auf dem Schulflur in die sachgemäße Benutzung der Schere ein.

Ich lauschte ergriffen, zollte seinem Engagement Respekt und kehrte wieder zurück ins Klassenzimmer. Die Workshopler schauten entsetzt.

War was passiert? Wieso denn jetzt Verbandszeug?

Ich winkte ab, verstaute das Zeug und war wieder ganz bei der Sache, beim Workshop meiner Schüler. Nun war aber Zeit für die Pause. Kuchen hatten sie mitgebracht, super! Das Dumme war nur, dass nichts zum Schneiden da war.

Ich rannte wieder los. Mit einem riesigen Brotmesser bewaffnet, eilte ich zurück zum Klassenzimmer. Unterwegs bedrohte ich mehrere Kollegen. Ich weiß nicht, ob sie es witzig fanden.

Der Rest des Workshops verlief unspektakulär. Abgesehen davon, dass Johnny mit den kostenlos zur Verfügung gestellten Chicken Nuggets dringend seinen eigenen Rekord brechen musste und sich am Ende fast übergab. Und dass Merve und Johanna sich am Ende an die Gurgel gingen mit den Worten: »Du bist schuld, dass das in unserer Gruppe nichts Gescheites geworden ist.«

Aber sonst war es kein schlechter Tag. Nur irgendwie merkwürdig, dass ich mich so müde fühlte, als ich gegen 15 Uhr zu Hause eintraf.

Die Straßenbahn ist falsch abgebogen, ehrlich!

32

UND DAFÜR KRIEGST DU AUCH NOCH GELD?!

Darüber, dass der Schulalltag manchmal
auch sehr, sehr schön sein kann

Ab und zu gibt es Momente, in denen ich Beobachter aller Art weit weg wünsche. Die sollen bloß schauen, dass sie sich um ihre eigenen Sachen kümmern. Es geht die gar nichts an, wie gut ich es grad habe. Die würden doch ohnehin nur denken: Und dafür kriegt die auch noch Geld?! Zum Beispiel wenn ich in Ruhe eine Tasse Kaffee mit der Kollegin trinke, während unsere Schüler beim Schulausflug das selbstständige Erkunden der fremden Stadt erproben, ehe sie wieder auf unseren Nerven herumtrampeln.

Und dann sind da noch die seltenen Augenblicke, die kostbaren. Wenn unvermutet alles leicht geht in der Schule, wenn die Gespräche mit und unter den Schülern einfach schön sind, wenn Lernzuwachs plötzlich offenkundig wird. In solchen Minuten schaue ich ungläubig auf mich selbst, schüttle den Kopf und denke: »Und dafür kriegst du auch noch Geld?!« Wie damals: Es stand ein besonderes Event an. Einen ganzen Tag lang sollte sich an unserer Schule alles nur um das Thema »Gesundheit« drehen. Wir Lehrer waren aufgefordert, uns im Vorfeld Gedanken zu machen.

Ich zermarterte mir das Hirn nach einer originellen Idee. Alles rund um Sport entfiel. Ich betrachte mich als sportlich minderbegabt. Für so etwas haben wir an der Schule kompetentere Leute. Auch alles rund um Ernährung entfiel. Ich selbst bin zwar schlank, doch ohne mich in der Theorie besonders mit gesunder Ernährung und ausgefeilten Kochtechniken zu beschäftigen. Für so etwas haben wir unsere tüchtigen und vielseitigen Hauswirtschaftsdamen. Ebenso entfiel alles rund um Sucht. An solch komplexen Themen mochte ich nicht herumstümpern. Externe Fachleute leisten da viel mehr.

Während ich noch grübelte, erreichte mich die Anfrage unserer Konrektorin: Ich sei doch die Frau für Geschichten. Ob ich nicht eine Fantasiereise mit *Entspannung total* anbieten wolle? Nun bin ich selbst ein eher unentspannter Mensch. Bei manchen gelte ich als Hektikerin, bei anderen als unruhiger Geist, ich selbst sehe es so, dass ich irgendwie ständig auf dem Sprung bin. Ich zuckte also zunächst einmal zusammen, murmelte etwas vom zum

Gärtner gemachten Bock und ging dann in mich. Wie sollte ausgerechnet ich es schaffen, für eine entspannte Atmosphäre zu sorgen und Pubertierende mittels Fantasiereise ins Reich der Tagträume zu befördern?

Zu Hause wälzte ich Bücher, stöberte im Internet, verzagte und wurde immer unentspannter, bis mir einfiel, dass mein Mann mir einmal in bester Absicht Entspannungsmusik geschenkt hatte. Gehört hatte ich sie noch nie. Ich legte die CD also ein, lauschte und spürte, wie sich etwas in mir veränderte. Nun gut, wenn Musik es schaffen konnte, selbst mich ruhig und friedlich werden zu lassen, dann konnte sie so falsch nicht sein. Ich forschte weiter und fand eine Geschichte, die mir geeignet erschien. Meine Laune hob sich. Aber ich war immer noch unsicher.

Am nächsten Tag erzählte ich im Lehrerzimmer von meinen Plänen und meinen Zweifeln. Etliche Kolleginnen stellten Entspannungsutensilien in Aussicht. Ich war überrascht, was es alles gab, und nickte dankbar bei allen Angeboten. In den folgenden Tagen trafen bei mir ein: mehrere Salzkristall-Lampen und viele kleine Teelicht-Gläschen zum Leuchten, verschiedene zarte Tücher zum Drapieren und eine Duftlampe.

Ich wurde so zuversichtlich, dass ich eine Ortsbegehung des Turnraums in Angriff nahm. Dabei stellte ich mir vor, wo die Teelichter leuchten würden, wo ich die Salzlampen einstecken würde, wo die Tücher liegen würden.

Ach ja, auch die entspannenden Schüler würden ja irgendwo liegen müssen. Na, wozu gab es Matten?! Sie sahen zwar nicht wirklich einladend aus, aber mit all dem Drumherum …

Zu Hause fiel mir noch etwas ein: Ich hatte einem meiner Söhne eine Lava-Lampe geschenkt, weil mir das Geblubber so gefiel. Der Sohn hatte sie einmal ergriffen betrachtet und dann in die Ecke gestellt. Nun würde ich sie mir ausborgen. Ich versorgte sie also mit Strom, betrachtete ergriffen, wie sich erst mal nichts tat, und wurde dann immer glücklicher über jeden neuen Blub. Ich begann, mich noch mehr zu freuen, und übte zu Hause – das mit der Musik, das mit der Geschichte, das mit dem Geblubber ... Es würde wunderbar werden.

Im Lehrerzimmer hingen mittlerweile Pläne aus, in die man sich mit seinen Klassen für die gewünschten Programmpunkte eintragen konnte. Schüchtern spähte ich auf die Liste. Würde sich überhaupt jemand für meine Entspannungsoase interessieren? Würde ich gar vor leerem Hause, also mutterseelenallein, auf Turnmatten Entspannung anbieten? Am Tag vor dem großen Ereignis waren die Pläne voll. Auch meine Entspannungsoase war ausgebucht. Ich fühlte eine Riesenverantwortung. Was, wenn die Jugendlichen gänzlich unentspannt blieben? Wie würden das meine Kollegen vermerken? Wie sehr würde ich mich blamiert fühlen?

Am Tag X war ich rechtzeitig da. Ich drapierte und dekorierte, was das Zeug hielt, heizte die Lava-Lampe vor, fütterte die Duftlampe mit einem großen Spritzer Duftöl, legte die CD ein – und stellte fest, dass es viel zu hell im Raum war. Mit einer Virtuosität, die ich mir selbst nicht zugetraut hätte, schnitt und klebte ich auf die Schnelle Papiervorhänge und befestigte sie. Dann war die Stimmung perfekt! Dank der Duftlampe lag ein betörender Geruch in der Luft. Ich liebte »meinen« Raum. Schließlich kamen die ersten Schülerinnen und Schüler. Ich wies sie und ihre Lehrerin an, sich niederzulassen und einfach nur auf die inzwischen heftig blubbernde Lava-Lampe zu schauen. Sonst nichts.

Sie reagierten mit Befremden. Ich schaltete den CD-Player ein.

»Häh? Was ist das denn für eine Musik?«

Ich bemühte mich, ruhig zu bleiben, und spürte, wie langsam etwas von der Ruhe auf die jungen Leute überging.

Irgendwann sagte ich: »Legt euch jetzt so bequem hin, wie es euch möglich ist! Schließt die Augen und versucht zu entspannen!« Zu meiner Überraschung taten alle, wie geheißen. Ich drehte die Lautstärke der Musik herunter und las die Fantasiereisen-Geschichte vor – langsam, sehr langsam! Die Ruhe, die ich verströmen wollte, tat mir selbst so gut, dass mir immer wohler wurde. Ich linste von meiner Geschichte zu den Schülern. Sie lagen da, einzeln oder zusammengekuschelt, atmeten ruhig, einige schienen gar zu schlafen. Als ich mit meiner Geschichte fertig war und die Truppe langsam wieder in die reale Welt zurückholte, spürte ich Bedauern und Erstaunen.

»Ja, das war wirklich schön! Schade, dass es vorbei ist!«

Ich fühlte mich leicht und beschwingt.

Die nächste Gruppe würde gleich kommen. Ich kontrollierte, rückte zurecht, freute mich über die nach wie vor blubbernde Lava-Lampe und über die nach wie vor wunderbar duftende Duftlampe und wartete.

Mit der zweiten Gruppe lief es genauso. Und mit der dritten auch. Als der Vormittag vorüber war, fühlte ich mich wie die Königin der Entspannung. Das würde ich meiner Familie erzählen!

Aber zuvor musste der Raum wieder aufgeräumt werden. Ich eilte zu ein paar Schülern, die ich gut kannte, und bat ihren Lehrer, sie mir »ausleihen« zu dürfen. Acht lebhafte Jungen erklärten sich lautstark bereit. Ich führte sie zu »meinem« Raum und sagte: »Die Matten müssen alle auf den Wagen!«

Die acht tobten durch den Saal, doch plötzlich sanken sie entzückt nieder: »Was haben Sie denn hier gemacht? Hier riecht's ja so gut. Hier sieht's ja so schön aus. Und die Lampe ist cool.«

Mich ritt der Teufel und ich bot an: »Soll ich das mit euch auch noch mal machen?«

»Au ja!«

Acht wilde Kerle warfen sich auf die Matten, glotzten in die Blubberlampe, atmeten aromatisierte Luft, legten sich nieder und lauschten meiner Fantasiereise. Zwei von ihnen schliefen ein. Am Ende sagten sie, dass es toll gewesen sei. Dann räumten sie flugs mit mir auf. An diesem Tag fühlte ich mich so gut, dass ich in Erwägung zog, auf Entspannungslehrerin umzuschulen. Ich habe es dann aber doch sein lassen.

Das ist geil, das ist geil,
Hurra, hurra, die Schule brennt.

33

TYPISCH LEHRER!

Über das Phänomen, dass Lehrer
sich durch ihren Beruf in ganz
bestimmter Weise verändern

Zum ersten Mal wurde ich nachdenklich, als mich meine Söhne baten, schneller auf den Punkt zu kommen. Es sei ja ganz schön, was ich erzähle, aber ich tue dies immer so ausführlich. Mein Mann pflichtete ihnen mit verschwörerischem Grinsen bei. Erst dachte ich: Gemein! Da gebe ich mir solche Mühe, damit sie sich das auch alles vorstellen können ... Aber dann überkam mich ein Déjà-vu-Gefühl. Irgendwie hatte ich das doch schon einmal gehört. Und schließlich fiel es mir wieder ein.

In meiner Kindheit hatte sich mein Vater nach Treffen mit Tante Emmi, einer Bekannten der Familie, des Öfteren mokiert: »Das wäre ja alles ganz schön, wenn sie nur nicht so furchtbar ausführlich erzählen würde. Typisch Lehrerin eben!«

Diese Erkenntnis traf mich wie ein Schlag mit dem Zeigestab. Ich war nun also auch eine typische Lehrerin. Eine, die 15 Minuten für die Erklärung eines Sachverhalts brauchte, den ein normaler Mensch in fünf Minuten kapierte.

Neulich sah mein Mann kurz von seinem Laptop hoch. Er wollte sich vergewissern, dass er rechtschreiblich richtig lag. Ich hätte mit Ja oder Nein antworten können. Tat ich aber nicht. Stattdessen setzte ich zu einer netten kleinen Erklärung der Rechtschreibregeln an. Mir fiel es erst auf, als unser Sohn, der dem Spektakel beiwohnte, grinsend bemerkte: »Deutschstunde!«

Mir ist das alles peinlich, echt. Ich will das nicht!

Eine Bekannte erzählte mir, bei jeder ihrer Reisen mache sie in Sekundenschnelle die Lehrer aus. Das seien die, die ihre Familie in Reih und Glied aufstellten. Und die, die alles, aber auch alles, was es zu sehen gebe, anderen erklärten. Auch wenn es gar keine anderen gebe.

*

Zu denken gab mir auch ein Erlebnis in meiner Schreibwerkstatt. Ein neuer Schüler war mir suspekt. Die Haare hingen ihm diagonal übers Gesicht, sodass er mich stets ein wenig schräg beäugte. Bestimmt hatte er sich nur für meine AG angemeldet, weil er für alles andere zu faul war. Wahrscheinlich dachte er, er könne bei mir eine ruhige Kugel schieben.

»Wieso kommst du eigentlich zu mir?«, fragte ich ihn wenig freundlich. Solchen Leuten muss man gleich zu Beginn einen Schuss vor den Bug verpassen.

Der Junge sah mich einäugig an und formulierte dann schwärmerisch lächelnd den Satz, der bis heute gerahmt in einer meiner Hirnkammern lehnt: »Weil ich es liebe, Geschichten zu schreiben.«

Erst wollte ich den Jungen drücken, doch dann kam Beschämung über mich. *So* misstrauisch, so negativ war also auch ich mittlerweile schon geworden! Ja, ein Hauch von Verbitterung, von »*Hach ja!*« schwingt bei uns Lehrern nicht selten mit.

Das Beschämungsgefühl durch den Schräghaar-Jungen löste die Erinnerung an ein anderes Erlebnis aus: Einmal hatte ich mir ein Kartenspiel meines Sohnes für die Schule gemopst. Ich hatte es selbst immer gern mit ihm gespielt und nun erhoffte ich mir, dass auch meine Schüler damit in freien Minuten ihren Spaß haben würden. Sie spielten es mit großer Freude.

Eines Tages fragte mein Sohn, wo denn sein Spiel sei.

Ich versprach kleinlaut, es mit nach Hause zu bringen, vergaß es aber.

Ein paar Tage später – die Schüler hatten das Klassenzimmer schon verlassen, ich wollte ihnen gerade folgen – fiel mir das Spiel wieder ein. Ich kehrte also zurück und ging zur Spiele-Ecke. Doch siehe da – das Spiel war verschwunden. In mir stiegen Wut und Verbitterung auf: Da hatte ich ihnen ehrlich gesagt, dass das Spiel meinem Sohn gehörte, und dann klauten sie es mir einfach.

Voller Groll marschierte ich zu meinem Auto. Zu Hause kramte ich den Schlüssel aus meiner Tasche und griff in einen kleinen, eckigen Karton. Das Spiel! Ach ja, ich hatte es am Vortag selbst eingesteckt, aber dann vergessen, dass ich es nicht vergessen hatte. Erst in dem Moment erinnerte ich mich wieder daran – und war beschämt.

Ja, wir werden so oft angelogen und ausgenutzt, dass wir bitter werden – und uns gern beklagen. Die Grundstimmung von Lehrern geht leicht ins Jammernde. Gründe gibt es zuhauf: schreckliche Schüler, unfähige Eltern, schwierige Kollegen, unverständliche Beschlüsse, die wir, ja, wir Lehrer ausbaden müssen. Konstruktiv ist das Jammern nicht. Aber es scheint ein kleines bisschen zum Beruf zu gehören. Ich habe schon überlegt, ob es ein Lamentier-Gen gibt, das zur Ergreifung des Lehrerberufs verleitet.

Vielleicht aber ist es einfach die Erschöpfung, die uns manchmal so negativ werden lässt. Denn erschöpft sind wir! In all den Jahren, in denen ich nicht mehr und noch nicht wieder Lehrerin war, hatte ich nicht den Hauch einer Erinnerung daran, wie sich die Erschöpfung eines Lehrers anfühlt. Inzwischen kenne ich sie wieder. Es ist eine Erschöpfung, die sich niemand, der kein Lehrer ist, vorstellen kann. Eine Erschöpfung, die sich anfühlt, als sei sämtliche Energie zischend aus einem entwichen, als hätte man den Stecker rausgezogen. In solchen Momenten bin ich mir selbst fremd. Ich bin nicht mehr die, für die ich mich halte: eine zum Aktionismus neigende Macherin. Ich bin eine Nichtsmacherin, Dumpfschauerin, Nur-noch-meine-Ruhe-haben-Wollerin.

Wenn in dieser Phase zu Hause ein Sohn etwas von mir will, möchte ich schreien: »Ruhig! Raus! Es reicht!«

Dabei sehe ich den armen Kerl womöglich das erste Mal am Tag.

Ein armer Kerl ist er auch dann, wenn ich allein mit ihm in der Stadt bin und ganze Straßenzüge beschalle. Es soll einfach auch der ganz hinten noch hören, was ich zu sagen habe. Selbst dann, wenn es gerade nur einen gibt. Ich bin daran gewöhnt, als Lehrerin vor zwei Klassen gleichzeitig Ansagen zu machen. Ich trete zur Not auch vor 150 Grundschülern in einer zugigen Aula an. Da muss man es mir schon nachsehen, wenn ich ein wenig übers Ziel hinausschieße. Und dass ich ständig durchzähle, wenn ich mit mehr als fünf Menschen unterwegs bin – es tut mir leid!

Ganz extrem ist auch die Sache mit dem Schlüssel. Die lief schon dramatisch an. Kaum hatte man mir als Junglehrerin »den Schulschlüssel« ausgehändigt – nicht ohne mich auf die überaus große Verantwortung hinzuweisen: »So ein Schließsystem kostet an die 30.000 Mark, Sie dürfen den Schlüssel also nicht verlieren!« –, hatte ich ihn auch schon verloren. Nicht einfach so, nein, ich bin wirklich gewissenhaft. Die Sache verhielt sich ganz anders.

Meine Eltern hatten meinen Freund und mich gebeten, sie am Wochenende des Nachts vom Bahnhof abzuholen. Ich wiederum hatte den ganzen Tag über für die Schule gearbeitet und litt unter allem Möglichen, vor allem aber – wie sich später herausstellte – unter mangelnder Konzentration. Beim Losfahren griff ich mir meine Handtasche und versenkte dort den Schlüsselbund. Als wir mit meinen Eltern zu Hause ankamen, war die Tasche fort.

Ich erspare Ihnen die Details meiner Verzweiflung. Nur so viel: Einen ganzen langen Tag später meldete sich ein Taxifahrer. Er habe beobachtet, wie unser Auto beim Einbiegen in die nächste Straße eine Handtasche abgeworfen habe, die wohl auf dem Dach gelegen habe. Er habe sie in Sicherheit gebracht, aber nach der Nachtschicht vergessen. Erst später sei sie wieder zum Vorschein gekommen.

Seit diesem Erlebnis bin ich irgendwie traumatisiert, was Autodächer, Handtaschen und Schlüssel anbelangt. Ich schleppe Handtaschen auch zu den unmöglichsten Gelegenheiten mit mir herum und habe die Beziehung zu meinem Schlüsselbund so intensiviert, dass ich unter seiner Abwesenheit auch nach Sekunden schon leide. Ich lasse die Tasche, in der er ruht, keinen Moment lang aus den Augen, was neben dem Unterrichten nicht leicht ist. Ich stopfe das Metallensemble in die Seitentasche meiner knallengen Jeans oder stülpe mir den Schlüsselring über den kleinen Finger. So sind wir immer ganz nah beisammen. Wenn diese Allianz gestört ist, bin auch ich gestört. Ich suche so panisch, dass die Menschen in meiner Umgebung fliehen oder Beruhigungsdragees reichen. Bis jetzt hat sich das gute Stück aber noch immer wiedergefunden.

Und dann … ja dann muss es auch zum Einsatz kommen. Ich laufe zu Hochform auf und sperre, was das Zeug hält. Ich sperre Türen auf – »Kann ich mal bitte ins Klassenzimmer?! Ich hab mein Mathe-Buch vergessen« –, ich sperre Türen zu – »Könnten Sie mal bitte zumachen, mein Klassenlehrer ist schon weg?!« –, ich schließe und öffne Verbindungstüren, bis ich selbst konfus oder plötzlich eingeschlossen bin. Neulich war ich drauf und dran, eine Kollegin samt Klasse einzuschließen, ich hatte den Schlüssel schon gezückt.

Es will eben alles seine Ordnung haben.

NACHWORT

Zwischen Realität und Hoffnung

Wenn ich unter Nicht-Lehrern meinen Beruf verrate, bin ich immer auf ziemlich viel gefasst: Von echter und geheuchelter Bewunderung über kaum verhohlenen Neid bis hin zu blankem Entsetzen ist alles drin.

So, wie es Adolph Freiherr von Knigge im Jahr 1788 formulierte, sieht es wohl heute keiner mehr: »Der geringste Dorfschulmeister, wenn er seine Pflichten treulich erfüllt, ist eine wichtigere und nützlichere Person im Staate als der Finanzminister ...«

Ja, die Zeiten des tollen Lehrer-Images scheinen – zumindest in unserem Land – vorbei zu sein. Genau genommen begann es für mich schon um die Abiturzeit. Als ich im Freundeskreis naiv bekannte, Volksschullehrerin werden zu wollen, erntete ich freundliche Rat- bis radikale Verständnislosigkeit.

»Wieso denn so etwas? Ist doch das Letzte, diese Fratzen zu unterrichten.«

Während des Studiums war ich erst mal von Lehrern umzingelt. Wenn man die Pädagogische Hochschule beziehungsweise den »Erziehungswissenschaftlichen Fachbereich« besuchte, stolperte man quasi ununterbrochen über werdende Lehrer. Denn auch die, die mal an Realschulen oder Gymnasien unterrichten wollten, mussten zu uns kommen, um zumindest in die rudimentären Grundlagen der Pädagogik eingeführt zu werden. Ich gewöhnte mich also komplett daran, eine zu sein, die mal Kinder unterrichten würde, und kam auch selten in Erklärungsnot.

Als ich dann endlich Lehrerin war, erfüllte mich ein großes Gefühl der Erleichterung. Es war so groß, dass es mir ziemlich schnuppe war, wie die Leute meinen Beruf bewerteten. Erst allmählich wurmte es mich, dass die Reaktionen meist in eine ganz bestimmte Richtung gingen:

»Du hast's gut. Immer schon am Mittag Schluss!«

»So viele Ferien möchte ich auch mal haben!«

»Gut bezahlter Halbtagsjob!«

Später kam die Mutter-Pause. Für meine Umgebung war ich nun nicht länger die Lehrerin, sondern die frischgebackene Mama. Mein Bekanntenkreis veränderte sich. Zu meinen Exkollegen hielt ich zwar Kontakt, aber mein Leben kreiste erst einmal um Spielplatz und Kindergarten. Wir Mütter sahen uns in erster Linie als Mütter an und wussten oft nicht einmal, was die andere von Beruf war.

Eines Tages zogen zwei meiner Kindergarten-Bekanntschaften, die schon Schulkinder hatten, gnadenlos über »die Lehrer« her. Beifall heischend blickten sie mich an. Erst in diesem Moment wurde mir bewusst, dass mein Beruf mich nun zwischen die Stühle katapultieren würde.

»Ich war auch Lehrerin, bevor ich die Kinder bekommen habe«, bekannte ich und fühlte mich so tapfer wie damals in der Abiturzeit. »Und ich werde vermutlich auch wieder Lehrerin sein« verschluckte ich lieber.

Die Blicke der beiden jungen Mütter werde ich dennoch nie vergessen.

»Du?«

Von einer Sekunde zur anderen war ich nicht mehr eine von ihnen, sondern eine mit Beziehungen zum feindlichen Lager. Nie wieder würden sie in meiner Gegenwart so hemmungslos vom Leder ziehen können.

»Du warst bestimmt eine viel bessere Lehrerin«, versuchte eine der beiden, die Situation zu retten, und die andere lächelte halbherzig.

So wie vor meinem Outing wurde es nie wieder.

Schließlich kam die Zeit, in der meine eigenen Kinder, eins nach dem anderen, eingeschult wurden. Mehr als einmal war ich nahe dran, lauthals über »die blöden Lehrer« zu lästern, so sehr ärgerte ich mich über manche meiner Berufskollegen. Und immer wieder versuchten andere Eltern, mich vor den Karren zu spannen.

»Du bist doch auch Lehrerin – findest du es nicht vollkommen daneben, wie Frau X. das macht?«

»Wie beurteilen Sie als Lehrerin dieses Verhalten von Herrn Y.?«

Weit mehr als zehn Meter gegen den Wind roch ich, was man von mir erwartete: Wenn ich nun schon eine »von denen« und gleichzeitig Mutter von Schulkindern war, dann sollte ich doch ganz klar sagen, dass es *so* nicht ging.

»Die ist Lehrerin und findet es auch falsch, wie Frau Z. das mit den Lernzielkontrollen handhabt.«

Wer diesen Trumpf ausspielen konnte, fühlte sich schon halb als Sieger.

Für mich war das nicht angenehm. Ich halte es zwar nicht grundsätzlich mit den Krähen, die ihre Artgenossen schonen. Aber billig Pluspunkte abzusahnen, indem ich mich von Lehrer-Scheltern instrumentalisieren ließ, widerstrebte mir. Die anderen Krähen mit Samthandschuhen anzupacken, allerdings ebenso. Manchmal bezog ich also Stellung, so gut und so differenziert es mir möglich war. Zunehmend aber drückte ich mich. Ich wollte – verflixt noch mal – so agieren können, wie mir als Mutter mit Lehrerinnenvergangenheit ganz persönlich zumute war.

Die Jahre vergingen und ich bemerkte immer öfter, wie ich von »den Lehrern« sprach. Das Wir-Gefühl verkrümelte sich. Und dann stand ich plötzlich wieder auf der anderen Seite. Ich war erneut Lehrerin und sagte doch oft »ihr« und nicht »wir«, wenn es um Lehrerbelange ging. Diese Distanz bescherte mir nicht nur gelegentliches Befremden vonseiten meiner Kollegen, sondern auch einen geschärften Blick auf die Dinge des Lehrerseins. Und der galt nicht nur gewissen Merkwürdigkeiten unseres Berufsstandes selbst, sondern auch denen der Fremdeinschätzung.

Einmal sagte mir eine zweifellos gebildete und seriöse Frau ins Gesicht, Lehrer seien in ihren Augen »das Letzte«. Sie zuckte dabei bedauernd mit den Schultern und nahm Leute wie mich ausdrücklich aus, war aber auch nach meinem dritten ungläubigen Nachfragen nicht bereit, ihre Einschätzung zu korrigieren.

Ich weiß nicht, ob es einen Beruf gibt, der mehr Neid auf sich zieht als der des Lehrers. Immer dann, wenn wir schon gegen Mittag entspannt zu Hause vorfahren, immer dann, wenn wir uns – gemeinsam mit den Schülern – lächelnd in die Ferien verabschieden, manchmal sogar dann, wenn wir mit den Schülern gemütlich auf Klassenfahrt gehen, überkommt viele ein Gefühl von: »So gut möchte ich es auch mal haben.«

Dass der Halbtagsjob keiner ist, belegen jede Menge Untersuchungen. Dass die Arbeit in vielerlei Hinsicht in die Ferien schwappt, könnte man sicherlich auch nachweisen. Ich berufe mich auf mein Erfahrungswissen. Und dass mehrtägige Klassenfahrten die Höchstform der Ganztagsschicht sind, weiß jeder, der schon mal dabei war. Zuständigkeit und Verantwortung rund um die Uhr für junge Menschen, die fernab von zu Hause in erster Linie die Sau rauslassen wollen, sind keine Synonyme für Erholung.

Obwohl ich alt genug wäre, um souverän auf alle Spottverse und Missgunst-Bekundungen zu reagieren, spüre ich noch immer, wie Bitterkeit in mir hochsteigt, wenn mich der Neid im falschen Moment trifft. Sätze wie »Hättest ja bloß auch etwas Gescheites lernen müssen!« oder »Genau, ich schieb wirklich eine ruhige Kugel!« sind nicht die dümmsten Antworten. Aber dummerweise geben sie mir nicht die Genugtuung, nach der ich lechze. Ich möchte die Neider am Kragen packen und sie mit mir und meinen Kollegen durch all die kleinen und großen Höllen schleifen, die wir täglich durchschreiten.

Natürlich ist das nicht möglich. Mitleidender Zaungast aber kann jeder werden, der dieses Buch liest. Und sich obendrein gut unterhalten fühlen. Das hoffe ich zumindest.

DANKSAGUNG

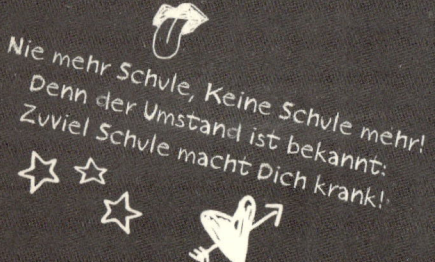

Nie mehr Schule, Keine Schule mehr!
Denn der Umstand ist bekannt:
Zuviel Schule macht Dich krank!

Dank an die Menschen, die mir beigestanden haben, als ich mein Lehrersein zum Verzweifeln fand, denn sonst würde es dieses Buch nicht geben. Ganz besonders an meine verstorbenen Eltern, die gefasst der Verzagtheit ihrer Tochter ins Auge sahen und mich stützten, und an den Seminarleiter, der meine Verzweiflung in Hoffnung und Selbstvertrauen wandelte.

Dank an meine Söhne und meinen Mann, die meine Ängste vorm Wiedereinstieg massiv abbekamen und nun Gefühlswechselbäder (Ach, ist das schön! Ach, ist das schrecklich!) sowie verbale Entgleisungen (Lern mal Respekt, Alda!) aushalten müssen.

Dank an all die Menschen, die mir Stoff für dieses Buch lieferten, auch wenn nicht jede Begegnung angenehm war.

Dank an all die Freunde, die sich mit mir geduldig immer wieder über meinen Lehreralltag, meinen Lehrerfrust und meine Lehrerfreuden austauschen.

Dank an die Menschen, die sich die Zeit nahmen, das Manuskript – im Ganzen oder in Teilen – gegenzulesen und mir Mut machten.

Dank an die drei Ks bei Schwarzkopf & Schwarzkopf – Annika Kühn, die das Buch schreibenswert fand, Jennifer Kroll, die allzeit ansprechbar war, und Cathrin Kreich, meine kompetente, geduldige und äußerst angenehme Lektorin.

DIE SAUEREI GEHT WEITER ...

DER SYMPATHISCHE RETTUNGSASSISTENT UND FEUERWEHRMANN
IST WIEDER IM EINSATZ

DIE SAUEREI GEHT WEITER ...
20 NEUE WAHRE GESCHICHTEN VOM LEBENRETTEN
Von Jörg Nießen
Mit Illustrationen von Jana Moskito
ca. 288 Seiten, Taschenbuch
ISBN 978-3-86265-060-6 | Preis 9,95 €

Nach dem überwältigenden Erfolg seines Buches »Schauen Sie sich mal diese Sauerei an« mit über 150.000 verkauften Exemplaren nimmt uns Jörg Nießen jetzt wieder mit in die bewegte Welt des Rettungsdienstes und der Feuerwehr.

In »Die Sauerei geht weiter ...« werden er und sein liebster Kollege Hein zu mancher Ausnahmesituation gerufen, die sich mal als haarsträubender Notfall, mal als bizarre Lappalie entpuppt. So erwarten die beiden diesmal verunfallte Pianisten, brennende Vereinsheime, pädagogisch wertvolle Wasserschäden, schräge Psychosen, dramatische Kinderkrankheiten und noch so einiges andere. Auch die 20 neuen Geschichten zeigen den Rettungsdienst wieder von seiner authentischsten und zugleich bizarrsten Seite und sind ein Genuss für Liebhaber schwarzen Humors.

DIE AUTORIN

Hildegard Monheim, Jahrgang 1955, widmete sich nach zehn Jahren als Lehrerin erst mal ihren eigenen Kindern. Inzwischen unterrichtet sie schon wieder zehn Jahre lang als Lehrkraft an einer Hauptschule. Das Schreiben ist seit jeher eine ihrer Leidenschaften. Nun ist es ihr ein Anliegen, aus dem Nähkästchen zu plaudern und zu zeigen, wie der Lehrerberuf wirklich ist.

Hildegard Monheim
MANCHMAL SCHAUEN SIE SO AGGRO
*Geschichten aus dem Schulalltag –
eine Lehrerin erzählt*

ISBN 978-3-86265-166-5

© Schwarzkopf & Schwarzkopf Verlag GmbH, Berlin 2012

Coverfoto: © Moritz Thau
Lektorat: Kristina Frenzel, Cathrin Kreich

KATALOG
Wir senden Ihnen gern kostenlos unseren Katalog.
Schwarzkopf & Schwarzkopf Verlag GmbH
Kastanienallee 32, 10435 Berlin
Telefon: 030 – 44 33 63 00
Fax: 030 – 44 33 63 044

INTERNET | E-MAIL
www.schwarzkopf-schwarzkopf.de
info@schwarzkopf-schwarzkopf.de